Arakyale
Noyi agrave

Muratsan

ԱՌԱՔՅԱԼԸ
ՆՈՅԻ ԱԳՌԱՎԸ

ՄՈՒՐԱՑԱՆ

Arakyale; Noyi agrave

Contact:
IndoEuropeanPublishing@gmail.com

ISNB: 978-1-60444-796-5

Առաքյալը; Նոյի ագռավը

© Հնդեվրոպական Հրատարակչություն, 2014

Հրատարակված է Ամերիկայի Միացյալ Նահանգներում:

Կապ՝
IndoEuropeanPublishing@gmail.com

ISNB: 978-1-60444-796-5

ԱՌԱՔՅԱԼԸ

Եւ այլն անկաւ յապառաժի, ուր ոչ
գոյր հող բազում, և վաղվաղակի բուսաւ
առ ի չգոյէ հիւթոյ երկրին, ի ծագել արևու
տապացաւ, և զի ոչ գոյին արմատք, չորացաւ:

Աւետ. Մատթ.

Ա

Օդը մեղմ էր և տաքուկ, երկինքը պարզ և աստղազարդ: Տների ներս չէր գրավում մարդկանց, ուստի ժողովուրդը լցված էր դուրսը և զբոսնում էր սալած մայթերի վրա, կամ նոր կանաչող ծառուղիներում: Շառագույն լուսինը, որ նոր էր բարձրանում մթնացող հորիզոնում, խոստանում է գեղեցիկ, լուսնկա գիշեր: Այդ պատճառով փողոցներում աջ ու ձախ սլացող կառքերի թվին հետզհետե ավելանում էին և այն դեսպակները, որոնք իրենց մեջ խնամքով ծածկում էին հեռավոր զբոսարանների խորհրդավոր հաճախորդներին: Այդպիսով դրսի աղմուկը գնալով սաստկանում էր և կենդանությունը տիրում ամեն տեղ:

Միայն ծերուկ փիլիսոփան, կամ գեղեցկուհուց մերժված սիրահարը կարող էին այդպիսի ախորժելի երեկոյին փակվել տան խորշերում և մտածել մինը՝ աշխարհի ունայնության և մյուսը՝ յուր վշտի ծանրության վրա: Բայց կյանքի արժեքը մեծագրել գիտցող մարդը, մանավանդ եթե դա երիտասարդ էր կամ երիտասարդուհի, չէր կարող այդպիսի գրավիչ ժամերին չգտնվիլ զբոսնողների ընդհանուր ժխորի մեջ:

Սակայն արի՛ տե՛ս, որ հենց այդպիսի մի ժամանակ՝ ներքին

հարկի մի ցածուն, բայց և ընդարձակ սենյակի մեջ ժողովված էին մի խումբ աշխույժ երիտասարդներ, որոնք չէին մտածում ոչ նորեկ գարնան, ոչ սիրուն լուսնի և ոչ ճեմելիքներում զբոսնող գեղեցկուհիների մասին: Նրանք զբաղված էին ավելի արժանավոր, կամ ինչպես իրենք կասեին՝ «ազնվական» գործով: Դրանք հայ ուսանողներ էին՝ համալսարանի կամ այլ բարձրագույն դպրոցների վերջին կուրսերից, որոնք հաճախ ժողովվում էին այդտեղ միմյանց հետ տեսնվելու, մտերմապես զրուցելու, մայրենի լեզվով կարդալու, կամ հեռավոր հայրենիքից ստացված նորությունները միմյանց հաղորդելու, երբեմն էլ իրենց ցավերի մասին միմյանցից կարծիք կամ խորհուրդ հարցնելու:

Այդ քաղաքում կային և ուրիշ հայ ուսանողներ, որոնք իրենց ազատ ժամանակը տնօրինում էին այլ կերպ: Ոմանք սիրում էին չափել փողոցները, աշխարհի չար ու բարին այդ տեղերում միայն ուսումնասիրելու նպատակով ոմանք զբաղվում էին սովորական թղթախաղով՝ ժամանակի ձանձրույթը մեղմելու համար. ուրիշներն այցելում էին հարուստ ընտանիքներին՝ նրանց տիրուհիներին զբաղեցնելու կամ օրիորդներին գրավելու հուսով և երբ նրանց չէր հաջողվում ոչ մինը և ոչ մյուսը, շատանում էին համեղ ընթրիք վայելելով: Մի մասն էլ էպիկուրյան փիլիսոփայության հետևելով՝ ազատ ժամերը նվիրում էր հաճության՝ աղջիկների ընկերակցության, մտածելով թե՝ այդպիսով ավելի լավ է ծառայում մարդ արարածի իսկական կոչման:

Բայց ներքնահարկի ցածուն առաստաղով սենյակում ժողովվածները չէին պատկանում հիշյալների թվին: Նրանք ուսանողության ամենաընտիր մասը, կամ բանաստեղծորեն ասած՝ ծաղիկներն էին, որոնք իրենց կոչման նշանակությունն ըմբռնելով, ժողովվել էին այնտեղ, ինչպես ասացինք, լավագույն մի գործով զբաղվելու համար:

Եվ նրանց այսօրվա պարապմունքի առարկան նշանավոր էր շատ կողմերից: Այսօր քննվում էր այն կարևոր հարցը, թե՝ նրանցից ո՞րը ի՞նչպես պիտի գործե կյանքի ասպարեզը մանելուց հետո:

Այդպիսի հարցեր, ինչպես հայտնի է, փորձված մարդիկ չեն տալիս իրար, միշտ մտածելով թե՝ «բանը բան ցույց կտա». իսկ փորձված հոգևորականը մինչև անգամ ասում է՝ «Օր աւուր բղխէ զբան և գիշեր գիշերի ցուցանէ զգիտութիւն», ուստի և երբեք խոստում չէ անում: Բայց ուսանողն, հո գիտեք, անձնիշխան է ամեն դեպքում, հետևապես և կարող է նման հարցեր քննելու: Անփորձությունն էլ, անշուշտ, մի արտոնություն է, որից մարդիկ երբեմն օգտվում են հաջողությամբ: Եվ քիչ չէ պատահում, որ բախտն ավելի ժպտում է նրանց, որոնք գործում են առանց երկար մտածելու:

Ինչնէ, առաջադրյալ խնդրի մասին երկար խոսել ու վիճել էին ուսանողները, երբ նախագահը, որ մի առողջ, զվարթաձայն և կոպիտ արտաքինով երիտասարդ էր, ուժգին զանգահարելով՝ ժողովականների ուշադրությունը հրավիրեց յուր վրա:

Դահլիճում լռություն տիրեց:

— Խնդիրը մենք քննեցինք ամեն կողմից, — ասաց նախագահը, — մինչև անգամ ավելորդ մանրամասնությունների մեջ մտանք. այժմ արդեն ժամանակ է ամփոփել մեր մտքերը, ձևակերպելով այսպես:

Քարտուղարն իսկույն լարեց ուշադրությունը նախագահի խոսքերը գրի առնելու համար:

— Մենք որդիք ու անդամներ ենք այնպիսի մի ազգի, — շարունակեց նախագահը, — որ ունի կարիքներ ու ցավեր: Այդ ազգն իրավունքով սպասում է մեզ, յուր հարազատ որդիներին, որովհետև գիտե, որ մենք բարձր ուսում ու կրթություն ստանալով, ձեռք ենք բերում այն ուժը, որով պիտի կարենանք յուր կարիքները լցնել և ցավերը դարմանել: Հետևվապես, մեզ վրա դրվում է սրբազան պարտք՝ ի դերև չհանել սպասող ազգի հույսն ու ակնկալությունը: Մեզանից յուրաքանչյուրը պիտի համարե իրեն մի պարտապան, որ ունի վճարելիք յուր պարտատիրոջ, այսինքն ազգին, ուստի և մտածե այդ պարտքը վճարելու եղանակի վրա, և վճարե սիրով, համարելով այդ պարտքը ո՛չ թե բեռն ու ծանրություն, այլ յուր սրտին հանգիստ և հոգվույն հաճույք բերող մի գործ: Մի երկու ամիս ևս և մենք կթողնենք այն տաճարները, որոնց հարկերի տակ մեր սրտերում ցանեցին գիտության ու բարվո, ճշմարտի և գեղեցկի լավագույն սերմերը. մի երկու ամիս ևս և մենք կբաժանվինք իրարից, ո՞վ գիտե, գուցե հավիտյան: Արդ, քանի միասին ենք, քանի տեսնում և լսում ենք իրար,ահա՛ խոստանում ենք միմյանց՝ ընկերի և ուսանողի ազնվագույն խոստումով, որ մեր սրտերում ցանված սերմերը պիտի աճեցնենք կյանքում հիսնապատիկ, հարյուրապատիկ, և այդ սերմերից ելած պտուղները վայելել տանք նախ՝ այն ազգին ու ժողովրդին, որին պատկանելու պատիվն ունինք և ապա թե դրանից բաժին հանենք մեզ: Չենք որոշում, իհարկե, թե ո՞վ մեզանից ի՞նչ չափով է պարտավոր ծառայել ազգին, բայց հավատում ենք թե մեզանից յուրաքանչյուրը սիրով պիտի լսե այն ձայնը, որ կանչում է՝ «հունձք» բազում են և մշակք սակաւ...»: Հետևապես և պիտի շտապե դառնալ «մշակ» այդ «հունձերի» համար և աշխատել ու քրտնել ազգի անդաստանում: Խոստանում ենք, որ ոչ ոք մեզանից պիտի ետ քաշվի վատաբար, կամ ասե թե իմ ուժն անկարող է ազգի կարիքները լցնելու, այլ պիտի աշխատե ըստ յուր կարողության, հիշելով այն առածը թե՝ «ուր կամք կա, այնտեղ կա և ճանապարհ»: Եվ իրավ, եթե ջուրը յուր կաթիլներով ծակում է ապառաժը, մի՞թե մեր կամքը այդ չի կարող անել: «Ամենալավ իմաստությունը հաստատ որոշումն է», ասում էր Նապոլեոնը: Եվ ես կարծում եմ, եթե մենք ևս կյանքի մեջ հետեվինք այդ իմաստուն խրատին, անշուշտ կգործենք ավելի հաջողությամբ, քան կարող ենք այժմ երևակայել: Մեր ժողովուրդն, իրավ, կարիքներ շատ ունի և այդ ամենը մենք չենք կարող դարմանել: Բայց եթե այսօր մենք մի մասը դարմանենք և վաղն ուրիշները մի ուրիշ մասը, և այսպես գործը շարունակվի անընդհատ, կարիքները կդարմանվին կարճ ժամանակում և ցավերը կվերանան անզգայապես: Աշխատող ձեռքը, պարոններ, չի պտրիլ երբեք վարդալիր պարտեզ, այլ կերթա այնտեղ, ուր հողն անմշակ է և դաշտերը խոպան, նա յուր քրտինքը կթափե այդ հողում, որպեսզի ապագայում մխիթարվի այն մտքով թե ինքն իրավամբ կրում է արարչի պատկերը, վասնզի կարողացավ «ինչն ստեղծել ոչնչից»: Պատմության մեջ հայտնի բազմաթիվ անձինք նշանավոր են դարձել և ազգերի ու սերունդների սերն ու սիրտը գրավել ոչ այն պատճառով, որ իրենց անձն են սիրել, կամ շահը խնամել, այլ որովհետև նվիրվել են հասարակաց բարվույն, ժողովրդին ու հայրենիքին: Դրանցից շատերը սկսել են գործել ամենաաննպաստ պայմաններում, շարունակ արգելքների ու հալածանքների հանդիպելով. բայց որովհետև ունեցել են հաստատուն կամք, որովհետև անկեղծորեն սիրել են ժողովուրդը, ուստի և հաղթել են ամեն արգելքների և ստեղծել աշխարհում հոյակապ գործեր: Մենք էլ, ուրեմն, գործելու ժամանակ առաջնորդ ունենանք պատմության հերոսներին և ինչ աննպաստ պայմանում էլ որ սկսենք մեր գործը, հիշենք այն իմաստուն նշանաբանը, որ փորված է եղել մի հին կացնի վրա՝ «կամ կգտնեմ ճանապարհը և կամ ինքս բաց կանեմ»: Այսպիսի որոշումով գործել ցանկացող մարդուն արգելքը չի փիատեցնիլ, այսպիսի մարդու առաջ ժայռերն անգամ կիալվին...»:

Այս եղանակով դեռ երկար խոսեց նախագահը, որ ճեմարանի նախկին սան լինելով վարժ էր հայ լեզվով ճառ արտասանելուն, ուստի երբ ավարտեց, ուսանողները ոգևորված ծափահարեցին նրան: Ապա սկսան ամեն կողմից հանդիսավոր խոստումներ անել այն մասին թե՝ արդարև, կյանքի մեջ մտնելուց հետո պիտի նվիրվին հասարակաց շահին: Երիտասարդներից ոմանք, մինչև անգամ, իրենց ապագա գործունեության ծրագիրն առաջարկեցին, ոմանք էլ այդ ծրագիրը պակասավոր գտնելով, ավելի ընդարձակ խոստումներ արին: Գտնվեցան իհարկե և այնպիսիներ, որոնք համեստությամբ խույս տվին թե՛ ծրագիր առաջարկելուց և թե՛ այն քննադատելուց:

Բայց բոլոր խոսողների մեջ ավելի դրական և կշիռ ունեցող խոստումն արավ Պետրոս Կամսարյանը, որ մի բարեկազմ և գեղեցիկ արտաքինով երիտասարդ էր: Լինելով հարուստի զավակ, նա միևնույն ժամանակ բարեսիրտ էր և դյուրազգաց, կարիքի ժամանակ օգնում էր ընկերներին և ուսանողական աշխատությանց մասնակցում սիրով: Բայց լինելով ի բնե զգույշ և կարգապահ, ամեն ինչ անում էր չափով ու կանոնով: Նույնիսկ օգնության կամ աշխատությանց վերաբերյալ գործերում, նա յուր համար ուներ որոշ չափ ու կշիռ: Ատում էր ինչպես անհոգություն, նույնպես և ամեն ծայրահեղություն, ուստի և խույս էր տալիս այնպիսի ընկերներից, որոնք ներկայացնում էին իսկական ուսանողի տիպ. այսինքն, լինում էին անփույթ՝ վաղվա պարտքի նկատմամբ, անհաշիվ՝ իրենց ծախսերի մեջ, անտարբեր՝ դեպի կարգ ու կանոնը, մաքրասիրությունը և ճշտապահությունը: Եվ թեպետ այս պատճառով նա ընկերներից ստացել էր պեդանտ մականունը, այսուամենայնիվ, այդ բանից նա չէր վիրավորվում, որովհետև փորձով գիտեր, որ անկարգ ու անկանոն եղանակով ապրողները միշտ այդ անունով են մկրտում կարգապահ մարդկանց, որպեսզի դրանով իրենց թերությունը ծածկեն:

Այս իսկ պատճառով ուսանողներն ապշեցան, երբ

Կամսարյանը հանդիսաբար հայտնեց թե որոշել է քննություններից հետո վերադառնալ հայրենիք և իրեն նվիրել յուր ազգակիցների ամենից ավելի օգնության կարոտ դասակարգին, այսինքն՝ մտնել գյուղը և այնտեղ հիմնել օգնության մեծ գործ, հատկացնելով այդ նպատակին՝ յուր հարուստ հորից իրեն հասանելիք ժառանգությունը:

Սկզբում ընկերները, կարծես, չհասկացան այդ հայտարարության միտքը և նայում էին իրար հարցական հայացքներով: Բայց երբ երիտասարդը կրկնեց յուր որոշումը ավելի մեկին և հաստատապես, ներքնահարկի դահլիճը թնդաց կեցցեների որոտընդոստ ձայներից և մի քանի ուժեղ ձեռքեր բարձրացրին Կամսարյանին դեպի առաստաղը և սկսան շրջեցնել դահլիճի շուրջը՝ շարունակ «կեցցե» գոռալով և «Հերիք, ընկերք» երգելով: Աղմուկը դադարելուց հետո Պետրոս Կամսարյանի հայտարարությունն ընդունվեց ուսանողների պաշտոնական գովեստով և իսկույն էլ մուծվեցավ արձանագրության տետրակը:

Բ

Ամառ է, քննությունները վերջացել են: Կամսարյանն ստացել է ավարտման վկայական: Այժմ նա իրավաբան է, կարող է ապրել քաղաքում և շրջապատել իրեն հարմարություններով, այսինքն կահավորել մի փառավոր տուն՝ համաձայն յուր նուրբ ճաշակի պահանջներին, ապա ընդարձակել ծանոթությունների շրջանը, այցելել բարձր դասակարգի անձանց, կապեր հաստատել, խնդրարկուներ ընդունել, դատեր պաշտպանել և յուր հասարակական գործունեությամբ՝ անուն ու հռչակ վաստակել:

Բայց մի՞թե այդ պիտի լինի երիտասարդ Կամսարյանի կյանքի նպատակը: Երբեք. նա ավելի արժանավոր, բարձր և սուրբ նպատակ ունի աչքի առաջ. նա այժմ իրեն չէ պատկանում, հետևապես, և չէ կարող ծառայել յուր անձին: Նա պիտի նվիրվի յուր տկար ազգակիցներին, շինականին ու գյուղացուն, նրանց համար պիտի հոգա, նրանց համար պիտի մտածե՛:

Եվ այդ պիտի անե ո՛չ թե նրա համար, որ հանդիսաբար խոստացել է ընկեր ուսանողներին, ոչ, այլ որովհետև ինքն այդ կամենում է սրտանց, որովհետև ամեն անգամ, երբ խոսք է եղել այդ ազգակիցների մասին, յուր սիրտը թունդ է առել և թռել դեպի նրանց, որովհետև ինքը միշտ մի առանձին սեր, մի թաքուն գորով է տածել դեպի այդ հեռավոր եղբայրները: Եվ թեպետ անձամբ չէ տեսել նրանց, բայց միշտ լսել ու կարդացել է թե՝ բարի մարդիկ են, ազնիվ և աշխատասեր, թե սեփական շահի համար ոչ ոքի չեն վնասում, այլ ապրում են իրենց ճակատի արդար քրտինքով: Բայց թե, որովհետև տգետ են և անուսում, ուստի մնում են անզոր՝ աշխարհի չարիքների առաջ, որով և մի կողմից բնությունն է նրանց զրկում, իսկ մյուս կողմից չար մարդիկն են կեղեքում, այդ պատճառով էլ նա վարում է դառն ու չարքաշ կյանք և մնում կարոտ բարի մարդկանց օգնության: Բայց միևնույն ժամանակ նա լսել ու կարդացել է և այն, թե յուր այդ ազգակիցները կարող են ազատվել կյանքի դառնություններից և հասնել մի օր երջանիկ դրության, եթե խելոք գլուխները մտածեն նրանց մասին և կարող ձեռքերն աջակցեն նրանց աշխատության:

Եվ ահա՛ Կամսարյանն ունի թե՛ խելոք գլուխ և թե՛ կարող ձեռքեր. ինչո՞ւ, ուրեմն, չերթա չորոնե այդ սիրելի ազգակիցներին, չապրե նրանց հետ, չսովորեցնե նրանց իրենց դրությունը բարվոքելու և մարդավայել կերպով ապրելու եղանակը:

Այս մտածությունները ոգևորում էին երիտասարդ իրավաբանին, այն երկար ճանապարհին, որ հյուսիսից տանում էր նրան հարավ: Այդտեղ նա շարունակ ծրագիրներ էր կազմում յուր ապագա գործունեության համար և նրանցով հիանում: Այդ ծրագիրների մեջ մտնում էին նախ գյուղական հասարակության իրավունքների պաշտպանությունը, որ արդեն վերաբերում էր յուր մասնագիտության և ամփոփում յուր մեջ գյուղացու կալվածները հափշտակությունից ազատելու, հարկահանության ժամանակ տեղի ունեցող անարդարություններն արգելելու, գյուղացուց հաճախ անտեղի կերպով պահանջվող կոռն ու ձրի մշակությունը մերժել տալու և պաշտոնի մեջ, ի վնաս գյուղացու զեղծումներ կատարող և արդարադատության աչքից խուսափող պաշտոնյաների արարքը մերկացնելու կարևոր խնդիրները. երկրորդ՝ լուսավորության գործի հիմնադրությունը, որ կայանում էր կանոնավոր դպրոցներ հաստատելու, գեղջուկ մանուկներին ձրի ուսում մատակարարելու, մանկական — ժողովրդական գրադարան հիմնելու և հասակավոր գյուղացիներին ազատ ժամերում և, մանավանդ, ձմեռ ժամանակ օդաներում, կամ եկեղեցիներում դասեր խոսելու և աշխարհի չար ու բարիի հետ նրանց ծանոթացնելու մեջ, երրորդ՝ գյուղացու տնտեսական դրության բարվոքումն, որ կախումն ուներ նրա երկրագործական, այգեպանական, անասնապահական, հավաբուծական և այլ այսպիսի աշխատությունները կանոնավորելուց, իսկ այդ նպատակին հասնելու համար պետք է սովորեցնել գեղջուկին գիտության մշակած ձևերով տնկելու և պատվաստելու, հերկելու և ցանելու, հնձելու և կալսելու, անասուն, հավ և մեղու դարմանելու, պարտեզ ու բանջարանոց մշակելու դյուրին եղանակները: Տնտեսական դրությունը բարվոքելուն էր վերաբերում նաև փոխատու զանձարան հիմնելու դիտավորությունը, որ եթե հաջողեր նրան իրագործել, դրանով ոչ միայն վաշխառությունը կհալածվեր գյուղերից, այլև կստեղծվեր բարության մի գործ, որ կօգներ գյուղացուն յուր աշխատությունն ու արդյունքը ոչ թե կեղեքիչների ձեռքը, այլ յուր հարկի տակ ժողովելու:

Բոլոր այս ծրագիրներն այնքան ընդարձակ էին, որ նույնիսկ նրանց համառոտ կազմությունը խլեց Կամսարյանի՝ Մոսկվայից մինչև Կովկաս հասնելու միջոցում ունեցած ազատ ժամերը: Եվ երբ նա վերջին անգամ նայեց յուր note — երի տետրին և տեսավ նրա ծայրեիծայր լիքը յուր ապագա գործունեության վերաբերյալ դիտողություններով, զգաց յուր սրտում մի թաքուն ուրախություն, որ բխում էր երբևիցե «առաքյալի» փառք ու հռչակ ստանալու հաստատուն հույսից:

Վերջապես երիտասարդը հասավ Թիֆլիս: Հարկ չկա նկարագրելու այն ընդունելությունը, որին հանդիպեց նա հոր տանը: Ամենքդ արդեն գիտեք թե պանդխտությունից վերադարձող որդուն ի՞նչպես են ընդունում կարոտակեզ ծնողները, կամ նորատի քույրերն ու եղբայրները: Որքա՛ն ջերմ համբույրներ, որպիսի՛ գրկախառնություն, խանդաղատանք, ուրախության արցունքներ և ապա ինչպիսի՛ քաղցր ու երջանիկ ժպիտներ շրջապատում են նորեկին: Եթե դրա վրան էլ ավելացնենք այն, որ այդ բոլորը տեղի էր ունենում մի հարուստ տան մեջ, ուր մեծ թե փոքր, աղջիկ թե տղա չգիտեին թե ի՞նչ է կարոտությունը, որ աղքատի տան մեջ յուր ներկայությունը զգալ է տալիս նույնիսկ այն վայրկյանին, երբ մայրը ողջագուրում է պանդխտությունից վերադարձող որդուն, որ հաճախ ցրտացնում է համբույրի ջերմությունը և շուրթերի վրա ժպիտը սառեցնում, այն ժամանակ կհասկացվի թե որպիսի՛ երանությամբ էր շրջապատված նորավարտ, գեղեցիկ արտաքինով և դեռ ամենքին սիրելի Պետրոս Կամսարյանը:

Թողնենք ուրեմն նրան զվարճանալ առայժմ յուրայինների հետ:

Գ

Անցավ մի շաբաթ և այդ միջոցին խոսք ու զրույց չեղան երիտասարդի սկսելիք պարապմունքի մասին, որովհետև ամենքի համար էլ պարզ էր թե ինչո՞վ կարող է զբաղվել մի երիտասարդ իրավաբան: Նրա առաջ բաց էին թե՛ պետական պաշտոնների և թե՛ մասնավոր պարապմունքի արդյունավոր ճանապարհները: Եթե առաջինը չհաջողվեր, երկրորդի համար բավական էր երկու տող հայտարարություն և, ահա՛, հաճախորդները իրար թևակոխելով՝ կլցվեին փաստաբանի նորաբաց ընդունարանը:

Այս էին մտածում Կամսարյանի ծնողները և ցանկանում, որ Պետրոսը առժամանակ հանգստանա և մանավանդ թե կազդուրվի զովարար ամառանոցում, ուր մտադիր էին տեղափոխվել քիչ ժամանակից հետո:

Սակայն մի օր զարմանքով տեսան նրանք, որ իրենց որդին ինչ որ պատրաստություններ է տեսնում: Նա գնել էր ճանապարհի նոր հագուստ, երկարաճիտ կոշիկներ, ձիու թամբ, նոր տեսակի պայուսակ, որսորդական հրացան և այլ այնպիսի իրեր, որոնք կարող էին հարկավորվել միայն վայրենի տեղերում, ուստի հետաքրքրվեցան իմանալ թե ինչո՞ւ համար են դրանք:

— Պիտի ճանապարհորդեմ, — ասաց նա ծնողներին:

— Պիտի ճանապարհորդե՞ս... ի՞նչպես, ուրեմն ամառանոց չի՞ պիտի գաս, — հարցրեց երիտասարդի մայրը անհանգստությամբ:

— Ոչ, պիտի գնամ դեպի հեռավոր հայ գյուղերը և՛, ո՞վ գիտե, գուցե շատ ուշ վերադառնամ, կամ... (ուզում էր ասել «բոլորովին չվերադառնամ», բայց զգալով, որ լավ չէ վախեցնել ծնողներին, խոսքն ընդհատեց):

— Այդ անկարելի է, — ճչաց իսկույն տիկին Կամսարյանը, կամ յուր լեզվով ասած՝ Լիդիա Պավլովնան, որ մի պարարտ, կլորիկ և թեպետ հիսունը անցած, բայց դեռ գրավչադեմ և հաճելի լինելու առավելություններով օժտված կին էր, — այո՛, անկարելի է... այսքան ժամանակ հուսով սպասել եմ քո դարձին, որ գոնե ամառվա ամիսները միասին անցնենք, իսկ դու ասում ես թե պիտի ճանապարհորդե՞ս, ոչ, այդ չի լինի, — ասաց տիկինը վճռաբար և մեջքը թիկնաթոռին տալով՝ աշխատեց պարարտ մարմինը զետեղել նրա վրա կարելվույն չափ հանգիստ:

Տիկին Կամսարյանի «Ո՛չ, այդ չի լինիր վճիռն ուներ յուր հարգելի պատճառները: Բացի այն, որ նա իբրև սիրող մայր, կցանկանար անշուշտ ամառն անցնել յուր որդու հետ, կար և մի ուրիշ հանգամանք, որ դրդում էր նրան չհամաձայնել որդու հետ: Դա մոր փառասիրությունն էր, ա՛յն թաքուն զգացմունքը, որ շատերը խնամքով փայփայում են սրտի խորքում, բայց որի գոյությունն ուրանում են մարդկանց առաջ:

Լիդիա Պավլովնան առաջին անգամ չէր գնում ամառանոց, ուստի գիտեր, որ ամեն ամառ այնտեղ ստեղծվում է ծանոթների ու բարեկամների հետաքրքրական շրջան, տեղի են ունենում նոր տեսակի ընդունելություններ ու այցելություններ, սարքվում են փայլուն զբոսանքներ, ճաշեր ու պիկնիկներ, երբեմն և երեկույթներ: Արդ, չէ՞ որ մեծ փառք էր ամեն մոր համար այդ բոլոր տեղերում երևալ նորավարտ, գեղեցիկ արտաքինով, հաճելի ձևերով և տակավին ամուրի երիտասարդ որդու հետ... այդպիսի մայրն, առհասարակ, ամառանոցի սիրած ու փայփայած անձն է լինում: Բոլորը (խոսքս իհարկե հարսնացու աղջիկ ունեցող մայրերի, կամ փեսացու փնտրող հարսնացուների մասին է, իսկ եթե դրանց թվում ընթերցողները դասեն, նաև, նորատի այրիներին, դրա դեմ էլ ոչինչ չունիմ), շրջապատում են նրան սիրով, քնքշությամբ, ամենաանկեղծ բարեկամությամբ: Այդպիսի մորը, բնականաբար, այցելում են հաճախ, և այն՝ միշտ երկուսով կամ երեքով (նայելով թե այցելողը քանի հարսնացու աղջիկ ունի), հրավիրում են շատ տեղերից, նույնիսկ այնպիսի տներից: ուր այդ մայրը երբեք ոտք դրած չէ եղել, բայց ծանոթացել է նրանց տիրուհիներին այսինչ պիկնիկում կամ պարահանդեսում: Բացի այդ, հանդիսավոր ճաշերի ժամանակ, ամենից պատվավոր տեղը առաջարկում են այդպիսի մորը և ամենից համեղ պատառը հրամցնում նրան: Հարկ չկա ասել, որ զբոսարաններում էլ ամենից սիրելի ու քնքուշ խոսակիցները շրջապատում են նրան, թե երիտասարդ որդին էլ զբոսնում է նրա հետ: Միով բանիվ, ամեն տեղ կատարվում է այն, ինչ որ հայկական առածն է բնորոշում, այսինքն «ձուաձեղի համար թավի կոթը պաչում են»:

Այս ամենը գիտեր տիկին Կամսարյանը. այս ամենի մասին նա մտածել, երազել էր և այն՝ երկար ամիսներով... այժմ հանկարծ լսել թե իրեն զրկում են քաղցր հույսերից, իհարկե, նա չէր կարող, հետևապես և չի պիտի թույլ տար որդուն իրագործել այդպիսի մի անհեթեթ որոշում:

Դժբախտաբար, երիտասարդն էլ յուր կամքի տերն էր (գոնե ինքը հաճախ այդպես էր ասում), ուրեմն և հեշտ չէր ետ կեցնել նրան յուր ընտրած ճանապարհից: Այդ պատճառով մոր «ոչ, այդ չի լինիլ» վճռին, նա պատասխանեց խստությամբ:

— Ամառանոցում զվարճանալուց առաջ ես պարտք ունիմ կատարելու, մայրի՛կ, մի՛ հուսար թե ես կհետաձգեմ իմ գործը քեզ ընկերանալու համար:

— Պետյա՛, Պետյա՛, մեկ մտածիր թե ի՞նչ ես ասում... ամբողջ տարի աչքներս ջուր կտրած սպասել ենք քեզ, կարոտից հալվել... (կամենում էր ասել «հալվել ու մաշվել ենք», բայց մեկ էլ մտածելով թե ինքը խիստ պարարտ է, ասաց) մաշվել է սրտներս, այժմ դու նորեն կամենում ես մեզ թողնե՞լ... Ուրեմն դու սիրտ չունիս, դու հայր, մայր, եղբայր ու քույր չե՞ս ճանաչում...

Վերջին բառի վրա տիկինը հեկեկալու նման մի սրտաշարժ ձայն հանեց, հետո հուպ տվավ աչքերը, հուսալով թե նրանցից մեկն ու մեկը արտասուք կգլորե յուր սպիտակ ու փափուկ այտերի վրա (որ իհարկե շատ տեղին կլիներ), բայց տեսնելով որ այդ չեղավ, ընդհատեց խոսքը...

Երիտասարդին այնպես թվաց թե դյուրազգաց մայրը սրտի նեղությունից չի կարողանում այլևս խոսել, ուստի որպեսզի չհաղթահարվի այդ սրտաշարժ տեսարանից, իսկույն ծոցից հանեց յուր հուշատետրը և սկսավ թերթել... Այո՛, բավական էր նայել այդ հուշատետրի էջերին, կարդալ գոնե կեսը «մեծ գործերի» այն ցանկին, որ նա կազմել էր մայրաքաղաքից վերադառնալիս, որպեսզի նա նորեն ոգևորվեր և առ ոչինչ գրեր մոր թախանձանքն ու արտասուքը, կամ արհամարհեր ամառանոցի հանգստությունն ու զվարճությունները:

Եվ այդպես էլ եղավ: Երբ Պետրոսը հուշատետրը դրավ նորեն ծոցը, նրա սիրտն արդեն այնքան էր ամրացել, որ նա ուղղակի ասաց.

— Դու, մա՛յրիկ, բախտավոր կին ես. ունիս ամուսին, առողջ զավակներ, մեծ հարստություն, սեփական ապարանք, գեղեցիկ ամառանոց, ապրում ես գոհ ու երջանիկ և, միևնույն ժամանակ, չես կամենում զրկել քեզ նույնիսկ մի ավելորդ զվարճությունից, այսինքն, որ ամառվա ամիսներում ընկերանա քեզ որդիդ... Բայց կան աշխարհում մարդիկ, որոնք շատ անհրաժեշտ բաներից են զրկված. ա՛յ, ես գնում եմ նրանց մոտ, որպեսզի կարողանամ նրանց մի փոքր մխիթարել, կամ նրանց կարիքներից մինը կամ երկուսը լցնել:

Լիդիա Պավլովնան որդու այս ճառից ոչինչ չհասկացավ, բայց Կիրիլ Կարպիչը (հայր Կամսարյանը), որի անունը ճիպին Տեր Օվանեսի ձեռքով չափաբերական մատյանում նշանակված էր «Կարապետի վուրթի Կիրակուս» և որը դեռ խալաթով նստած էր բազմոցի վրա և երկար ծխափողը ձեռքին թե՛ ծխում և թե՛ լսում էր հիշյալ վիճաբանությունը, որդու վերջին խոսքերի վրա մի անհանգիստ շարժումն արավ: Քաղցր ժպիտը, որ մինչև այն փայլում էր նրա ածիլած ու գիրությունից փայլող դեմքի, կրկնածալ ծնոտի և գորշ ընչացքով հովանավորված հաստ շրթունքի վրա, չքացավ իսկույն. թավամազ հոնքերը կարծես վայր իջան աչքերի սուր հայացքը ավելի խստացնելու համար. իսկ անխառն հայկական քիթը, որ պատկառելի տեղ էր բռնած խոշոր դեմքի վրա, զգալի կերպով կախվեցավ, որպեսզի տիրոջ դժգոհությունը մարմնացնե յուր մեջ ամբողջովին:

Ինչո՞ւ անհանգստացավ Կիրիլ Կարպիչը, — դրա պատ ճառը բոլորովին այլ էր: Նա, իհարկե, չէր մտածում ոչ Լիդիա Պավլովնայի մայրական փառասիրությունը գոհացնելու և ոչ էլ որդու ամառային հանգստության մասին. նրան հետաքրքրում էր ավելի լուրջ ու դրական խնդիր. այսինքն այն, որ յուր որդին տասներկու տարի շարունակ ուսման համար իրենից հազարներ ստանալուց հետո, այսօր, երբ արդեն ուսումն ավարտած վերադարձել է, փոխանակ լրջորեն գործի կպչելու և հորից ստացած փողերի գեթ մի մասը յուր ձեռքի աշխատանքով հորը վերադարձնելու և դրանով նրան ուրախացնելու, ընդհակառակն, դեռ նոր ծախսեր է անում և ինչ որ ճանապարհորդության կամ հեռավոր ազգակիցների վրա է մտածում:

Անհանգիստ շարժումն անելով հանդերձ, Կիրիլ Կարպիչը մի կողմը դրավ ծխափողը և ձեռքերը խրելով խալաթի գրպանները, որոնք գտնվում էին տկի պես ուռած և խալաթի փնջազարդ ժապավենով հազիվ սանձահարված փորի աջ ու ձախ կողմերում, հարցրեց որդուն.

— Պե՛տռ, չլինի՞ թե քո գլխումն էլ հոպոպներ են լույս ընկել:

Երիտասարդ Կամսարյանը, որ այսպիսի մի հարց ընկերներից լսելուց կարող էր նրանց մենամարտի հրավիրել (որպեսզի ապացուցանե թե որքա՛ն պատվասեր է), հորից լսեց այդ խոսքը նույնիսկ առանց բարկանալու, համոզված լինելով, որ նա ուրիշ կերպ հաճոյախոսել չի կարող:

— Ի՞նչ ես կամենում դրանով ասել, հա՛յրիկ: — հարցրեց նա:

— Այն, որ ուսումը խելքահան է արել քեզ, որդի՛... ախար մի գնա դատարան և տե՛ս թե քեզանից մի տարով առաջ ավարտողները ի՞նչպես են այնտեղ գործեր պաշտպանում, ժամերով վիճում կամ ճառեր խոսում և դրա համար նրանք հարյուրներ, հազարներ են ստանում, իսկ դու դեռ «կռոների» մասին ես մտածում, կամ նրանց հոտած գյուղերում ապրելու պլաններ քաշում: — Սա ինչի՞ նման է:

Կիրիլ Կարպիչը նորեն ձեռքն առավ ծխափողը և հաստ (շլյութուկնքները կպցնելով երկար բնի ծայրին, երկու անգամ առատորեն ներս քաշեց ախորժելի ծուխը և ապա արտաշնչելով այն, վեր կացավ տեղից:

— Գործի վրա մտածիր, որդի, գործի վրա, թե չէ կռոներից շահ չի լինելու քեզ: — Այս ասելով նա դուրս գնաց սենյակից, չկամենալով ավելի ձանձրացնել որդուն: Որովհետև, իբրև փորձառու մարդ, գիտեր որ խելքի հասած երիտասարդին անօգուտ է երկար խրատներ կարդալը: Բավական է, որ մարդ երկու խոսքով հայտնի նրան յուր դժգոհությունը և ապա թողնե նրան մտածել ու որոշել անելիքը:

Մինչդեռ Լիդիա Պավլովնան այդ կարծիքին չէր, նա, իբրև կին, միշտ յուր ուզածն անել էր տվել երկար խոսելով, թախանձելով, հետևապես հավատում էր շատախոսելու փրկարար զորությանը: Այդ պատճառով էլ, երբ ամուսինը հեռացավ, նա մոտ քաշեց որդուն (որ դարձյալ ձեռքն էր առել յուր հուշատետրը, անշուշտ հոր խոսքերի ազդեցությունը իրենից հեռացնելու նպատակով) և իբրև մի մեծ նորություն, հաղորդեց նրան հետևյալը:

— Ես որ քեզ ասում եմ գնանք միասին ամառանոց, հո նրա

համար չեմ ասում, որ միայն քաղաքի շոգերից ազատեմ քեզ, ոչ. ես ուրիշ միտք էլ ունիմ և դրա համար է, որ չեմ ուզում քեզ թողնել...

— Ի՞նչ միտք, — հարցրեց երիտասարդը:

— Մարկոսովենց տուն հո գնացի՞ր, Ադելինին տեսա՞ր, — հարցրեց մայրը խորհրդավոր եղանակով:

— Այո, գնացի, Ադելինին էլ տեսա, հետո՞:

— Իբրև թե չգիտես ինչո՞ւ համար եմ հարցնում, — նկատեց մայրը խորամանկ ժպիտով:

— Ո՛չ:

— Չէ՞ որ մի օր հավանում էիր նրան:

— Հենց հիմա էլ հավանում եմ:

— Հո տեսնում ես թե ի՞նչ է դառել... ինչպես մեծացել, գեղեցկացել է:

— Այո՛, շատ է գեղեցկացել:

— Է, այդպիսի աղջիկը, որ քեզ սիրում լինի և քո պատճառով էլ Բորժոմ լինի գալիս, ի՞նչ կասես դրան:

Երիտասարդը նայեց մոր աչքերին և ուսերը վեր քաշեց:

— Գեղեցկությունը կա, ուսումը կա, քառասուն հազար էլ բաժինք... Այս ամառ անպատճառ բանը կվերջանա, որովհետև ծնողները համաձայն են, աղջիկն էլ համաձայն է համաձայն. հարցը մնում է քեզ վրա: Ի՞նչ ես ասում դու:

Երիտասարդը, կարծես, տատանվում էր: Ադելինի անունը մի փոքր պղտորեց նրա միտքը. եթե երևակայությանը ևս թույլ տար յուր առաջ պատկերացնելու գեղանի օրիորդին, այն ժամանակ արդեն հոսանքը կտաներ իրեն: Այդ պատճառով, կարծես, յուր թուլությունը զգալով, վեր կացավ տեղից և «դեռ տեսնենք, մտածենք, ժամանակ շատ ունենք» ասելով՝ դուրս գնաց պատշգամբ:

Դ

Բայց բախտը շատ անգամ կատակներ է անում և դրանցից զվարճալին լինում է այն, երբ նա չարիքից փախչող մահկանացուին՝ հենց նրա փախստյան ճանապարհի վրա, բերում հանդիպեցնում է նույն չարիքին, որից սա խույս է տալիս:

Այդպես պատահեց և Կամսարյանին: Հազիվ նա ելել էր պատշգամբ և ձեռքը տարել ծոցը, որպեսզի հուշատետրը հանե, և ահա՛ տան մուտքի հնչակը քաշեցին: Սպասուհին վազեց դուռը բանալու: Եվ որովհետև Պետրոսն ևս մոտեցել էր սանդուղին, ուստի հետաքրքրվեց իմանալ թե՝ ո՞վ է եկողը: Եվ ո՞րքան մեծ եղավ նրա հուզմունքը, երբ տեսավ թե՝ գեղանի Ադելինան է յուր մոր հետ: Անշուշտ նրանք գալիս էին երիտասարդի այցելությունը փոխարինելու և սրա մորն իրենց խնդակցությունը հայտնելու: Կամսարյանն իսկույն ծոցը դրավ հուշատետրը, որ նոր էր հանել և վայրկենաբար համոզվելով, որ «հայոց ազգը խիստ դժբախտ ազգ է», որովհետև, նման արգելքներ խանգարում էին իրեն նրա վրա մտածել, քնքուշ ժպիտը դեմքին, դիմավորեց հյուրերին և սիրալիր կերպով ողջունելով նրանց, առաջնորդեց դեպի ընդունարանը, ուր գտնվում էր արդեն Լիդիա Պավլովնան:

Չափ...չըփ, չըփ, չափ համբուրվեցան բարեկամուհիները և սկսան իսկույն մի սիրալիր զրույց, որն առհասարակ սկզբում լինում է աղմկալի և ապա հետզհետե մեղմանում, կանոնավորվում:

Ամենից առաջ Լիդիա Պավլովնան մեղադրեց բարեկամուհուն՝ իրենց ա՛յդքան ուշ այցելելու համար, և հավատացրեց, որ ամեն օր սպասում է եղել նրանց:

Տիկին Մարկոսյանը ներողություն խնդրեց յուր ակամա զանցառության համար, առարկելով թե՝ չափազանց զբաղված են թե՛ ինքը և թե՛ դուստրը, ընդ նմին և հավատացրեց (ավելի՛ ջերմ խոսքերով, քան տան տիկինը), որ իրենց բոլոր բարեկամուհիների մեջ Լիդիա Պավլովնան միակն է, որին ցանկանալով ցանկանում են տեսնել թե՛ ինքը, թե՛ աղջիկը, հենց որ ազատ են լինում զբաղմունքից: Դժբախտաբար, ազատ ժամեր քիչ են ունենում:

Լիդիա Պավլովնան, իհարկե, գիտեր թե ի՛նչ զբաղմունք կարող էր ունենալ տիկին Մարկոսյանը, իբրև բազմանդամ ընտանիքի մայր, բայց ցանկացավ լսել մի բան նաև օրիորդ Ադելինայի մասին, մանավանդ, յուր որդու, Պետրոսի ներկայությամբ:

Տիկին Մարկոսյանը, որ մի քիչ ավելի տարիքով էր, քան Լիդիա Պավլովնան և մի քիչ էլ պակաս գեղեցիկ, քան թե նա, բայց որը նազելու մեջ գերազանցում էր բարեկամուհուն, նազելով էլ պատասխանեց.

— Ա՜խ, սիրելիս, չես կարող երևակայել, թե որքա՞ն գործ ունի խեղճ երեխաս: Առավոտից մինչև ճաշը ձրի դասեր է տալիս «որբերի» ուսումնարանում. ճաշից հետո՝ մեր չարաճճիների դասերն է սովորեցնում. երեկոյան փոքրիկ աղջկաս դաշնամուրի վրա վարժություն է անել տալիս: Դրա վրան էլ ավելացրու այն, որ բարեգործական նպատակով տրվող ներկայացումներին ու նվագահանդեսներին մասնակցում է անխտիր, որովհետև խնդրում, աղաչում են: Իսկ իմ Ադելինան, հո գիտեք, փափուկ սիրտ ունի և չէ կարող մերժել...

— Այդպես չի կարելի, սիրելիս, այդպիսով դու կհոգնեցնես քեզ, իսկ շատ հոգնելը վնաս է առողջությանդ, — դարձավ:

Լիդիա Պավլովնան օրիորդին, որ լսում էր մոր հայտարարությունը:

— Ո՜չ, ես չեմ հոգնում, ընդհակառակն, որքան շատ եմ գործում, այնքան ավելի առողջ եմ զգում ինձ, — պատասխանեց օրիորդն աշխույժով և թեթև շառագունելով:

— Այո՛, պարապությունը ավելի է վնասում առողջությանը, քան չափազանց զբաղմունքը, — հաստատեց երիտասարդ Կամսարյանը:

Օրիորդի մայրը համաձայնեց. վերջինի հետ՝ և առանց մի վայրկյան կորցնելու սկսավ պատմել թե՝ ի՞նչպես ինքն առաջ թույլ էր ու տկար, որովհետև տան գործը մեծ մասամբ թողել էր սպասուհիներին: Բայց այն օրից, որ իմացավ թե գործունեությունը կազդուրում է մարդուն ավելի, քան բժիշկների դեղերը (այդ բանն էլ ասել էր նրան մի բարեկամ բժիշկ, որ հիվանդներ չունենալու պատճառով ինքը հաճախ հիվանդանում էր), նա սկսավ այնուհետև տան գործերից շատերը յուր ձեռքով անել և այն օրից ի վեր այնքան առողջացավ, որ էլ չէր գանգատվում ո՛չ սրտի ցավից, ո՛չ թուլությունից:

Այս զրույցի ժամանակ Լիդիա Պավլովնան լսում էր բարեկամուհուն ուշադրությամբ և ընդ նմին աշխատում, որ յուր լայն բացված և ուղիղ բարեկամուհու դեմքին նայող աչքերը համոզեն վերջնիս թե ինքը չափազանց հետաքրքրական է գտնում նրա բացատրությունը: Մինչդեռ երիտասարդը զբաղված էր նրա աղջկանով:

Ադելինային, իրավ, սա ճանաչում էր վաղուց, այսինքն, երբ դեռ ինքը գիմնազիոնի աշակերտ էր, իսկ նա՝ ինստիտուտի փոքրիկ աշակերտուհի: Այդ ժամանակ նրանք դրացիներ էին, իսկ ծնողները միմյանց բարեկամ: Եվ որովհետև վերջիններս հաճախ այցելում էին միմյանց, ուստի իրենք էլ տեսնվում էին իրար հետ: Բացի այդ, նրանք հանդիպում էին միմյանց դպրոց գնալիս և այդ դեպքում երիտասարդը միշտ ուղեկցում էր օրիորդին մինչև ինստիտուտի փողոցը, խոսակցելով նրա հետ աշակերտներին հետաքրքրող նյութերի մասին, կամ պատասխանելով այն հարցերին, որ Աղելինան հաճախ տալիս էր իրեն:

Այդ ժամանակ օրիորդը 14 տարեկան էր և թեպետ մարմնով նիհար ու չկազմակերպված, բայց դեմքով գեղեցիկ էր և բնությամբ խիստ աշխույժ: Այդ պատճառով Կամսարյանին դուր էր գալիս այնքան, որ սա նրա մասին գովությամբ էր խոսում միշտ ոչ միայն ընկերների, այլև մոր առաջ: Իսկ եթե մի փոքր էլ տղայի սրտին հավատայինք, կարող էինք ասել թե հենց այդ ժամանակ նա սիրահարված էր փոքրիկ դրացուհուն, որովհետև միշտ մի առանձին փափագով էր հետամտում այն սիրուն ժպիտներին, որոնցով Աղելինան առավոտյան ժամերին հանդիպում էր նրան փողոցում:

Բայց շուտով երիտասարդը ավարտեց գիմնազիոնը և գնաց համալսարան, ուր շատերի հետ միասին մոռացավ նաև Աղելինային, որովհետև համալսարանը նոր զբաղմունքներից զատ տվավ նրան նաև նոր բարեկամներ, որոնք իրենց կողմից ծանոթացրին նրան նոր զգացմունքների և ձգտումների հետ, որոնք գրավեցին նրա բոլոր ուշը: Բացի այդ, մայրաքաղաքում շատ կային Աղելինաներ, այնպես որ եթե Կամսարյանը ցանկանար երբևիցե ժպիտներով զմայլվիլ, ստիպված չէր հիշել յուր նիհար դրացուհուն:

Սակայն անցավ ժամանակ և նա, վերադառնալով հայրենիք, տեսավ նախկին Աղելինային բոլորովին փոխված: Այժմ նա այլևս ոչնչով նման չէր առաջինին: Նրա տասնևիննամյա ծաղկափթիթ հասակն ամփոփում էր յուր մեջ արբունքի հասած մի ազնվական կուսություն՝ գեղանի դեմքով, գրավիչ աչքերով, արյան ու կաթի խառնուրդն այտերին, վարդը՝ շուրթերին, որոնք նշան էին կյանքով ու կրակով լի քաջության: Նրա ճկուն հասակն աճել էր սպասածից ավելի, կուրծքը զարգացել վայելուչ չափով, իսկ մարմնի մասերը լցվել, բոլորվել այնպես համաչափ, որ երիտասարդը համեմատելով նրան մայրաքաղաքի ծանոթ գեղեցկուհիների հետ, գտնում էր գրեթե բոլորից գերազանց:

Եվ նա այժմ նայում էր նրան անթարթ աչքերով, հիշում էր մոր առաջարկությունը և ինքնիրեն մտածում. — «իրավ որ արժե ժառանգել այս գանձը»:

Լիդա Պավլովնան, որ աչքի տակով նայելով, տեսնում էր թե ինչպե՛ս որդու հայացքը անշարժ մեխվել է գեղանի օրիորդի վրա, շտապեց օգուտ քաղել դեպքից և խոսքը դարձնելով ամառանոցի վրա, հայտնեց թե ինչպե՞ս ապերախտ Պետյան որոշել է միայնակ թողնել իրեն այս ամառ:

— Ի՞նչպես, մի՞թե կարելի է, — բացականչեց տիկին Մարկոսյանը այնպիսի մի եղանակով, որ կարծես հայտնված նորությունը վերաբերում էր մի մեծ եղեռնագործության:

— Այո՛, միայնակ է թողնում և գնում է ճանապարհորդելու, — ավելացրեց նա տխրությամբ և ընդ նմին սպասելով,որ բարեկամուհին մեղադրական մի ազդու ճառ ուղղե որդուն:

— Այդ ձեզ չի վայելիլ, պարոն Պետրոս, — նկատեց տիկինը լրջությամբ: — Ինչպե՞ս կարելի է, որ այսքան ժամանակ օտարության մեջ մնալուց հետո, չմնաք այժմ ծնողներիդ մոտ գոնե այնքան, որ նրանք իրենց կարոտը առնեն ձեզանից: Ուրիշները նույնիսկ գործերնին թողնելով, գալիս են ծնողների հետ ամառն անցնելու, իսկ դուք, որ այստեղ եք, մի՞թե պիտի թողնեք նրանց ու հեռանաք:

— Բայց երբ հարկը պահանջո՞ւմ է:

— Ի՞նչ հարկ. ամառը հանգստության ժամանակ է և ոչ գործի. ոչ մի հարկ այդ ամիսներում չի կարող ստիպել մարդուն զրկել իրեն ամառանոցի մաքուր ու զով օդից, հանգստությունից... Ա՛յ, մենք էլ տնով-տեղով գնում ենք Բորժոմ, եթե դուք էլ գաք, միասին կլինենք և հիանալի ժամանակ կանցնենք:

— Հանդեսներ կսարքենք, կոնցերտներ կտանք, իսկ այդ բաներում դուք մեզ միշտ կօգնեք, — ավելացրեց օրիորդը շտապելով մասնակցել մոր ցանկությանը:

— Հանդեսնե՞ր, ի՞նչ նպատակով, — հարցրեց երիտասարդը հետաքրքրությամբ:

— Իհարկե բարեգործական, այդ մասին խնդրել են մեզ մի քանի ընկերության վարչություններ:

— Ձե՞զ:

— Այսինքն ինձ և ընկերուհիներիս:

— Հասկանում եմ: Եվ, իրավ, ամառանոցում հաջող մուտք կունենաք: Ափսո՛ս, որ չեմ կարող օգնել ձեզ այդպիսի բարի ձեռնարկությունների մեջ:

— Եթե գաք ամառանոց, կարող եք օգնել, — նկատեց օրիորդը ժպտալով:

— Այո՛, եթե գամ, բայց եթե չգա՞մ:

— Կխնդրեմ, որ գաք, — ասաց օրիորդը այնպիսի մի քնքշությամբ, որի մեջ, կարծես, խոսում էր մտերմության ձգտող մի թաքուն զգացմունք:

Երիտասարդը ժպտաց և չիմացավ ի՞նչ պատասխանել: Նրան թվաց թե այդ րոպեին նա լսեց Ադելինայի նախկին, մանկական ձայնը, այն անմեղ, միշտ ժպտող, միշտ շարժուն ու կրակոտ Ադելինայի, որ ամեն առավոտ հանդիպում էր իրեն դպրոց գնալիս, ողջունում այնքան սիրալիր և գտնում միշտ հարցեր իրեն զբաղեցնելու համար: Նրան թվաց թե այդ վայրկենին նորոգվեց նախկին մտերմությունը և թե ինքն այլևս իրավունք չունի սառն և անտարբեր խոսքերով այդ նորոգվող բարեկամության հաճելի տպավորությունը թուլացնելու:

— Ճշմարիտն ասած շատ կցանկանայի կատարել ձեր խնդիրը, բայց...

— Ի՞նչն է արգելք լինում, — ընդհատեց օրիորդն աշխույժով:

— Մի բարոյական պարտք, որ հանձն եմ առել դեռ այստեղ գալուց և ձեզ տեսնելուց առաջ:

— Եթե այդպես է, ուրեմն ամենից առաջ այդ պարտքը պիտի կատարեք. մենք իրավունք չունենք պահանջել, որ դուք անկատար թողնեք այն, ինչ որ կատարել խոստացել եք դեռ այստեղ գալուց առաջ:

— Շնորհակալ եմ, օրիորդ, դուք ինձ հասկանում եք. որքա՛ն ուրախ կլինեի, եթե մայրս էլ այդ ձևով մտածեր, բայց նա...

— Մայրդ գիտե թե ի՞նչ է մտածում,— ընդհատեց որդուն Լիդիա Պավլովնան, — դու իրավունք չունեիր մեզ լսելուց առաջ ուրիշներին բաներ խոստանալ:

— Իհարկե, առաջ մայրն է, հետո ուրիշները, — ձայնակցեց տիկին Մարկոսյանը:

— Բայց դուք հո չգիտեք թե ի՞նչ խոստումի մասին է խոսքը,— նկատեց Ադելինան մորը:

— Իսկ դու գիտե՞ս,— հարցրեց վերջինս:

— Ես էլ չգիտեմ, բայց կարծում եմ, որ պարոնը մի դատարկ բանի պատճառով չէր համաձայնիլ զրկել իրեն ամառանոցի հանգստությունից և զվարճություններից...

Այս ասելով օրիորդը մի խորհրդավոր հայացք ձգեց երիտասարդի վրա, կամենալով, կարծես, հարցնել թե՝ «այդ ի՞նչ բարոյական պարտք է, որի կատարումը ավելի անհրաժեշտ է, քան ինձ նման գեղեցկուհուն ամառանոցում ընկերանալը»:

Երիտասարդն էլ, գրեթե, այդպիսի մի նշանակություն տվավ այդ խորհրդավոր հայացքին, բայց ոչինչ չբացատրեց, որպեսզի այդպիսով հասկացնի օրիորդին թե՝ իրավ, ինքը խիստ մեծ ու արժանավոր նպատակի համար է զրկում իրեն ամառանոցի զվարճություններից: Բայց որպեսզի բոլորովին անքաղաքավար չգտնվի օրիորդի հարցասիրությունը գոհացնելու նկատմամբ, կարևոր համարեց այսքանը հայտնել, թե՝ կգա մի օր, երբ ինքը կբացատրե նրան այն կարևոր պատճառները, որոնք ստիպում էին իրեն զրկվել Աղելինայի աննման ընկերակցությունից:

Ե

Տիկնոջ ու օրիորդի հեռանալուց հետո, Պետրոսն զգաց, որ վերջինի յուր վրա թողած ազդեցությունն այնքան է սաստիկ, որ յուր նախկին մտածմունքներին վերադառնալու համար իզուր պիտի լիներ այժմ դիմել հուշատետրի օգնության: Նրան այժմ հարկավոր էր ավելի զորեղ ցնցում, որպեսզի յուր մտքերը նորեն փարեին գաղափարական հայտնի նպատակին: Այդ պատճառով նա առավ Աբովյանի «Վերք Հայաստանին» և իջավ պարտեզ: Այս գիրքը նրան սիրելի էր դարձել մանավանդ այն օրից, երբ ուսանողական ժողովում յուր հայտնի խոստումն արավ: Ճեմարանավարտ ուսանողն, որին ծանոթացանք պատմությանս առաջին գլխում և որն ուսանողական ժողովներին նախագահելուց զատ, առաջնորդում էր ընկերներին նաև մայրենի լեզվին ու գրականությանը ծանոթացնելու գործում, խորհուրդ էր տվել Կամսարյանին կարդալ Աբովյանի «Վերքը» որքան կարելի է շատ: «Դու որ նվիրում ես քեզ հայ ժողովրդի մոռացված մասին, այսինքն գյուղացուն ու մշակին, այդ գիրքը պիտի կարդաս համախ, ասել էր նա նրան, որովհետև բոլոր մարդկանցից ու գրքերից ավելի «Վերք Հայաստանին» կարող է քեզ ծանոթացնել հայ գեղջուկի հոգուն ու զգացմունքներին, նրա արժանիքին ու թերություններին, նրա կարիքներին ու ցավերին»: Եվ իրավ, քանի Պետրոսը կարդացել էր այդ գիրքը, այնքան ավելի նա սկսել էր սիրել հայ շինականն ու գյուղացին, որոնց նա յուր հարազատ ազգակիցն էր համարում, բայց որոնց, ավա՛ղ, չէր ճանաչում անձամբ:

Նստելով հովանավոր ակացենու տակ, նա բաց արավ գիրքը, բայց... մեքենաբար: Նրան թվում էր թե գեղեցկուհին դեռ նայում է իրեն յուր սիրուն աչքերով, թե նա հենց նոր ժպտալով ասաց իրեն «կխնդրեմ որ գաք», իսկ մի փոքր հետո՝ աշխույժով ավելացրեց «ինչն է արգելք լինում...»: Այո՛, այս ձայները հնչում էին դեռ երիտասարդի ականջում, իսկ գեղանի պատկերն ու փայլուն հայացքը չէին հեռանում նրանից:

— Դժվար է... իրավ որ դժվար է, — մտածում էր երիտասարդը, ամենքին կարելի է թողնել, ամեն ինչ կարելի է զոհել, բայց այս հրեշտակին, այս դիցուհուն... ճիշտ որ դժվար է. չէ՞ որ սա ինձ համար կարող էր լինել ամեն ինչ... և եթե նա, իրավ, անտարբեր չէ դեպի ինձ... այն ժամանակ արդեն կատարյալ խելագարություն է թողնել նրան... Բայց հենց այս մտածմունքի հետ հիշեց երիտասարդն ուսանողների ժողովը, յուր հանդիսավոր խոստումն և այն ուժգին ծափահարությունը, որ հետևեց հայտարարությանը... հիշեց թե ինչպես «կեցցեները» դղրդացրին ներքնահարկի ցածուն դահլիճը:

«Ոչ, ես հաստատ կմնամ իմ վճռին, ես կկատարեմ իմ խոստումը», որոշեց երիտասարդը և նորեն առավ գիրքը, որ արդեն փակել, դրել էր նստարանին: Բանալով գիրքը, նայեց նրան նորեն և ապա դրավ ծնկներին: Այս անգամ էլ մի ուրիշ, սակարկող պայման գրավեց նրա մտածությունը:

— Ես կկատարեմ իմ խոստումը, ես կնվիրեմ ինձ մոռացված ժողովրդին... բայց եթե Աղելինան ընկերանար ինձ այս գործում, օ՛, որպիսի մեծ հաջողությամբ կպսակվեր իմ նվիրումը... իրավ, չէ՞ որ ամենաեռանդուն աշխատանքն իսկ ապարդյուն կանցնէ, եթե նրան չխրախուսե կնոջ սերն ու ժպիտը... Եվ ի՛նչ երջանկություն. մենք միասին կաշխատեինք, միասին կգործեինք...

Այս միտքը երկար զբաղեցրեց երիտասարդին: Նա մտածում

էր, մինչև անգամ, համակերպիլ առայժմ յուր մոր ցանկության, գնալ ամառանոց, մտերմանալ այնտեղ Ադելինային, նշանվել, պսակվել և հետո... իհարկե, Ադելինայի հետ միասին վերադառնալ գյուղը: Իսկ այնտեղ... չէ՞ որ երկու խելքը կարող էին ավելի լավ գործել, քան մեկը:

Բայց հայտնի չէ, թե ինչո՞ւ երիտասարդի երևակայությունը նորեն այդ գյուղից փոխադրեց նրան ամառանոց: Նա պատկերացրեց յուր առաջ նշանադրության հանդեսը, ապա հարսանյաց պատրաստությունները, վերջը՝ փառահեղ պսակադրությունը, հարուստ հյուրերը, մետաքսի, ադամանդի և փարիզական ճոխությանց մեջ փայլող կիսամերկ կրծքերով ու հոլանի թևերով գեղեցկուհիները, որոնց մեջ սպիտակազգեստ և ծաղկապսակ Ադելինան պիտի երևար իբրև մի հրաշագեղ դիցուհի, հավերժահարսներով շրջապատված...

Բայց հենց այդ փայլի ու շքեղության պատկերը, կարծես, մարմին առնելով շշնջաց յուր ականջին՝ «մի՞թե չես ցնորում... Մի՞թե Ադելինան, այն կրթված, զարգացած, փափկության մեջ մեծացած, թատրոնի, երեկույթների և պարահանդեսների սովոր աղջիկը կհամաձայնի թողնել քաղաքը, նրա կյանքով ու հրապույրներով լի մթնոլորտը և գնալ, մտնել գյուղը, աշխարհի մի լուռ, անծանոթ անկյունը, թե ինչ է՝ այդտեղ պիտի հոգա շինականի կյանքը բարելավելո՞ւ մասին...»:

Այդ գաղտնի շշունջը ցրեց երիտասարդի նախկին մտքերը:

«Նա մինչև անգամ կարող է ինձ վրա ծիծաղել, իմ նպատակը ծաղրե՛լ, եթե ես դրա մասին խոսեմ նրա հետ» — տրամաբանեց Պետրոսը և տխրելով գլուխը կախեց:

Նրա աչքերն ընկան ծնկանը դրված գրքին և նա, կարծես, մտածելուց հոգնած, սկսավ կարդալ բաց երեսի վրա Աթոյենց աղջիկ Թագուհու մասին գրված հետևյալ տողերը.

«Բաս ի՞նչ կըլեր, որ էսպես չէր էլել: Մինչև էն հադաղը (միջոցը) նրա (Թագուհու) ականջը մեկ թթու խոսք չէր լսել, նրա աչքը մեկ դառը օր չէր տեսել, նրա երեսը մեկ կոշտ զրից չէր եկել: Վարդի պես ծաղկել, մանիշակի պես մեծացել էր: Տասնհինգ տարին անց էր կացել, դեռ նրա անմեղ հոգին աշխարհիքիցս մեկ բան չէր խաբար: Նրա ընկեր աղջկերքը դռներին, կտրներին ման էին գալիս, օր անցկացնում, նա ծունկը մոր ծնկանը կպցրած, յա կար էր անում, յա քարգահ, յա իրենց տանն ու դռանն էր մտիկ տալիս, յա իրենց մալին, ապրանքին աչք ածում: Ղուշը գլխի վրով թռչելիս՝ կարմրատակած, շունչը կտրած տուն էր ընկնում, որ իր շվաքն է՛լա օքմին չըտեսնի: Մոր մեկ մատը փուշ ըլելիս, յա մեկ տեղը ցավելիս, ուզում էր հոգին հանի իրեն տա. էլ քար, էլ խոտ չէր մնում, որ նա վրեն չը չոքի ու աստծու ողորմությունը խնդրի: Աղքատ տեսնելիս բերնի թիքեն հանում, իրան էր տալիս, որ նրան օրհնի, արևշատություն խնդրի: Բաղն էն ժամանակ էր գնում, որ միսն ու մութը դեռ չէր բաժանված ըլում, բաղիցն էլ էն վախտն էր տուն գալիս, որ մութը գետինն առած, ոտը քաշված, խաղաղված էր ըլում: Ով նրան ուզենար տեսնի, յա ծառի, յա պատի տակ պետք է տափ կենար, որ նրա հրեսին մտիկ տար, նրա աչքերի լսվն հայիլ մայիլ մնար... Չայիր չիմանի, մանիշակի վրա, վարդի, թթենու տակին, յա քչքչան առվի մոտ, որ բազի վախտ քնած չէր ըլում, հենց իմանաս երկնքիցը լիս ա վեր եկել, ափնիքը հայլի դառել... Քունը նրա աչքերին էնպես էր մոտենում, ինչպես մեկ սրբի երկնային հրեշտակը, թևերն երեսին փռում, անմահական երազով նրան գրկում, գգվում, արթնացնում, էլ եդ իր գիրկը դնում...Ա՛խ, ո՞ր մեկն ասեմ: Նրա ամեն մեկ շարժմունքը, ամեն մեկ խոսքը, ամեն մեկ մտիկ տալը, ամեն մեկ աչքի ու պռոշի ժաժ գալը հրաշք էր: Էն լուսակոլոլ աչքերը, էն խնկան ծաղիկ շրթունքը, որ բաց չէր ըլում, մարդ ուզում էր ոչ ուտի, ոչ խմի, հենց նրան մտիկ տա, նրա սուրահի բոյին թամաշա անի, նրա ոտքի տակին հոգին տա, նրա ձեռիցը իր մահն առնի... Եվ էս երկնային հրեշտակը, էս անմեղ գառն էր էն հաղաղին՝ էն գազանների (Հասան խանի ֆարրաշների) ձեռին... ի՞նչ քարացած, ապառաժ սիրտ պետք է ըլի, որ նրան տեսնելիս, կամ նրա պատմությունը լսելիս գլխին կրակ չվառվի...»:

Երիտասարդն է՛լ չշարունակեց: Որքան Թագուհու գեղեցկության նկարագիրը հիացմունք պատճառեց իրեն, այնքան էլ, վերջին տողերը հուզեցին յուր հոգին: Նա փակեց գիրքը և ինքնիրեն շշնջաց.

— Ամո՛թ ինձ, հազա՛ր ամոթ... Եվ ես դեռ տատանվում եմ, դեռ երկմտում եմ: Մի՞թե կարելի է մի վայրկյան անգամ ուշանալ... Մի ժողովուրդ, որ այսպիսի ծնունդներ ունի յուր մեջ, մի՞թե արժանի չէ մեր խնամքին ու օգնության: Ո՞ւմ մասին եմ մտածում — մի Աղելինայի, բախտից երես առած մի կենցաղասեր աղջկա... Ինչո՞ւ չգնամ Աթոյենց աղջկերանցը, Թագուհիներին պտրելու...Եթե այսօր Հասան խանի ֆարրաշները չեն սպառնում նրանց, հո տգիտությունն ու խեղճությունը, հո վաշխառուներն ու օրինազանցները սպառնում են: Ինչո՞ւ, ուրեմն, չերթամ օգնության կարոտ այդ ժողովրդի մոտ, ինչո՞ւ չծառայեմ նրանց և իմ աշխատության ընկեր չընտրեմ Թագուհիների միջից... Մի՞թե նրանց անմեղ ու միամիտ սերը պակաս ուժով կխրախուսե և կոգևորե ինձ: Այն աղջիկը, որ աչքը բանալու օրից ճանաչում է միայն իր ծնողներին, յուր տունն ու դուռը, յուր արտն ու այգին, որ յուր ուրախությունը գտնում է ծնողական հարկի տակ, արդար աշխատության մեջ, որ յուր սերը խնամքով ծածկում, պահում է սրտի խորքում և նվիրում միայն նրան, ով աստծո կամքով վիճակվել է իրեն ամուսին և, որն ապա յուր կյանքն ու ուրախությունը որոնում է այդ ամուսնու մեջ, մի՞թե հազար անգամ ավելի մեծ, բարձր ու արժանավոր չէ, քան այդ զվարճասեր, փողոցի ու հանդեսների սիրահար, նորաձևության երկրպագու, դեմքեր ու զգացմունքներ կեղծող, շաղակրատ, նազող, հաճոյասեր, ամուսնանալուց առաջ արդեն աշխարհ ճանաչող, թաքուն անկյուններում օտարի հետ պաչպչվող, իսկ սալոններում սիրո սրբությունը դրվատող օրիորդներն ու մեծուհիները... Այո՛, որոշված է, ես կերթամ և ինձ այլևս չի արգելիլ ոչ ոք:

Զ

Դեռ այս մտքի վրա էր Կամսարյանը, երբ հանկարծ նրա հետևից հնչեց մի թավ ձայն.

— Տո, Պե՛տո, դեռ ա՞յստեղ ես, իսկ ես կարծում էի թե Մասիսն արդեն անցել ես:

Պետրոսը ետ նայեց և տեսավ մեկին այն ընկերներից, որոնք ուսանողական ժողովում լսելով յուր խոստումը, դղրդացրել էին օդը կեցցեներով և իրեն բարձրացրել ձեռքերի վրա:

— Գնում եմ, բա՛րեկամ, գնում եմ, — պատասխանեց նա կարծես շփոթվելով և արագ տեղից ելավ:

— Ճշմարի՞տ, թե՞ կատակ ես անում, — հարցրեց երիտասարդը պարզելով ձեռքն ընկերին:

— Իհարկե ճշմարիտ, կատակ ինչո՞ւ եմ անում:

— Եղբայր, մեծ մարդ ես, խոստովանում եմ. բայց ե՞րբ:

— Շուտով, հենց այս քանի օրը:

— Ուրեմն, պատրաստությունդ տեսե՞լ ես:

— Արդեն: Կամենո՞ւմ ես, արի՝ ցույց տամ:

— Հապա, տեսնենք, հետաքրքրական է, — ասաց երիտասարդը և հետևեց Պետրոսին:

Առաջնորդելով ընկերին յուր սենյակը, Պետրոսն սկսավ մի մի ցույց տալ նրան այն ամենը, ինչ որ գնել էր գյուղ տանելու համար:

— Ամենից առաջ տե՛ս այս թամբը, հունգարական է, բոլորը խոզի կաշվից. 60 ռուբլի արժե. սանձը, ասպանդակները մաքուր պողպատից:

— Այդ ինչո՞ւ համար է:

— Ի՞նչպես թե ինչո՞ւ. գյուղերը չի՞ պիտի պտտեմ. միշտ հո մի տեղ չեմ մնալ:

— Իսկ ձի՞ն:

— Ձին էլ այնտեղ կգնեմ, այստեղից հո չե՞մ տանելու, ի՞նչ ավելորդ հարց է:

— Հասկացա. հետո՞:

— Սա էլ հրացանս. ամերիկական նոր տեսակի, երկփողյա. յուր բոլոր պարագաներով արժե 120 ռ.:

— Այդ ինչո՞ւ համար է, ավազակնե՞ր պիտի հալածես:

— Ի՞նչ ավազակներ, ինչեր ես հարցնում. որսորդության չի՞ պիտի գնամ. բոլոր օրը հո պարապելով չե՞մ անցցնելու. մի մի անգամ էլ զվարճություն է պետք. — այս էլ պայուսակս, բոլորը կաշվեկար պղնձե օղակներով, թամբի վրա հարմարեցնելու համար. — այս էլ դաշտային հեռադիտակ. միշտ հարկավոր է լինում. — այս էլ կողմնացույց...

— Կողմնացո՞ւյց. այդ ինչի՞ համար է. ծովերի վրա՞ պիտի թափառես:

— Ախ, ի՛նչ ապուշն ես: Տո, չի՞ պատահիլ, որ անտառներում պտտելիս հանկարծ մոլորվեմ. այ, հենց այդպիսի ժամանակ կողմնացույցը կարող է ինձ ցույց տալ թե ի՞նչ ուղղություն բռնեմ, ո՞ր գյուղը դուրս գամ:

— Այդ հո բոլորը քեզ համար ես հոգացել, գյուղացիների համար ի՞նչ ես տանում:

— Սպասի՛ր, նրանց համար էլ կա, տեսնո՞ւմ ես...— այս ասելով Պետրոսը ցույց տվավ սեղանի վրա գտնվող գրքերի մի կույտ և նրանցից մի-մի հատ առնելով, շարունակեց.

— Ա՛յ, «Полный курс охоты» Маркса-Манн. սա՛ էլ աւենք ինձ համար է, բայց գյուղացիներին էլ կհարկավորվի: Չէ՞ որ որսորդության մասին ևս կարող եմ խորհուրդներ տալ նրանց: — «Ляговая собака» — Фридриха Освальд. սա նույնպես կարևոր գիրք է որսորդական շներ վարժեցնելու համար:

— Այ մարդ, դու կարծում ես թե հայ գյուղացին բան ու գործ չունի, հենց միշտ որսի հետնի՞ց պիտի լինի:

— Համբերի՛ր, բա՛րեկամ, ախար մենք էլ քեզ չափ մտածել գիտե՞նք, թե ոչ: Ա՛յ, «Плодовая школа и плодовый сад» — Раевского, սա հո պատվական ձեռնարկ է ծառեր տնկելու, պատվաստներ անելու, պտղատու այգիներ խնամելու համար:

— Հա, դրան խոսք չունիմ:

— Իսկ սա՞ «Домашний огород» — Мицулья. ընտիր ձեռնարկ է բանջարանոցների համար: Սրան կցված է Черноглазов-ի գեղեցիկ աշխատությունը՝ «Огурцы, дыни, арбузы и тыквы» վերնագրով, հատուկ այդ չորս տեսակ պտուղները աճեցնելու համար:

— Հետո՞:

— Սա էլ «Обшедоступное руководство к земледелию» — Костычева, թեպետ համառոտ, բայց շատ պարզ և հասկանալի ոճով կազմված մի ձեռնարկ է երկրագործության համար: Իսկ սա Կոպպեի հայտնի «Երկրագործություն և անասնապահություն» աշխատությունն է, որ թարգմանել է պրոֆեսոր Վոյլֆը. հիսուն տարուց ավելի գործածության մեջ է, և հմուտների կարծիքով, գյուղատնտեսական գրականության մեջ համարվում է իբրև կլասիկ գրվածք: Իսկ սա՝ «Скотоводство» — Трипольского, հատկապես կազմված եղջերավոր անասուններ և ձի, ոչխար ու խոզ պահելու համար:

— Ուրի՞շ:

— Իսկույն. «Практическое руководство винградарства и виноделия»-Винберга. սա անհրաժեշտ գիրք է այգեգործության և գինեշինության համար: Մեր գյուղացիների գլխավոր պարապմունքը, կարծեմ, դա է: Այդ պատճառով այդ ճյուղին վերաբերյալ ձեռնարկներ մի քանիսն եմ ընտրել: Այ, «Руководство по винградарству »-Цобеля, բազմաթիվ ու բազմազան նկարներով...

— Իսկ մեղվապահական, հավաբուծական...

— Սպասիր, սպասիր, դրանք էլ ունիմ, ա՛յ, «Птицеводство» д-ра Прибыня. պատվական աշխատություն է՝ գերմաներենից թարգմանված, իսկ սա «Пчела и пчеловодство» — Бутлерова. մեղվապահական ընտիր ձեռնարկներից մինն է: Սա էլ «КАК ДОБЫВАТЬ ШЕЛК» — Иверсена, շերամապահության վերաբերյալ մի գեղեցիկ աշխատություն է: Սրա՛նից զատ ես գնել եմ նաև մի քանի հատ հայերեն գրքեր, ա՛յ, օրինակ, Մելիք-Շահնազարյանցի «Բուսական աշխարհը», «Գործնական գինեգործություն» և «Շերամապահություն» ուղեցույցները: Նույնպես Քաջունու «Մեղվաբուծությունը» և «Շերամապահությունը»: Թեպետ ռուսերեն ձեռնարկներով ես կարող եմ լիուլի ծանոթանալ գյուղատնտեսական այս կամ այն ճյուղին, և ըստ այնմ, հարկ եղածը սովորեցնել գյուղացիներին, այնուամենայնիվ, այս ձեռնարկների մեջ կլինեն բազմաթիվ տերմիններ, որոնց հայերենը չգիտեմ: Ահա՛ այդ դեպքում օգնության կհասնեն ինձ հայերեն ձեռնարկները:

— Այո՛, լավ ես մտածել, գյուղացու աչքում ամեն կերպ պետք է հեղինակավոր երևալ: Բայց ուրիշ էլ ի՞նչ պատրաստություն ունիս:

— Էլ ի՞նչ պիտի ունենամ, մնացածն էլ գլխումս է...

— Եվ գրպանումդ, իհարկե:

— Առանց դրան հո բան չի առաջանալ: Բայց, սկզբում, կարծեմ, հարկ չի լինիլ գրպանի օգնության դիմելու: Դեռ առաջ պետք է գյուղը մտնել, գյուղացուն ու նրա կարիքներին ծանոթանալ, իսկ այնուհետև ամեն բան հեշտ է:

— Նախանձում եմ քեզ, բարեկամ, որքա՛ն բախտավոր ես, որ կարող ես այդպես ազատորեն նվիրվել հասարակաց գործին, իսկ ես...

— Ո՞վ է քեզ խանգարում հետևել ինձ:

— Ո՞վ է խանգարում... աղքատ ծնողներ պահելու, քույր ու եղբայր ապրեցնելու, և նույնիսկ, ինձ նման ահագին մարդուն կերակրելու անհրաժեշտությունը:

— Այո՛, իրավունք ունիս, քո դրությունը ծանր է, — հարեց իսկույն Կամսարյանը, զգալով որ ընկերի ցավոտ տեղը շոշափեց:

— Բայց վիճակս մասամբ բարվոքելուց հետո, պիտի հիշեմ նաև քեզ հետևելու պարտքս. մի՛ կարծիր թե ուսանողական ժողովի որոշումը կարող եմ երբևիցե մոռանալ:

— Մի՛ վշտանար, բարեկամ, քո ծնողներն ու հարազատները նույնպես հասարակության անդամներ են. եթե դու նրանց խնամում ես, դրանով արդեն որոշ չափով ծառայում ես հասարակությանը: Ես հավատացած եմ, որ երբ դրությունդ բարվոքվի, կաշխատես ավելին անել:

— Անշուշտ:

— Ուրեմն չխոսենք այլևս այդ մասին. դառնանք իմ ձեռնարկության: Ի՞նչ խորհուրդ ես տալիս. ո՞ր կողմում հաստատեմ օգնության գործը:

— Դու դեռ չե՞ս որոշել:

— Ո՛չ, որովհետև մտածում եմ թե բոլոր կողմերն էլ միևնույնն են ինձ համար, ուր որ հայ շինական կա, այնտեղ էլ կարող եմ գործել:

— Եվ շատ լավ ես մտածում: Նստի՛ր երկաթուղի և գնա դեպի աջ: Հենց որ հասար Աղստաֆա (դա մեր պատմական Աղստևն է, չմոռանաս), իջի՛ր այնտեղ: Փոստային կառքը Աղստև գետի ուղղությամբ կտանե քեզ դեպի Դիլիջան: Անցե՞լ ես դու այդ ճանապարհով:

— Ո՛չ:

— Լավ, ուրեմն, կերթաս և կտեսնես այն աշխարհը, ուր քո պապերն են ապրել: Կարող ես հենց առաջին պատահած գյուղում իջնել և այնտեղ էլ քո օգնության գործը հիմնել: Այժմվանից, իհարկե, դժվար է որոշել թե ի՛նչ պիտի անես, բայց երբ կմտնես ժողովրդի մեջ, այն ժամանակ արդեն ինքդ կտեսնես նրա կարիքները և կսկսես հոգալ կարևոր դարմանը: Ինչպես լավ, նույնպես և վատ օրինակը վարակիչ է: Երբ քո ձեռքը կտեղծե մի գյուղում գովության արժանի գործ, կտեսնես, որ հետո լույս կընկնեն ուրիշ ձեռքեր, որոնք նույնը կանեն ուրիշ գյուղերում: Ո՞վ գիտե, գուցե հենց քեզ է վիճակված կարապետ լինել այն գաղափարական գործին, որ ամփոփում է յուր մեջ գյուղական ժողովրդի ապագա բարօրությունը և որի մասին այնքան շատ խոսել ու քարոզել է հայ լրագրությունը: Երևակայիր թե ինչպիսի հռչակ պիտի վաստակես դու հայ հասարակության մեջ, երբ հայտնի լինի մի օր թե՝ այն, ինչ որ գրողները միայն երազել են, դու արդեն մարմնացրել ես քո հաստատուն կամքով:

— Դու ինձ ոգևորում ես, բարեկամ, — բացականչեց Կամսարյանը և ընկերոջ ձեռքն առնելով ամուր-ամուր սեղմեց:

— Ոգևորվի՛ր ու գնա գործիր: Աստված անշուշտ կօրհնե քո ընտրած ճանապարհը:

Այսքանն արդեն բավական էր, որ Կամսարյանն յուր որոշումը իրագործեր անպատճառ: Ընկերոջ հեռանալուց հետո նա սկսավ կարգի բերել յուր իրեղենները և կապկպել:

Չնայելով, որ այդ առթիվ Լիդիա Պավլովնան ու Կիրիլ Կարպիչը մի անգամ ևս լուրջ վիճաբանություն ունեցան իրենց որդու հետ և այս անգամ մայրը ոչ միայն հուզվեց, այլև կարողացավ լաց լինել, այսուամենայնիվ, Պետրոսը մնաց անընկճելի: Միակ զիջումը, որ նա արավ ծնողներին, այն էր, որ խոստացավ չերկարել ճանապարհորդությունը և աշխատել մի քանի շաբթով վերադառնալ Բորժոմ:

Այս պայմանը խաղաղացրեց երկու կողմերն էլ և Պետրոսը մի լուսնկա երեկո յուր պարկ ու պուրկը կառքի մեջ ժողովելով, ճանապարհվեց դեպի երկաթուղու կայարանը:

Է

Կես գիշեր էր, որ գնացքը կանգ առավ Աղստև կայարանի առաջ: Ղազախ ու Դիլիջան գնացողների թվում իջավ գնացքից և Պետրոս Կամսարյանը: Ուղևորներին իրենց ծառայությունն առաջարկող կառապանները մոտեցան նաև վերջինիս և սկսան գովել՝ մեկն յուր «թռչկան ձիերը», մյուսն յուր «սլլող կալասկան», երրորդն՝ յուր դինջ «օմնիբուսը» և այլն, և այլն:

Պետրոսը, ինչպես հարմարություններ սիրող մարդ, չէր կամենում փոստի սայլակով ճանապարհորդել, որպեսզի չենթարկվի կայարանների քմահաճույքին, այդ պատճառով էլ ընտրեց «սլլող կալասկան», թեպետ հաստատ չգիտեր թե՝ որքան է նա հարմար առաջիկա ճանապարհորդության համար: Եվ որովհետև օմնիբուսի, կամ ուրիշ կառքերի տերերը վախեցնում էին նրան ասելով՝ «էդ կալասկան էդա ճամփի միջումը կոտրվելու ա, քե էլ թողի արևումը խաշվելիս» և այլն, ուստի երիտասարդը սկսավ կասկածել թե միգուցե սխալվել է յուր ընտրության մեջ:

— Սուտ են ասում, աղա ջան, քե վախեցնում են, որ իրանց փայտոնը բռնես, — առարկում էր «կալասկի» տերը և ավելացնում. իմ կալասկեն կըլի չորս տարի, որ բանեցնում եմ, հլա պռունգը վնասիլ չի: Հրեն մեկել օրը պրիստավին տարա Ղազախ, ընդիան էլ նաչալնիկին դուրս բերի Դիլիջան, բա խի՞ չկոտրվեց: Հլա նաչալնիկն էլ ասեց «մալադեց Օվանես, տվոյ կալասկա օչեն խարոշի»:

Պետրոսն անշուշտ երկար կմնար երկբայության մեջ, եթե նրան օգնության չհասներ կարճահասակ մի մարդուկ, որն ըստ երևույթին, ծանոթ էր տեղական կառապանների սովորության ու հնարներին:

— Աղա, էս մարդի կալասկեն լավն ա, ըսկի սիրտդ շար (կասկած) մի՛ գցիլ, նստի ու գնա՛: Դու թե ամեն խոսողի լսես, երկու օր կմնաս ըստեղ, — ասաց նա բարեկամաբար:

— Ա՛յ, քու հերը լիս դառնա, ըտենց խոսա է՛, — ուրախացավ Օվանեսը և ապա դառնալով Պետրոսին՝ ավելացրեց. — տե՛ս, աղա՛, սա վարժապետ մարդ ա, սուտ չի խոսալ, որ ասում ա իմ կալասկեն լավն ա, իմա՛ց որ լավն ա:

— Շատ բարի, գնա՛ լծիր, — կարգադրեց Պետրոսը, նախապես վարձագինը որոշելով: Ապա դառնալով միջամտող մարդուկին՝ հարցրեց. — ո՞րտեղի վարժապետն եք:

— Դիլիջանից դենը հայի գեղ կա, ընդեղի վարժապետն եմ:

— Ուրեմն դո՞ւք էլ Դիլիջան եք գնում:

— Հրամանք ես:

«Սա կարող է լավ առաջնորդ լինել ինձ» մտածեց Պետրոսը և առաջարկեց նրան՝ ընկերանալ իրեն:

— Չէ, աղա՛, ես փուրգոնով պտի գնամ, — առարկեց վարժապետը:

— Ինչո՞ւ, մի՞թե կառքը ավելի հանգիստ չէ:

— Հալբաթ կոր (իհարկե) հանգիստ ա, — ծիծաղեց վարժապետը:

— Ինչո՞ւ ուրեմն չեք գալի:

— Բա գեղի վարժապետը ո՞րդիան կարա կառքի փող տալ:

— Ի՞նչ փող, ես փող չեմ ուզում:

— Բա ո՞նց:

— Հենց այնպես, ձրի: Ես, միևնույն է, կառքի փողը պիտի վճարեմ, շատ ուրախ կլինեմ, եթե դուք էլ ինձ ընկերանաք:

Վարժապետը քաշվում էր և չէր կամենում երիտասարդի առաջարկությունն ընդունել:

— Ա՛շա՛շ (ապուշ), խի՞ ես մաթ մնացել (զարմացել), լավ բանը

գլուխդ վե՞ր չունում, — նկատեց վարժապետին ղազախեցի ծանոթներից մինը:

— Դե խի՞ չի վեր ունում, ասում եմ, ծանդրություն չըլեմ աղի իմար:

— Ոչինչ, ծանրություն չես լինիլ, գնանք, — ասաց Կամսարյանը և իրեղենները հանձնելով բեռնակրին, առաջ անցավ:

Մարդուկը հետևեց նրան:

Կառապանը, որ մի քանի վայրկյանում արդեն «կալասկեն» լծել, բերել էր կայարան, ժողովեց իսկույն Պետրոսի իրեղենները և կառքի ետքին ու առաջին դարսելով, սկսավ ամրացնել: Ապա իմանալով, որ վարժապետն էս ընկերանում է «աղին», նրա խեղճ կապոցն էլ տեղավորեց մի խորշում: Հետո բարձրացավ յուր նստատեղը, ասաց.

— Ես իմ ատոծը, աղա, լավ ընկեր ես վե կալել, արժանավոր մարդ ա, ըտենց ընկերի հետ գնացած ճանփան էլ բարի կըլնի:

— Հապա ես վատ մարդ կընկերացնե՞մ ինձ, — պատասխանեց Կամսարյանը և կառք բարձրացավ:

— Տեսնո՞ւմ ես, վարժապետ, լավութինը կորչում չի,— նորեն խոսեց Օվանեսը, — դու որ ինձ իմար բարեխոս չէիր ըլել աստոծ էլ քե էս բանին ռաստ չէր բերիլ, փուրգոնի ճռճռոցից ազատվեցար, ութ աբասին էլ մնաց ջեբումդ:

— Լավ, մի՛ երկարացնիր, քշիր տեսնենք, — նկատեց Կամսարյանը, զգալով, որ կառապանի խոսքերը անհաճո պիտի լինեն վարժապետին:

— Քշիլ տեմ, աղա՛, բա քշիլ չըպտե՞մ, քե ընենց լեղով (շուտով) տանեմ, որ նաչալնիկի պես ասես՝ «մալադեց Օվանես»:

Այս ասելով կառապանը շարժեց սանձերը, խրախուսեց ձիտներին և կառքը սլացավ խճուղու ուղղությամբ:

Լույսը բացված չլինելով, գիշերային զովը զգալի էր դեռ: Պետրոսը փաթաթվելով վերարկուի մեջ, կծկվեցավ կառքի անկյունում և սկսավ խոսակցել վարժապետի հետ:

— Ձեր անունն ի՞նչ է, — հարցրեց նա:

— Քե ծառա՝ Մոսի, — պատասխանեց վարժապետը:

— Չասացիք ո՞ր գյուղի վարժապետն եք:

— Չբուխլու:

— Չիբուխլո՞ւ: Դա հայո՞ց գյուղ է:

— Հայոց ա, բա՛ ի՞նչ ա:

— Անունը, կարծեմ, հայերեն չէ:

— Հրամանք ես, թուրքերեն ա, ամա մեր վանահայրն ասում ա, շատ առաջ հայերեն ա ըլել: Ճապոտիկ են ասել:

— Վանահայրն ո՞վ է, ձեր գյուղում վա՞նք էլ կա:

— Չէ, Սնանա վանահայրն եմ ասում:

— Սնանը, ուրեմն, մո՞տ է ձեզ:

— Մոտ ա, բա՛, հենց մեր առաջին ա:

Այս նորությունը ուրախացրեց Պետրոսին: Որքա՛ն ժամանակ էր, որ նա փափագում էր տեսնել Գեղամա ծովակը, որքա՛ն լավ բաներ էր լսել նրա մասին, որքա՛ն բաներ կարդացել: Այժմ, ահա, նա կհասներ փափագին:

— Ձեր գյուղում, ուրեմն, ուսումնարա՞ն էլ ունիք, — շարունակեց նա յուր հարցերը:

— Ուսումնարան ո՞րդիան ա. մի տասը-քսան բեխա ես եմ հվաքել մեր տունը, կարդացնում եմ... քե դրուստն ասեմ, ես էլ ըսկի օրինավոր վարժապետ չեմ: Եղցումը, որ էրեցին օգնում եմ, տիրացութին անում, էն ա գեղականն անունս վարժապետ ա դրել:

Ուրեմն Պետրոսի ուղեկիցը տիրացու էր և ոչ վարժապետ: Սրանով էլ պարզվում էր երիտասարդի համար այն հանելուկը, որ վարժապետ կոչվածը գյուղական բարբառով էր խոսում:

Այս նորությունը թեպետ որոշ չափով ձգեց ուղեկցի վարկը Կամսարյանի աչքում, այսուամենայնիվ, վերջինս դարձյալ հետաքրքրվեց նրանով:

— Ո՞րտեղ ես ուսում առել, — հարցրեց նա:

— Հրես, առաջներիս գեղ կա, Քարվանսարա են ասում, ընդեղ եմ կարդացել: Ես ինքս էլ Ղազախի գեղերիցն եմ. միայն Չբխլուի էրեցը մեր ազգականն էր, զոռեց, տարավ իրա կուշտը (մոտը), ասեց՝ ըստի տիրացութին պտես անիլ, ժամանակով էլ քահանա կշինեմ քե:

— Լա՞վ գյուղ է Չիբուխլուն:

— Հլե մեզ համար լավ ա, ուրիշի համար ի՞նչ գիդամ:

— Ո՞րքան ժողովուրդ ունի:

— Իսկը գիտում չեմ, կըլի որ հարյուր հիսուն տուն ըլի:

— Ի՞նչպես է, որ այդքան տուն չի կարողացել յուր համար ուսումնարան հիմնել:

— Բա, գեղականը ո՞րդիան կարա ուսումնարան հիմնել:

Սաղ օրը չարչարվելով, արևի, անձրևի հետ կռիվ տալով ըսկի կտրում չի էնքան աշխատի, որ իրա րեխանց ռուզին հասնի, յա նրանց տկլոր լաշը ծածկի, ուսումնարան ո՞նց տի հիմնի:

— Իսկ եթե գտնվի մեկը, որ ցանկանա յուր ծախքով այդ բանն անել, գյուղացիք հո չեն հակառակի:

— Բա՛, էդ ի՞նչ ես ասում, աղա ջան, մարդ իրա աչքը քո՞ռ կուզի, գեղացիք չէ թե հակառակիլ չեն, հլա դիհենց մարդու ոտն էլ կպաչեն:

«Այս գյուղն, ուրեմն, կարժանանա իմ ուշադրության», — մտածեց ինքնիրեն Կամսարյանը և շարունակեց.

— Իսկ գյուղատնտեսությունը ի՞նչ դրության մեջ է ձեր կողմերում:

— Գյուղատնտեսությունը ո՞րն ա:

— Վարուցանքը, անասնապահությունը, գինեգործությունը...

— Վարուցանքն էս տարի լավ ա, տավարն էլ, փառք աստծու, ցավ ու չոռից ազատ ա, ամա դե գինին մեր կողմերում չի ըլիլ, չուն մեր տեղը սար ա, բաղն արշա չի գալ (չի առաջանալ), — պատասխանեց տիրացուն, այլ կերպ հասկանալով իրան տրված հարցը:

Այդ հանգամանքը կարծես սառեցրեց Պետրոսի հետաքրքրությունը և նա այնուհետև սկսավ ավելի մտածել, քան խոսել: Դրա հետևանքը եղավ այն, որ երիտասարդը տաքուկ վերարկուի և զով օդի ազդեցության տակ սկսավ նիրհել: Եվ որովհետև երկաթուղու վրա շատ քիչ էր քնել, ուստի շուտով էլ քաղցր քուն մտավ:

Տիրացուն յուր կողմից աշխատեց չարթնացնել նրան և քիչ ժամանակից հետո ինքն էլ հետևեց նրա օրինակին:

Սակայն Օվանեսի «կալական» շարունակ սլլում էր հարթ խճուղու վրա: Նա արդեն Ղազախը, Գազկա դաշտը և Ուզունթալան անցել և Քարվանսարայի ճանապարհին էր մտել, երբ Կամսարյանն անուշ քնից արթնացավ: Աչքերը բանալով, նա չորս կողմը նայեց և իրեն շրջապատող տեսարանները դիտելով, հիացավ:

Ճանապարհի մի կողմից ընկած էին հասուն արտեր կամ սիգավետ արոտներ, որոնք ուղղադիր, կամ վայրահակ տարածվում, հասնում էին մինչև հեռավոր բարձրությունները, իսկ մյուս կողմից կանաչազարդ թումբեր, ձորակներ ու բլուրներ, որոնց հետևում էին նախ մանր ու ծառախիտ և ապա խոշոր, մշշապատ լեռներ: Դրանց մեջ, իրենց բարձրությամբ, աչքի էին ընկնում աջ կողմից Նալթեոքանը, իսկ ձախից՝ Կարմիր քարը՝ յուր երկար լեռնաշղթայով, ապա Համզասարը, Արտազը և այլն, որոնք հետզհետե իրար հաջորդելով հորիզոնը դարձնում էին վեհ և գեղատեսիլ: Սակայն աջ ու ձախ տարածվող այդ տեսարանների գեղեցկությունը պսակում էր Աղստևի հինավուրց գետակը, որ շարունակ անծայր խճուղուն ընկերանալով, զվարճացնում էր նրա մշտական անցորդներին մերթ վճիտ ջրերի քաղցր կարկաչով, մերթ փոքրիկ ջրվեժների փափուկ շառաչով և հաճախ, յուր եզերքը ծածկող կամ յուր եղտյուրներում խմբովին ցոլացող ծառերի պուրակներով: Արևը, որ նոր էր յուր շողերը սփռում Աղստևի ձորի վրա, այդ տեսարաններին տվել էր մի դյութական պայծառություն, վառելով մշուշը լեռների չանչերում, կանաչը՝ ծառերի կատարին, դալարը՝ դաշտերի մեջ և ցողը՝ ծաղիկների վրա:

— Օ՜հ, ի՞նչ գեղեցիկ և որքան հրաշալի է մեր երկիրը, — բացականչեց Կամսարյանը, հրապուրվելով բնության այդ սիրուն տեսարաններով և ապա ձեռքերն աջ ու ձախ տարածելով, կամենում էր կարծես հորիզոնը գրկել:

— Ըստեղ հլա ի՞նչ գեղեցկութին կա — գեղեցկութին, գեղեցկութին Դիլիջանա դենն ա, Շամլուխի ձորումը, Մայմեխի լանջերին, հրես գնում ենք, կտեսնաս, — նկատեց տիրացու Մոսին:

Կամսարյանը, որ դեռ քննական աչքով չէր նայել ուղեկցին, որովհետև գիշերանց էր ծանոթացել նրան, թավ ձայնով նրա դիտողությունը լսելուց, ետ նայեց մի վայրկյան և տեսավ, որ դա մի մարմնացյալ աններդաշնակություն էր նկատմամբ այն պոեզիայի, որ շրջապատում էր իրեն: Տիրացուի կարճ ու գիրուկ մարմինը, որ նստած լինելու պատճառով կորացել էր, նմանում էր մի տձև մսագնդի, որի վրա գլուխը շարժվում էր կարծես առանց պարանոցի: Նրա թուխ դեմքը, որ արևահար լինելուց ավելի էր սևացել, ծածկված էր խիտ և երբեք չսանրված մորուքով: Վերջինս թեպետ տարածվում էր մինչև նրա այտոսկրները, այսուամենայնիվ, չէր ծածկում տիրոջ մեծ բերանը, որ եզերված էր հաստ լրթագույն շրթունքներով: Խոր ընկած աչքերը, չնայելով իրենց սնության, թավալում էին նեղ կապիճներում առանց կրակի և արտահայտության. իսկ դրանց հովանավորող թավարծի հոնքերը տալիս էին նրա դեմքին մի առանձին գռեհկություն: Հաստ շալի կապան, կեղտոտ օձիքով արխալուղը և մորթե մեծ գդակը, որ նա խնամքով քաշել էր մինչև հաստ բլթակներով լոշի պես կախված ու փոշոտած ականջները, տիրացուին նմանեցնում էին անտառաբնակ խոզարածի, նրան պակասում էր մի մահակ՝ ձեռքին և մի պարկ՝ մեջքին:

Պետրոսը ուշի ուշով նայելով ուղեկցի վրա, զգաց այնպիսի մի անհանգստություն, որ պաշարում է մարդուն՝ զզվանք զգալուց առաջ: Նա զարմացավ յուր անմտության վրա, որ մի առաջնորդ ունենալու պատճառով, նստեցրել էր կողքին այնպիսի մի գռեհկի, որից, մինչև անգամ, կեղտի ու քրտնքի հոտ էր փչում: Այս պատճառով երիտասարդն անզգալի կերպով քաշվեցավ մի կողմ և, որպեսզի տիրացուից ավելի անջատվի, առջևը դրած իրերից մինն առնելով, զետեղեց նրա և յուր մեջտեղը, ասելով.

— Սրա մեջ կոտրելու բան կա, լավ է այստեղ դնենք:

Բայց որովհետև Պետրոսին այնպես թվաց թե Մոսին հասկացավ յուր միտքը, ուստի սկսավ զբաղեցնել նրան:

— Ասում ես թե այն կողմերն ավելի գեղեցիկ են, հա՞:

— Գեղեցիկ են, բա՛, ըստեղ հլա շատ փայը դյուզ ա (դաշտ), արևը որ աշմիշ ա ըլում (բարձրանում է), էն դայղի ա էրում, որ ասես թե մարդի կաշին պուկիլ տի, ամա դենի ճամփեն չիմ մեշալըղով (անտառով) յա անց կենում, ոտով էլ որ գնաս, մեջքդ տաքանալ չի:

Չնայելով տիրացուի հայտարարության, Կամսարյանն, այսուամենայնիվ, թերություն չէր գտնում շրջապատող տեսարանների մեջ, ընդհակառակն, նա որքան հառաջանում, այնքան ավելի էր հիանում նրանցով: Մանավանդ Աղստևի մշտակարկաչ հոսանքը և նրա սիրուն, ծառազարդ ափերը գրեթե շարունակ զմայլեցնում էին նրան, այնպես որ մի ժամանակ նա, մինչև անգամ, մոռացավ տգեղ տիրացուին և ինքնիրեն խոսեց.

— Ահա՜ թե ի՞նչ տեղեր են և ի՞նչ գեղեցկություններ են անհայտ մնում մեզ... Իսկ սրանց մեջ ապրող մեր ազգակիցները... չէ՞ որ նրանք էլ ունին գեղեցկություններ ու կատարելություններ, որոնք անծանոթ են մեզ: Պետք է շնորհակալ լինել բախտից, որ վերջապես օգնեց ինձ՝ իմ նվիրական խոստումն իրագործելու (այդ վայրկենին երիտասարդի հայացքը հանդիպեց յուր ուղեկցին և նա մի քայլ ետ կասեց յուր մտածության մեջ՝ ավելացնելով) կամ, գոնե, ծանոթանալու այս երկրին ու ժողովրդին, որպեսզի համոզվիմ թե ի՞նչ չափով է հնարավոր այդ որոշումն իրագործել:

Քիչ ժամանակից հետո երիտասարդ Կամսարյանը նստած Քարվանսարա գյուղի առաջ, կարկաչահոս Աղստևի ափին, մի հովանավոր ծառի տակ, ախորժակով նախաճաշում և թեյ էր վայելում: Այստեղ արդեն տիրացուն չէր ընկերանում նրան, որովհետև հանդգնություն էր համարում ձգվիլ «աղայի» հետ նաև նախաճաշի ժամին: Նա համեստությամբ խույս էր տվել դեպի մոտակա կրպակը, ուր խռնված էին Ղազախի զանազան կողմերից գյուղացիներ և նրանց հետ խոսում էր: Տիրացուի այդ վարմունքը դյուր եկավ Կամսարյանին և համոզեց նրան, որ յուր ուղեկիցը այնքան էլ անտաշ գռեհկին մեկը չէ: Այդ պատճառով էլ, երբ նախաճաշն ավարտեց, կանչեց վերջինիս և առաջարկեց նրան նույնպես թեյ խմել և նախաճաշել, իսկ ինքը հեռացավ մի փոքր շրջագայելու:

Տիրացուն յուր կողմից հրավիրեց կառապան Օհանեսին: Նրանք երկուսը նստեցին նույն հովանավոր ծառի տակ և սկսան վայելել «աղայի» թեյի ու նախաճաշի առատ մնացորդը: Կառապանը տեսնելով, որ «աղան», ի միջի այլոց, թողել էր իրենց համար տասը կտոր շաքար, այդ համարեց առատաձեռնություն և դրանից էլ եզրակացրեց, որ նա «մենծ մարդ պիտի ըլի»:

— Մենծ մարդ ա, բա՛, մենծ որ չըլեր, մենակ կալասկա կբռներ կգա՞ր, — հաստատեց տիրացուն:

— Յա չէ, առանց փողի քե կողքին կդներ կբերե՞ր:

— Ես էլ էդ չե՞մ ասում:

— Թյունդ հուսումնական կըլի, ա՛յ:

— Հուսումնական ա, բա՛:

— Չըլի՞ ընջներ ա:

— Չէ, ընջներ չի ընում:

— Բա խի՞ յաշչիկը ծանդր ա, ես նըհենց եմ մանում թե ընջների յարաղ (գործիք) կա միջումը:

— Չէ, կըլի որ գրեր ըլին:

— Գրերը ինչի՞ն ա պետք:

— Ո՞նց թե ինչի՞ն ա պետք, բա հուսումնականն առանց գրերի ման կըգա՞:

— Ես ի՞մ (ի՞նչ գիտեմ), հրեն մեր գեղի աղան էլ ասըմ են

հուսումնական ա, ամա ճամփա գնալուց՝ արաղից սավայի զատ չի ըլում հետը:

— Է՛, շա՛շ, դու էլ մարդու անուն տվիր. գեղի հուսումնականն ու քաղաքինը մի՞ն ա ըլում: Գեղի հուսումնականը սաղ կյանքումը հինգ, յա վեց գիր անջախ (հազիվ) ա կարդում, ամա քաղաքինը՝ աշխարհումս էլ գիր չի թողնում, չիմ (բոլորը) կարդում պրծնում ա:

Այսպես զրուցելով տիրացուն ու կառապանը վերջացնում էին իրենց նախաճաշը, երբ Կամսարյանն յուր շրջագայությունից վերադառնալով, տեսավ նրանց միասին:

— Այս տիրացուն իսկապես կառապանի ընկերն է, ես ինչո՞ւ հիմարաբար իմ կողքին եմ նստեցրել,— մտածեց նա և որոշեց առաջարկել, որ սա այնուհետև նստե կառապանի մոտ: Բայց ինչպե՞ս աներ առաջարկությունը, որ տիրացուն չվիրավորվեր, նա այդ մասին էլ մտածեց:

Երբ Օվանեսը յուր զաhին բազմած՝ կառքը մոտեցրեց «աղին», վերջինս հրամայեց ծածկել հովարանը, որովհետև արևն այրում էր արդեն: Կառապանն իսկույն կատարեց հրամանը:

— Նախաճաշից հետո ես սիրում եմ հանգստանալ, արդյոք չէ՞ կարելի պառկել քո կառքում և այնպես գնալ,— հարցրեց Պետրոսը կառապանին:

— Խի՞ չի կարելի. տեսնո՞ւմ չես որքան լեն ա իմ կալասկեն: Դու ոտերդ ձգի ու պառկի, վսւրժապետն էլ իմ կողքին կնստի, — պատասխանեց Օվանեսը:

— Հա, ես բստի կնստեմ, դու նեղանալ մի՛, — հարցեց տիրացուն, ցույց տալով կառապանի նստատեղը:

Կամսարյանը հիացավ այս հաջողության վրա և կառքը բարձրանալով, գլխի տակն առավ փոքրիկ բարձը և ձգվեց բազմոցի երկարությամբ:

Տիրացուն սեղմվեց կառապանի կողքին: Քարվանսարայից ելնելուց Աղստևը դարձյալ ընկերանում էր ճանապարհորդներին յուր ընդդիմակաց հոսանքով, երբեմն փոքրիկ ձորակներից անցնելով, երբեմն դաշտերի եզերքը քերելով, իսկ շատ տեղ թամբերի հետևը թաքնվելով: Քանի շարունակվում էր տեսարանների միակերպությունը, Կամսարյանը նրանցով չէր հետաքրքրվում, այլ պառկած էր: Բայց հենց որ հասան Ղլիճ-Ղայա կոչված ժայռերի ստորոտին, նա ուղղվեցավ իսկույն գլուխը կառքից դուրս հանելով, սկսեց ուշի ուշով դիտել այդ ահավոր և միևնույն ժամանակ գեղատեսիլ պարեխները, որոնք ճանապարհի աջ կողմից ձգվելով, իրար վրա դիզված, հետզհետե բարձրանում, կազմում էին տարօրինակ ամբարտակներ, մի տեղ սուր ու միապաղաղ, մյուս տեղ խրոխտ ու բարդ-բարդ, իսկ շատ տեղ թեք դեպի ճանապարհը, կարծես սպառնալով փլչել բարձր զահավանդից և իրենց փլվածքի տակ ծածկել տեղի խաղաղությունը վրդովող հանդուգն ուղևորներին:

Խարակների այդ ահավոր ամբարտակներից հետո տեսարանը դարձյալ մեղմանում ու դաշտանում էր, իսկ խճուղու մի քանի կեռմաններ անցնելուց՝ հորիզոնը դարձյալ փակում էին նոր, կանաչ սարալանջեր, որոնք հետզհետե դեպի վեր բարձրանալով ձգվում, հասնում էին մինչև Ղզղալի սարը:

Մի երկու ժամ այսպես ճանապարհորդելուց և տարբեր տեսարաններ անցնելուց հետո, մեր ուղևորները հասան Թարս-չայ կայարանը, որ գտնվում էր Դիլիջանի սարավանդը հանող բարձրությունների ստորոտում:

Որովհետև կառապանը կեր պիտի տար այստեղ ձիերին, ուստի առաջարկեց «աղին» վայելել յուր ճաշը առանց շտապելու:

— Արևն էս սարին թեքվելուց՝ կալասկեն կլծենք ու սարինով (հովով) Դիլի դյուս կգանք, — հայտարարեց նա խորհրդատու եղանակով:

— Ինչո՞ւ այդքան ուշ, — հարցրեց Պետրոսը:

— Ուշ չի, աղա՛, էրկան ճամփա ենք էկել, հայվաններն էլ խեղճ են. մի քիչ կորմ (կեր) կուտեն, մի քիչ էլ կդինջանան. հլե թե կուզես, մի քիչ էլ դու կդինջանաս, էնդուց եդը կլծենք կգնանք:

Որովհետև երիտասարդը շտապելու ոչինչ չուներ, ուստի չհակառակվեց: պատվիրելով, որ պաշարի կապոցը տանեն կայարան (որից ինքը իբրև մասնավոր կառքով եկող, հեռու էր իջած), ինքն ևս յուր քայլերն ուղղեց դեպի այն մենավոր տունը՝ որ հովանավոր պատշգամ և շուրջը ծառերի ստվեր ունենալով, արևի այդ տաք ժամանակը դեպ իրեն էր քաշում խոնջ ուղևորին:

Կայարանի վերակացուն ձեռքը լրագիր առած կարդում էր, երբ Կամսարյանը մոտեցավ սանդուղներին:

— Կարելի՞ է մի քանի վայրկյան հանգստանալ այստեղ, — հարցրեց, նա ռուսերեն:

— Ինչո՞ւ չէ, համեցեք, — պատասխանեց վերակացուն մաքուր հայերենով:

— Ա՛խ, ներողություն, դուք ուրեմն հա՞յ եք:

— Այո՛, պարոն, զտարյուն հայ, — պատասխանեց ժպտալով վերակացուն, որ միջահասակ, բարեդեմ և ըստ երևույթին, բարեխառն բնավորությամբ մի անձն էր:

— Օրվա այս ժամին որքան անհաճո է բաց ճանապարհը, նույնքան հաճելի է ձեր այս պատշգամը, ուր ոչ միայն հովանի, այլև հանգստանալու լավ բազմոց ունիք... Այս ասելով Կամսարյանը մոտեցավ վերակացուին և ողջունելով նրան, նստեց մոտիկ դրված, կաշեծածկ ու հնատարազ բազմոցի ծայրին:

— Հրամանքդ երևի Դիլիջան եք գնում, — հարցրեց վերակացուն, մի կողմ դնելով լրագիրը:

— Կարծեմ ավելի հեռու:

— Ավելի հեռո՞ւ:

— Թվում է թե՝ այո՛:

— Ինչպե՞ս թե թվում է, դուք չե՞ք որոշած թե ո՞ւր եք գնում:

— Համարյա թե՝ չեմ որոշած:

— Հասկանում եմ, ուրեմն ճանապարհորդում եք, առանց որոշ դիտավորության:

— Չէ, որոշ դիտավորություն ունիմ:

— Ներեցեք, որ հետաքրքրվում եմ... եթե որոշ դիտավորություն ունիք, ուրեմն պետք է որ գիտենաք թե ո՞ւր և ինչի՞ համար եք գնում:

— Հենց բանն էլ այդ է, որ ինչի համար գնալս գիտեմ, բայց ո՞ւր գնալս չգիտեմ:

— Այդ հետաքրքրական է, — հարեց վերակացուն ծիծաղելով և բազմոցի մյուս ծայրին նստելով:

Այդ միջոցին տիրացու Մոսին բարձրացավ պատշգամը, բերելով յուր հետ պաշարի կապոցը և խոր գլուխ տալով վերակացուին, կանգնեց Կամսարյանի առաջ:

— Օհո, տի՛րացու, դո՞ւ էլ այստեղ, այդ ո՞նց է պատահել, — հարցրեց վերակացուն:

— Հա, ես էլ ըստի եմ, շնորհակալ եմ, աղան բերավ:

— Դե որ եկել ես, ա՛յ էն սեղանը մոտ բեր, — հրամայեց վերակացուն:

Տիրացուն ցույց տված սեղանը մոտեցնելով բազմոցին, բերած պաշարը դրեց վրան ու հեռացավ:

Կամսարյանը բացավ կապոցը և ունեցածը շարելով սեղանի վրա, խնդրեց վերակացուին մասնակցել յուր «համեստ» ճաշին:

— Շնորհակալ եմ, արդեն ճաշել եմ, — առարկեց վերակացուն:

— Խնդրում եմ, որքան կարող եք, կամ գոնե մի բաժակ գինի... — այս ասելով, Կամսարյանը հանեց բաժակը և սրբելով այն, լցրեց գինով և դրեց վերակացուի առաջ:

Վերջինս, որ կայարանում ապրելով, սովորած էր անխտիր ամեն ուղևորի ճաշին ու ընթրիքին մասնակցելու, երկար չընդդիմացավ և, կամենալով, ինչպես ասում էր, յուր հյուրի ախորժակը բանալ, վայելեց մի կտոր բան և գինու բաժակն զգուշությամբ կիսելով, վերսկսեց ընդհատված խոսակցությունը:

— Հա՛, այն էի ասում, ձեր պատասխանն ինձ չափազանց հետաքրքրեց... այդ ինչպե՞ս է, որ դուք որոշ դիտավորությամբ գնում եք մի տեղ, բայց չգիտեք թե ո՞ւր եք գնում:

— Իսկապես գիտեմ թե ուր եմ գնում, որովհետև գնում եմ մի որևէ հայ գյուղ, բայց թե ո՞ր գյուղ, ահա' այդ մեկը չգիտեմ:

— Ներեցեք, խնդրում եմ, դարձյալ չեմ հասկանում: Կամսարյանը ծիծաղեց և ապա սկսավ համառոտ կերպով բացատրել թե ի'նչ է յուր դիտավորությունը:

Վերակացուն, որ նորեն ձեռքն էր առել բաժակը, որպեսզի գինու մնացորդը վայելե, երիտասարդի բացատրությունը լսելու՝ իսկույն վայր դրեց այն և բազուկները դեպի վեր պարզելով բացականչեց.

— Փա՛ռք քեզ, աստված, վերջապես գտնվեց մեկը, որ մեր տրտունջը լսեց... — ապա դառնալով Կամսարյանին, ավելացրեց դուք, ուրեմն միակ մեծ մարդն եք մինչև օրս իրենց ուսումն ավարտած հայ երիտասարդների մեջ: Թույլ տվեք խմել ձեր պատվական կենացը:

Այս ասելով, նա լցրեց բաժակը և մի առանձին ոգևորությամբ պարպեց այն միանվագ:

Կամսարյանին դյուր եկավ վերակացուի գովասանքը, բայց կամենալով սրա ո՞վ լինելն իմանալ, որպեսզի ըստ այնմ որոշե յուր ստացած գովասանքի արժեքը, նա հարցրեց.

— Դո՞ւք էլ ուրեմն պատկանում եք ուսանողների դեմ տրտնջող հայերի թվին:

— Հապա՞:

— Չէի կարծիլ, որ այդ տրտունջը կարտահայտվի նաև այսպիսի մի ետ ընկած կայարանում:

Վերակացուի դեմքի վրա դառը ժպիտ խաղաց: — Ինչո՞ւ չէիք

կարծիլ, մի՞թե այսպիսի տեղերում ապրող հայ մարդը սիրտ ու զգացմունք չի ունենալ:

— Ո՛չ, այդ չէի ուզում ասել... — շփոթվեց Կամսարյանը:

— Հասկանում եմ, ուզում էիք ասել թե, այս ետ ընկած կայարանում, այս անմաքրությանց դեզերի կողքին, ձիաների ընկերության մեջ ապրող հայ մարդը ինչո՞ւ պետք է տեղյակ լինի մեր ցավերին այնքան, որ նույնիսկ տրտունջ հայտնե այդ ցավերին դարման տանել կարող, բայց չկամեցող երիտասարդների դեմ:

— Այո՛, համարյա՛ այդ էի ուզում ասել:

— Բայց ես, բարեկամ, ամենից ավելի իրավունք ունեմ տրտնջալու, որովհետև հենց ինքս մինն եմ եղել այն մարդկանցից, որոնք սիրով նվիրվել են հայ շինականին, կամենալով սովորեցնել նրան խեղճության դեմ կռվելու և մարդավայել կերպով ապրելու եղանակը... բայց իմ ունեցած կարողությունը հավասար չէր իմ ցանկության, ուստի չհաջողեցա հասնել նպատակիս:

— Ինչպե՞ս, փող էր հարկավոր և չունեի՞ք:

— Ոչ, ես վարժապետ էի գյուղում և հենց այդ պաշտոնի շնորհիվ էլ մոտ լինելով գյուղացուն, կարողանում էի օգնել նրան յուր կարիքների ժամանակ, երբեմն խորհրդով, երբեմն գործակցությամբ, և եթե երկար մնայի այնտեղ, գուցե կարողանայի որոշ օգուտ տալ: Գոնե կկրթեի մի ամբողջ սերունդ այնպես, ինչպես որ պետք էր, և այնուհետև այդ սերունդը ինքը կշարունակեր իմ գործը...

— Էհ, լավ, ինչո՞ւ երկար չմնացիք:

— Որովհետև չէի կարող:

— Պատճա՞ռը:

— Մեր ուսումնարանական կյանքում նոր փոփոխություններ եղան, նոր օրենքներ հրատարակվեցան: Վարժապետը պետք է ցենզ ունենար, իսկ ես չունեի, որովհետև թեմական դպրոցն էի ավարտել: Այդ պատճառով, ահա՛, ինձ պաշտոնից արձակեցին:

— Եվ հետո՞:

— Հետո շատ դեսուդեն ընկնելուց վերջը եկա և այս կայարանում չորքոտանիների վարժապետ դարձա:

— Հասկանում եմ...

— Ուրախ եմ, որ հասկանում եք. ուրեմն և իրավունք եք տալիս ինձ տրտնջալ այն երիտասարդների դեմ, որոնք բարձր կրթություն ստանալով, կարողություն են ձեռք բերում ժողովրդին ամեն կերպ ծառայելու, և սակայն այդ ծառայությունից փախչում են վատաբար:

— Անշուշտ:

— Դեհ, հենց այդ իրավունքի հիման վրա ես ձեզ մեծ մարդ եմ անվանում, որովհետև քաջություն եք ունեցել կյանքն արհամարհելով, այդպիսի վսեմ նպատակի նվիրել ձեզ:

— Շնորհակալ եմ. դուք ինձ քաջալերում եք. բայց ես դեռ ոչինչ չեմ արել, դեռ նոր եմ որոշում անել:

— Այդքանն էլ բավական է՝ գործի սկիզբը գործի կեսն է: Կամենալը կարենալ է:

Կամսարյանը, որ մեծ հաճությամբ էր լսում այս խոսքերը, հանկարծ պահանջ զգաց վերակացուի բաժակը նորեն լցնելու և պաշարի ընտիր մասերից մի քանի նոր կտոր նրա առաջը դնելու:

— Նեղություն մի՛ կրեք, ես շատ ուտողներից չեմ, — ասաց վերակացուն և, միևնույն ժամանակ, տապակած հավի մի չաղ կտոր աղ ու պղպեղով համեմելով՝ փաթաթեց լոշի մեջ, ախորժակով վայելեց, ապա լցված բաժակը մինչև վերջը դատարկելով, շարունակեց. — Ճիշտն ասած՝ գեղեցիկ ու բախտավոր միտք եք հղացել. ապրիք, եղբա՛յր, ապրիք: Այդ օրինակն, անշուշտ, շատերին կբերե ձեր հետևից... Բայց ասում եք, որ դեռ չեք որոշել թե՝ ո՞ր գյուղում պիտի հաստատվիք:

— Այո, չեմ որոշել:

— Բայց վատ միտք չէ այն, որ ասում եք թե՝ կկամենայիք իջնել առաջին պատահած գյուղում:

— Ճշմարի՞տ:

— Այո՛, ի՞նչ հարկ կա խտրություն դնել գյուղերի մեջ. դրանցից ամեն մեկում ապրում են մեր եղբայրներն ու քույրերը: Ահա հենց բախտի բերմունքով ձեր ճանապարհի վրա գտնվող առաջին հայ գյուղը ամենից ավելի կարոտ է ձեր խնամքին:

— Ո՞րն է այդ գյուղը:

— Չիբուխլուն, մեր հին ճապոտիկը:

— Այո՛, նրա մասին լսեցի ես տիրացուից:

— Պետք է տեսնեք, ե՛ղբայր, թե ո՞րքան բան կա այդպիսի մի խեղճ գյուղում անելու: Հավատացած եմ, որ շատ պիտի հուզվիք ու վշտանաք տեսնելով այնտեղ ձեր ազգակիցների դրությունը և միևնույն ժամանակ հիշելով անտարբերությունն այն մարդկանց, որոնք կարող էին օգնել գյուղացուն յուր վիճակը բարվոքելու, բայց չարին, որովհետև չկամեցան:

— Կարծում եմ, որ այդ ամենը պիտի ցավեցնե ինձ:

— Եվ, միևնույն ժամանակ, ոգևորե ու ստիպե գործել:

— Անշուշտ:

— Եվ երևակայեցեք թե՝ որպիսի քաղցր երանություն պիտի զգաք մի օր, երբ ձեր աչքով տեսնեք այն ամենը, ինչ որ արել եք, երբ տեսնեք ամային ձեր ձեռքով շենացած, ավերակը վերականգնած, խեղճությունը խնամված, տգիտությունն ու նրանից հառաջացող չարիքները գյուղից հալածական... երբ տեսնեք թե թշվառ մի ժողովրդի մատաղ սերունդը ուսուցել ու կրթել եք այնքան, որ նա այժմ կարողանում է սեփական աշխատությամբ յուր վիճակը բարվոքել, յուր ջանքն ու քրտինքը արդյունավոր գործադրել:

Այս եղանակով երկար խոսելով վերակացուն, այնպես էր քաջալերել ու ոգևորել Կամսարյանին, որ երբ Մոսին եկավ հայտնելու, թե կառքն արդեն լծված պատրաստ է, նա վեր թռավ տեղից իսկույն և, կարծես շտապելով, որ ժամ առաջ հասնե որոշված գյուղը և սկիզբ դնե յուր անունը փառավորող «մեծ գործին», հարցրեց տիրացուին.

— Գիտե՞ս, բարեկամ, որ ձեր գյուղն եմ գալիս:

— Չէ, աղա գիտում չեմ,— պատասխանեց տիրացուն:

— Այո՛, գալիս եմ ձեր գյուղը և, գուցե այնտեղ էլ ապրեմ:

— Վա է՛, — զարմացավ տիրացուն:

— Ի՞նչ վա է՛, գյուղում ապրել չի՞ լինիլ, — մեջ մտավ վերակացուն:

— Խի՞ չի ըլիլ, հրեն աշխարհքի կեսը գեղումը չի՞ ապրո՞ւմ, ամա դե, ասըմ եմ, աղան քաղաքի սովոր մարդ ա, գեղումը ո՞նց կարա ապրիլ:

— Կարող եմ, ինչո՞ւ չեմ կարող, — հաստատեց Կամսարյանը:

— Դե որ կարող ես, էն ա լավ կըլի էլի՞... միայն ամոթ չըլի հարցնիլը, խի՞ ես ուզում գեղումն ապրիլ:

— Նրա համար, որ կարողանա ձեզ օգնել, ձեզ բախտավորացնել, — բացատրեց վերակացուն:

Տիրացուն թեպետ այս բացատրությունից էլ բան չհասկացավ, բայց կամենալով մի քաղաքավարի խոսք ասել, «բարով ա գալի, հազար բարով, աստված թող սրտի խորհուրդը կատարի» ասաց ու հեռացավ:

— Խե՛ղճ մարդիկ... չեն ուզում հավատալ թե կգտնվեն

աշխարհում անձինք, որոնք երբևիցե կհետաքրքրվին իրենց կյանքի դառնություններով և կկամենան օգնել իրենց՝ առանց շահախնդրության, — ասաց Կամսարյանը գրեթե հուզված:

— Եվ իրավունք ունին, որովհետև կեղեքիչներից ու վաշխառուներից զատ, դեռ մինչև այսօր չեն տեսել ոչ ոքի իրենցով հետաքրքրվելիս. — նկատեց վերակացուն:

— Որ այդպես է, մենք կփոխենք դրանց համոզումը և կստիպենք հավատալ, որ չարերից զատ, կան աշխարհում կարեկից մարդիկ:

— Գացե՛ք և համոզեցեք, աստված թող օրհնե ձեր ճանապարհը, — ասաց վերակացուն և սեղմելով երիտասարդի ձեռքը, ճանապարհի դրավ նրան մինչև կառքը:

Մի քանի վայրկենից Օվանեսի ձիերը թռցնում էին Կամսարյանին դեպի Դիլիջանի բարձրությունները:

Ը

Արևը մայր մտնելու մոտ՝ մեր ուղևորները հասան ամառանոցի հռչակ վայելող Դիլիջան ավանը:

Այստեղ Կամսարյանը, Օվանեսի ցուցմունքով, հյուրանոցի անուն կրող մի տան մեջ գիշերային հանգստարան գտնելուց հետո, ելավ փոքրիկ ավանը դիտելու: Փոշոտ խճուղու աջ ու ձախ կողմերում կառուցած երկու կարգ քարաշեն տները, որոնք ավանի ամբողջությունն էին կազմում և որոնց մեջ ապրում էին ամառանոց եկողները, հաճելի տպավորություն չարին Կամսարյանի վրա: Նա իսկույն հիշեց Բորժոմը յուր գեղեցիկ վիլլաներով, մաքուր փողոցներով, ընդարձակ պարկերով, ջրերի առատությամբ և առավել ևս բնակիչների փայլուն արտաքինով ու գրավիչ նիստ ու կացով և եկավ այն համոզման, որ Դիլիջանը միայն հասարակ մահկանացուների համար կարող է ամառանոց համարվիլ:

Բայց երբ խճուղին երկուստեք փակող շինություններից հեռանալով, բարձրացավ դեպի ավանի ձախակողմը, նրա առաջ բացվեցավ մի գեղանկար հորիզոն, որ ամփոփում էր յուր մեջ Աղստևի ձորահովիտը՝ յուր կարկաչահոս գետակով, դալար արոտներով, ոսկեփայլ արտերով, իսկ մի փոքր հեռվում, խաղաղանիստ գյուղի միաշար տնակներով և նրանց առջև կարգով տարածվող կանաչազարդ բանջարանոցներով: Յուր կանգ առած տեղից քիչ հեռու սկսվում էր եղևնիների խիտ անտառ, որ գնալով տարածվում էր դեպի հեռավոր լեռների կատարները, որոնց այդ վայրկենին ոսկեզօծել էին արևի վերջին շողերը: Ձորահովիտը եզերող դիմացի բլուրներից, որոնց հետևը շուտով պիտի թաքչեր արևը, փչում էր ախորժ զեփյուռ՝ բերելով յուր հետ կենարար մի զով, տոգորված լեռնային օդի, դալարի և ծաղիկների անուշ բուրմունքով:

Կամսարյանը սկսավ լիքը կրծքով շնչել լեռնային թարմ օդը և ինքն իրեն խոստովանել, որ փոքր առաջ արած յուր համեմատությամբ մեծ սխալ է գործել՝ Բորժոմը գերադասելով Դիլիջանից: Որովհետև նա այժմ տեսնում էր, որ եթե առաջինում արհեստականն է փարթամ, վերջինում, ընդհակառակն, գերազանց է բնականը: Եվ այդ կարծիքի վրա նա հաստատվեց ավելի, երբ լեռնալանջից իջնելով, մտավ նորեն ավանը և փոստային կայարանի առաջ բխող հորդ ու սառն աղբյուրից յուր ծարավը հագեցրեց: Այսպիսի անույշ ու բարեհամ ջուր Բորժոմն, իհարկե, չէր տեսած յուր օրում, ինչպես և նրա նեղ, կարծես պատնիշափակ, ցերեկը տոթով, իսկ գիշերը խոնավությամբ լի խորաձորը չէր շնչել երբեք այն թեթև ու անուշ սղոխն ու հովերը, որոնք գիշեր ու ցերեկ գուրգուրում էին Դիլիի առույգ լեռնալանջերը:

Բայց արի՛ տե՛ս որ հենց այս անմահական աղբյուրից քիչ հեռու, փոստային կայարանի և մասնավոր տների դեպի ձորահովիտը հանող բակերում, բլուրի պես դիզված էին տարիների ընթացքում հավաքված աղբն ու անմաքրությունը, որոնց գարշահոտությունը ապականում էր ամառանոցի շրջակա օդը, և դրա վրա ոչ ոք ուշադրություն չէր դարձնում:

— Ահա՛ թե ո՞րտեղ է հարկավոր մեր միջամտությունն ու ազդեցությունը...բնությունը զարդարել է մեր երկիրը յուր լավագույն հարստությամբ, յուր քնքուշ գեղեցկություններով և սակայն մարդկային անճաշակ տգիտությունը այլանդակել է նրան անխղճորեն: Ժամանակ է, արդարև, որ մենք մտնենք ամեն անկյուն և տգիտության բուները ավերենք ամեն տեղ... — մտածեց Կամսարյանը և յուր նվիրումը ավելի ևս կշիռ ստացավ յուր աչքում:

Հետևյալ առավոտ, դեռ արևը չծագած, Կամսարյանը նստած էր Օվանեսի կառքում, որ հանգիստ սուրում էր «Երեվանյան» խճուղիով: Վերջինս Դիլիջանի հարավ-արևմտյան կողմից սկսելով, անցնում էր Շամլուղ գետակի ուղղությամբ, Մայմեխ լեռան ստորոտը ծածկող անտառների միջով և ապա հետզհետե լեռան լանջերը բարձրանալով, պիտի հասներ մինչև նրա կատարը: Արևը դեռ նոր էր Մայմեխի բարձունքը վառում, երբ մեր ուղևորները անցնում էին նրա ստորոտով: Առավոտյան զեփյուռը, որ հով էր բերում սարի լանջերից, մեղմով շարժում էր անտառի ծառերը: Նրանց խուլ շրշյունը խառնվելով Շամլուղի քաղցր խոխոջի և թռչնիկների այգածին ճռվողյունի հետ, կազմում էր հաճոյական մի ներդաշնակություն, որ խանգարվում էր երբեմն կառքի կոշտ դղրդյունով:

Երբ ուղղադիր ծմակներն անցնելուց հետո, սկսան դեպի լեռնալանջը բարձրանալ և Շամլուղը ծածկվելով անտառի խորքում, սկսավ յուր խոխոջի խուլ ձայնով ուղեկցել ճանապարհորդներին, տիրացու Մոսին, որ դարձյալ նստած էր կառապանի կողքին, անհրաժեշտ համարեց հիշեցնել «աղին» յուր երեկվա դիտողությունը.

— Մի՞տդ ա էն, որ ասում ի թե Դիլիջանա դեսի ճամփեն էվելի սիրուն ա, քանզ դենի՞նը: Դե հմի մտիկ տու, տե՛ս, ըսկի քու օրումը ըսենց տեղեր տեհե՞լ ես:

Կամսարյանը, որ արդեն գրավված էր շրջապատող տեսարաններով, տիրացուի «դե հմի մտիկ տու» խոսքի վրա ետ նայեց և տեսավ, արդարև, մի նոր, ակնապարար տեսարան: — Իրենք այդ միջոցին գտնվում էին որոշ բարձրության վրա, իսկ տափարակի ծմակները մնացել էին վար: Բարձրից նայողը տեսնում էր միայն նրանց կատարները, որոնց կանաչը վառվել էր արևից երփներանգ գույներով: Այդ վառվող մակերևույթը նմանում էր նույն վայրկենին լայնածավալ մի ծովակի, որի հեղհեղուկ ալիքները փոխարինում էին ծառերի՝ հովից շարժվող կատարները: Այդ տեսարանը այնքան էր սիրուն ու գրավիչ, որ Կամսարյանը տեղը փոխելով, նստեց դիմացի նստարանի վրա, որպեսզի կարողանա ավելի դյուրությամբ նայիլ ու զմայլվիլ գեղեցիկ հեռանկարով:

Չնայելով որ խճուղին սարի լանջովն էր բարձրանում, այսուամենայնիվ, ծառերը հովանավորում էին նրան: Մեծ մասամբ նա անցնում էր բնական ծառուղիների միջով, որոնց, երբեմն, փոխարինում էին նաև ժայռերի շարքեր: Իսկ դրանց, յուր հերթում, հովանավորում էին դարձյալ հինավուրց ծառեր, որոնք բուսած լինելով ժայռերի վերևում, այդտեղից իրենց սաղարթախիտ ոստերը ձգում, տարածում էին ճանապարհի վրա, որը հաճախ անցնում էր և սիզավետ բարձունքներով, ուսկից տեսարանները բացվում էին ավելի շքեղ ու ընդարձակ: Այսպիսի դիրքերից երևում էին Մեյդան լեռան անտառապատ լանջերը և նրա մերկ, ծառազուրկ կատարը, որ, սակայն, պատած էր բաց կանաչ թավիշով: Նրան հետևում էին ուրիշ շատ լեռներ, որոնք գագաթների բարձրությամբ մեկը մյուսին գերազանցելով, հորիզոնը դարձնում էին վսեմ ու փառահեղ:

— Հրեն Միսիանա սարերը, — բացականչեց հանկարծ տիրացուն, չժուժալով, կարծես, որ ուսումնական մարդը այդ վեհափառ տեսարանների առաջից անցնում էր լուռ ու մունջ:

— Որո՞նք են, — հարցրեց Կամսարյանը, նստելով նախկին տեղը:

— Հրեն, ա՛յ, էն որ կատարնին մշուշակալած՝ լեի թե (կարծես) լաղ են անում (ծաղրում են) մնացած սարերի վրա, տեսնում չե՞ս:

Այս խոսքերով ցույց տվավ տիրացուն Սյունյաց աշխարհի կապուտակ լեռները, որոնց կատարները, կարծես, ծրարվում էին ամպերի մեջ:

Կամսարյանը դիտում էր լեռներով ծածկված այդ հորիզոնը խորին հիացմունքով:

— Քիչ վախտից եղը էս ա հվասարիլ տենք նրանց, չուն էս ճանապարհը բանցրանում ա Մայմեխը վեր տասնըհինգ վերստ, — ավելացրեց տիրացուն:

Բայց նրա «քիչ վախտը» շատ էլ շուտ չանցավ, անթիվ կեռմաններով վերելքը տևեց մոտ երկու ժամ:

Եվ սակայն Մայմեխի ամենաբարձր լանջերին հասնելուց, արդարև, ուղևորներին թվում էր թե իրենք հավասարվել են Սյունյաց լեռների բարձրության:

— Տեհնո՞ւմ ես, աղա, հրես հվասարվեցինք: Բա էլ Միսիանը խի՞ ա լաղ անում մեր Մայմեխի վրա, — զվարճախոսեց տիրացուն:

— Չենք հավասարվել, քեզ այդպես է թվում, — պատասխանեց Կամսարյանը:

— Ո՞նց թե հվասարվել չենք. հրես քթիս թուշովը (ուղղությամբ) որ մտիկ եմ տալի, ասես իմ գլուխն ու Միխանա գլուխը մի չվանի են դրած:

— Այդպես կերևա միշտ հեռվից, բայց եթե անցնես քո և դիմացի սարի մեջտեղը գտնվող տարածությունը, կտեսնես, որ սարը հետզհետե բարձրանում է, — բացատրեց երիտասարդը:

— Դիհ (այդպես) բան էլ կա՞:

— Հապա՛:

— Բա էդ խի՞ դիհենց ա ըլում, — հետաքրքրվեց տիրացուն:

— Նրա համար, որ երկիրը կլոր է և այդ պատճառով էլ քանի սարը հեռու է լինում, այնքան էլ նա փոքր է երևում, որովհետև, հեռվից մենք տեսնում ենք միայն նրա վերին մասը: Իսկ հետո որքան մոտենում ենք, այնքան նա մեծանում է, որովհետև հետզհետե տեսնում ենք նաև միջի և ապա վարի մասերը:

Տիրացուն այդ բացատրությունից ոչինչ չհասկացավ, բայց երկրի կլոր լինելովը հետաքրքրվեց: — Ասում ես երկիրը կլոր ա՞:

— Հա՛:

— Ցանի (այսինքն) ո՞նց ա կլոր, տափակ թաքախի (խան) նմա՞ն, թե՞ կլոր ձմերուկի:

— Կոլոր ձմերուկի:

— Բա էդ ո՞նց կըլի, — զարմացավ տիրացուն:

— Այդպես է, — կրկնեց Կամսարյանը:

— Ա՛ խի՞, գիտո՞ւմ չես, որ դիհենց ա՞, — մեջ մտավ Օվանեսը:

Վերջինի միջամտությունը զրգռեց տիրացուին:

— Սրան մտիկ տու, լեյի ինքը գիտում ա, — նկատեց նա խեթ խեթ նայելով կառապանին:

— Բա գիտում չե՞մ, — վստահորեն հարցրեց Օվանեսը: — Դե որ գիտում ես, ասա՛ տենեմ ո՞նց ա կլոր:

— Հրեն աղան ասեց է՞լի, ձմերուկի նման կլոր ա:

— Ա, շա՛շ, ձմերուկի նման որ կլոր ըլի, բա թոլ չի՞ լիլ (չի՞ գլորվիլ) ծովն ընկնի՞լ:

— Ես ի՞մ... տարակուսեց Օվանեսը, տեսնելով նեղ տեղը լծվեցավ:

Կամսարյանը ծիծաղեց:

— Խի՞, ես ծիծաղում, աղա՛, սո՞ւտ եմ ասում, — դարձավ նրան տիրացուն:

— Ա՛յ տղա, դու կարո՞ղ ես քո բերանի կամ աչքի մեջն ընկնել, — հարցրեց Պետրոսը:

— Բա ո՞նց կարամ ընկնիլ իմ բերանը:

— Հապա ծովերն էլ գտնվում են երկրի վրա, երկիրն ինչպե՞ս կարող է նրանց մեջն ընկնել:

— Երկրի վրա ծովեր կան, գիտում եմ, հրես մինն էլ մեր առաջին, Սևանա ծովն ա, ամա դե ես էդ ծովերի չեմ ասում:

— Հապա ո՞րը:

— Ասըմ են, աշխարհը որ վերջանում ա, դենը շատ մենծ, անտակ ծով կա, որ ըսկի ճոնդ չունի (ծայր): Հմի որ ասում, ես՝ աշխարհը կլոր ա, ես էլ ասում եմ՝ բա խի՞ չի թող ըլում էդ ծովն ընկնում:

Կամսարյանը նորեն ծիծաղեց և ապա տեսնելով, որ տիրացուն տարակուսած նայում է իրեն, սկսեց մի քանի համառոտ տեղեկություններ տալ նրան երկրի, լուսնի ու արևի կազմության և նրանց շարժումների մասին:

Մոսին ուշադրությամբ լսում էր նրան և երբեմն երբեմն գլուխը շարժելով ասում.

— Հլե տե՛ս ինչե՛ր ա ըլե աշխարհում է՛ ... փառքդ շատ ըլի, աստված ջան, բա էս խի՞ մեզ ըսենց հայվան ես ստեղծել:

— Ա՛ Մոս, ես ըսենց եմ մացել, թե դու էդ բաները չիմ (բոլորը) գիդում ես. բա էլ ընչի՞ վարժապետ ես, որ բան չես իմանում, — նկատեց կառապանը չարախնդությամբ:

— Ա, ես ո՞րդիան մանամ, ես հու խալիս (իսկական) վարժապետ չեմ, — խոստովանեց տիրացուն յուր տկարությունը:

— Բա խի՞ ես րեխանց կարդացնում:

— Ընդուր որ կարդացրածս իմանում եմ:

— Ի՞նչ ես կարդացնում, — հետաքրքրվեց Կամսարյանը:

— Ի՛նչ որ ձեռք ա տալիս:

— Օրինա՞կ:

— Օրինակ, Սաղմոս, Պարզև-Մանկանց, Մայրենի լեզու, Ավետարան, Եփրեմխորի...

— Առաջ ո՞րն ես կարդացնում:

— Առաջ «այբ-բենի» տետրը, եդուց ով ինչ գիր բերում ա, նրանից էլ սկսում եմ:

— Ինչպե՞ս, ամեն մեկը մի ջոկ գրքի վրա՞ է կարդում:

— Բա՞:

— Ինչո՞ւ ամենքին մի տեսակ գրքի վրա չես կարդացնում:

— Էդ ո՞նց կըլի: Ըսենց մարդ կա, որ տանը Սաղմոս ունի,

ընենց մարդ էլ կա, որ Պարզն-Մանկանց ունի, յա չէ, Ավետարան, յա Մայրենի լեզու. բերում ա հու ասում. վարժապետ, քե մատաղ, րեխին էս գիրքը կարդացրու, հազիր տանն ունենք, մին էլ վեր չկենամ գնամ Դիլի, յա Ռնան, նոր մեկելանց գիր առնեմ. աղքատ մարդ եմ, կարալ չեմ գրի փող տալ... Ես էլ վեր եմ ունում էն գիրքը կարդացնում:

— Հապա քո աշակերտները ոչինչ չե՞ն հարցնում քեզ երկրի, ծովերի կամ այլ այդ տեսակ բաների մասին:

— Պատահում ա, որ հարցնում են:

— Էհ, դու ի՞նչ ես պատասխանում:

— Ինչ որ մանում եմ:

— Իսկ դու բան չես իմ անում:

— Դե չիմացած վախտն էլ տողաշարով (քանոնով) գլխին տալիս եմ հու ասում. «Ձենդ կտրի, դասդ սովորի, էդ քու ի՞նչ մանալու բանն ա, որ հարցնում ես»: Էն ա խեղճն էլ գլուխը քաշ ա գցում, գիրքը կարդում:

— Այ, քու հերը լիս դառնա, ասիլ վարժապետը դու ես, որ կաս, — նկատեց Օվանեսը ծիծաղելով:

Բայց այս անգամ արդեն Կամսարյանը չծիծաղեց, նա սկսավ մտածել լսածների մասին և տեսավ, որ դրանք շատ ցավալի են: Այս առթիվ գուցե նա մինչև անգամ տխրեր, եթե մի փոքր ավելի խորասուզվեր յուր մտածմունքների մեջ, եթե խորհեր այն մասին, թե ի՞նչ թշվառ դրության մեջ պիտի գտնվի մի ժողովուրդ, որի առաջավոր մարդը — տիրացուն, կամ վարժապետը խարխափում է այս աստիճան տգիտության մեջ: Բայց տեսարանների հանկարծական փոփոխությունը նորեն գրավեց նրա ուշադրությունը: Օվանեսի կառքը քերում էր այժմ Մայմեխի կատարը և հին Գուգարաց սահմանն անցնելով, մտնում Սյունյաց գավառամասը: Այստեղ արդեն հետզհետե նվազում էին անտառները և սպառում մացառուտը, իսկ դրանց փոխարինում են սիզավետ լեռնադաշտեր և գեղեցիկ մարմանդներ, ուր խոտը գունավորված երփներանգ ծաղիկներով, ծածանում էր կանգնաչափ բարձրությամբ: Լեռնային հովերը խաղում էին այդ դալարազվարճ մարգերում քաղցր ու մեղմաշունչ, իսկ արևի շողերը ոսկեզօծում կանաչը, ոչ թե նրանց ջերմացնելու, այլ փայլեցնելու չափով: Երիտասարդը յուր օրում չէր տեսած այդպիսի ճոխ ծաղիկ ու կանաչ: Նա հիացած նայում էր աջ ու ձախ և ինքնիրեն մտածում.

— «Ափսո՛ս, ինչո՞ւ բնությունը այսպիսի բարձրության վրա է հանել այս հրաշալի արոտները: Մի՞թե գեղջուկի հոտերն ու նախիրը կարող են երբևիցե օգտվել նրանցից»: Բայց հազիվ անցան մի քանի րոպեներ և ահա նա տեսավ, որ հեռվում խոտը շարեշար հարել ու փռել են գետնին ցամաքեցնելու համար:

— «Ուրեմն այս բարձրության վրա էլ մարդիկ են ապրում», — մտածեց նա և իսկույն հիշեց յուր աշխատասեր և ճակատի քրտինքով ապրող ազգակիցներին:

Մի փոքր էլ առաջանալով նա տեսավ խմբակներ մարդկանց ու կանանց, տղաների և աղջկերանց, որոնցից ոմանք լեռնալանջերի վրա, մյուսները՝ լեռնահովտում կամ ցամաքած խոտն էին հավաքում, կամ սայլերի վրա բարձում, իսկ ավելի փոքրիկները՝ խաղում ու վազվզում էին կանաչ արոտներում:

Երիտասարդը հետաքրքրությամբ դիտում էր այդ շարժուն բազմությունը և աշխատում ծանոթանալ այդտեղի հայոց տիպերին: Բայց ո՛րքան մեծ եղավ նրա զարմանքը, երբ տիրացուն բացատրեց, որ դրանք հայեր չեն, այլ մալականներ — Սեմյոնովկա գյուղից:

Իրավ է, Պետրոսը գիտեր, որ Սեմյոնովկան առաջիկա կայարանն է և Սյունյաց սահմանակից այդ սարերի վրա կարելի էր երևակայել մի փոստային կայարան, բայց մալականի մի բազմամարդ գյուղ նա չէր սպասում տեսնել: Եվ ի՛նչ հարշալի հովիտներ, մարգեր ու մարմանդներ էին շրջապատում այդ գյուղացիներին. ի՛նչ շքեղ արոտներ, ի՛նչ հորդառատ աղբյուրներ, որոնց մասին պատմում էին Մոսին ու Օվանեսը: Դա, արդարև, մի լեռնային դրախտ էր:

Երբ նրանք հասան կայարանին, Կամսարյանը հաճույքով սկսավ դիտել ավանը, որ աչքի էր ընկնում յուր լայնադիր փողոցով և նրա ուղղությամբ շինված կոկիկ, մաքուր ու սպիտակ տնակներով: Դրանցից շատերի առաջ գտնվում էին փոքրիկ ծաղկոցներ, ուր նարգիսի ու նարնջածաղկի հետ միասին փթթում էր մայիսյան վարդ, թեպետ հունիսը վերջանալու վրա էր: Տներից քիչ հեռու ձգվում էին բանջարանոցներ, կաղամբի և գետնախնձորի ցանքեր ու արևածաղկի ընդարձակ ածուներ: Ավելի հեռուն տարածվում էին գյուղացիների հարուստ արտերը: Ավանի բնակիչները շրջապատող բնության նման ուրախ, զվարթ և կենդանությամբ լի մարդիկ երևացին: Կամսարյանը սիրով պատասխանեց նրանցից մի քանիսի քաղաքավարի ողջույնին և սիրով էլ կխոսեր նրանց հետ, եթե Օվանեսն յուր ձիերի շնորհքը մալականներին ցույց տալու նպատակով, չթռցներ նրանց գյուղի միջով, ինչպես արագաթև թռչունների:

Եվ որովհետև Պետրոսը փափագում էր Սևանը վայրկյան առաջ տեսնել, ուստի Օվանեսի եռանդը չուզեց չափավորել: Նա զոհ եղավ Սեմյոնովկայի վրա մի վերջին հայացք ձգելով և ինքնիրեն մտածելով՝ «Եթե սա է գյուղ կոչվածը, ապա ուրեմն, կարելի է թե՛ ապրել և թե՛ գործել սրա մեջ»:

Սեմյոնովկայից ճանապարհը սկսում էր փոքր ինչ ցածրանալ, իսկ բնության շքեղությունները նվազում էին: Մի քանի կանաչկոտ բլրակներ անցնելուց հետո, երևացին Չիբուխլուի աղքատիկ ցանքերը՝ հարուստ սևահողի վրա: Կամսարյանը հենց նոր սկսել էր դիտել նրանց և զարմանալ այս տարօրինակ հակադրության վրա, երբ մի նոր ու շքեղ տեսարան գրավեց նրա ուշադրությունը: Նրա աչքերի առաջ բացվեցավ հանկարծ մի բաց-կապուտակ դաշտ, որին նա սկզբում հորիզոնը փակող մշուշ կարծեց: Սակայն տիրացուի «ահա ծովը» բացականչությունը սթափեցրեց նրան: Նա, ուրեմն, հասել էր Հայաստանի բնության հրաշալիքներից մինին — պատմական Գեղամա ծովակին: Եվ եթե սկզբում չկարողացավ գուշակել, թե յուր տեսածը, իրոք, Սևանն է, նա իրավունք ուներ, որովհետև հեշտ չէր հավատալ, թե լեռների այդ բարձրության վրա կարող է գտնվիլ այսքան ընդարձակ մի լիճ, որին, իրավամբ, ծովակ անուն են տվել: Իրավ է, Պետրոսը աշխարհագրությունից գիտեր, որ Անդյան լեռները, Ալպյան ու Զվիցերական բարձրավանդակները շատ այդպիսի գեղեցկություններ ունին, այնուամենայնիվ, նման շքեղություն յուր հայրենիքին հատկացնելը չափազանցություն կհամարեր: Բայց այժմ, ահա՛, նա տեսնում է Սևանը յուր առաջ փռված, տարածված 6 — 7000 ոտք բարձրություն ունեցող լեռների վրա: Եվ ի՛նչպես չհրճվեր, ի՛նչպես յուր հայացքը չհափշտակվեր նրանով... Կամսարյանը բարձրացավ յուր նստարանից և կառքի մեջ կանգնելով, սկսավ դիտել ծովակի սիրուն մակերևույթը, որի կապուտակը շարունակ փոխվում էր՝ առնելով երբեմն պարզ փիրուզի, իսկ երբեմն գորշ մշուշի գույն, նայելով թե կառքն ի՞նչ ուղղությամբ էր ընթանում: Այսպես բավական տեղ նա կանգնած էր կառքում, մինչև որ վերջինս սկսավ մոտենալ Չիբուխլուին:

Այստեղից էլ ծովակը թվում էր անշարժ և միապաղաղ: Միայն նրա պայծառ հայելու վրա նշմարվում էին հետզհետե բացկապտագույն ժապավեններ, որոնք հոսանուտի սահմաններն էին ակոսում: Շուտով երևաց և Սևանի կղզին, որի տեսքը հեռվից թեպետ չոր ու ցամաք, այսուամենայնիվ, Կամսարյանին հետաքրքրեց հուզելու չափ, որովհետև անցյալից հիշեցրեց նրան դեպքեր, որոնք կապ ունեին Սևան անվան հետ և որոնց մասին նա մտածել էր հաճախ:

Մինչդեռ երիտասարդը սրտահույզ դիտում էր կղզյակն ու ծովը և նրանց շրջապատող լեռների տեսարանը, Օվանեսը կանգնեցրեց կառքը և հարցրեց.

— Ա՛ղա, ո՞րդի տես վեր գալ (իջնել):

— Ինչպե՞ս թե վեր գալ, — զարմացավ Կամսարյանը:

— Բա ըստի չե՞ս մնալու:

— Այստեղ ինչո՞ւ մնամ, Չիբուխլու պիտի գնանք:

— Սրանե լավ Չիբուխլու կըլի՞, — նկատեց կառապանը ծիծաղելով:

— Ո՞րը, սա՞, — հարցրեց Կամսարյանը զարմացմամբ շուրջը նայելով:

— Հա՛, ապա՛, սա՛ է մեր գեղը, — հաստատեց տիրացուն ինքնագոհ ժպտալով:

Կամսարյանը հանկարծակիի եկածի նման մի վայրկյան մնաց անխոս, ապա նորեն սկսավ յուր շուրջը նայել, տեսնելու համար այն, ինչ որ գյուղացին «գյուղ» էր անվանում:

Տեղը, ուր կանգ էր առել կառքը, շինամիջով անցնող խճուղին էր, որ դեղնագույն ժապավենի նման ակոսում էր գյուղամիջի սևահողը: Թվում էր, թե՝ դա միակ մաքուր տեղն է այն բոլոր տարածության վրա, որ գյուղի շրջագիծն ամփոփում էր յուր մեջ: Վասնզի, մյուս բոլոր տեղերում գետինը ծածկված էր աղբի շերտերով և աթարի (քակոր) փշուրներով, որոնցից նա խանձվել, սև գույն էր առել: Այդ ընդարձակ աղբյուսի վրա՝ փողոցների փոխարեն, ընկած էին ինչ-որ ծուռ ու մուռ անցքեր, իսկ դրանց երկու կողմերում ցրված էին անկարգ ու շեղ ուղղությամբ թմբաձև, հողածածկ բարձրություններ, որոնց մի կողմերը կպած լինելով գետնին, մյուսները բարձրանում էին խանձաքարերով շինված ցածուն պատերի վրա: Դրանք գյուղացիների տնակներն էին, որոնք սակայն չէին նմանում մարդկային բնակարանների:

Որովհետև մեծ մասամբ զուրկ էին պատուհաններից, իսկ ելումուտի համար ունեին մի մի հատ նեղ, ցածուն դռնակներ, որոնցից անցնելու համար պետք էր անշուշտ կորանալ: Լույս այդ տնակները ստանում էին երդիկից, որոնցից ամեն կտուրի վրա գտնվում էր մի հատ: Այդ տուն համարվող խորշերից ոչ մեկի առաջ չէր երևում կանաչի նշույլ: Իսկ գյուղի ամբողջ տարածության վրա չկար մի հատ ծառ և ոչ իսկ մի թուփ: Դրանց փոխարեն աչքի էին ընկնում գարշահոտ քակորի բլրակներ, որոնցից ամեն տուն ուներ մի, կամ երկու հատ՝ փառքով բազմեցրած սեփական բակում, կամ կողքին գտնվող ազատ գետնի վրա:

Գյուղի ընդհանուր տեսարանը այնպիսի տխուր ու վհատեցուցիչ ազդեցություն էր անում, որ Կամսարյանը քիչ առաջ անցած Սեմյոնովկան սրա հետ համեմատելով չէր ուզում հավատալ թե ինքն իսկապես գտնվում է գյուղի մեջ, այն էլ Չիբուխլուի, որի անունն այնքան անգամ լսել էր ճանապարհին: Ուստի յուր տարակուսանքը փարատելու համար երկրորդ անգամ հարցրեց թե՝ իր՞ոք սա է Չիբուխլուն, թե ոչ:

— Սա՛ա, բա՛: Հրե՛ն, չե՞ս տենում մեր Աստվածածինը. հին եղցի ա, մի քիչ դենն էլ մեր դերի (քահանայի) տունն ա. հրե'ն ինքն էլ մրոքը չալին տալեն ցան ա (աթար) դարսում: Էն կուսինն էլ տանուտերինն ա: Ըստիան էլ մի քիչ որ աշմիշ ըլենք, շենի աղբյուրն ա, լավ ջուր ունի, շա՛տ, Մարալինջի տակիցն ա գալիս: Մի քիչ դենն էլ Բալըղչայն ա: Ծովն էլ հու ամեն օր առաջին ա: Մի խոսքով լավ գեղ ա. տեսնելու բաներ շատ ունի, հրեղ ման կգաս կտեսնես:

Կամսարյանը լսում էր տիրացուին և աչքերը մեքենաբար դարձնում դեսուդեն, առանց, սակայն, ուշադրություն դարձնելու նրա ցույց տված տեղերի վրա: Որովհետև այդ վայրկենին նրան զբաղեցնում էր այն միտքը թե՝ եթե, իրավ, սա է հայ գյուղացու բնակավայրը, ապա հազիվ թե հնար լինի իրեն ապրել այդպիսի տեղ ու գործել: Եվ սակայն, չնայելով այդ կանխահաս վստահության, նա որոշեց մտնել այդ «գյուղ» կոչված ավերանոցը, գոնե որոշ չափով նրան ճանաչելու և ուսումնասիրելու համար:

Տիրացուի խորհրդով և Կամսարյանի համաձայնությամբ, Օվանեսը կառքը քշեց դեպի տանուտերի տունը: Գյուղի շները, որոնք սովոր էին լռությամբ նայելու խճուղին անցնող ճանապարհորդներին, մեծ աղաղակ բարձրացրին գյուղը մտնել համարձակող կառքի և ձիերի դեմ, համարելով այդ անսովոր մի բան: Տիրացու Մոսին, իբրև ծանոթ անձն, յուր սաստող հրամաններն արձակեց շների դեմ, մի քանիսին, մինչև անգամ, հականե հանվանե կանչելով: Աղմկարարները կամաց-կամաց ցրվեցան և կառքը կանգ առավ տանուտերի տան առաջ:

Թ

— Աղջի, քյոխվեն տա՞նն ա, — հեղինակավոր ձայնով հարցրեց Մոսին՝ տարօրինակ հագուստներով և գլուխը փաթաթած միջահասակ մի կնոջ, որ կանգնած էր բակում:

Վերջինս առանց ձայն հանելու ձեռքով հովանի արավ աչքերին, իբրև թե դեմքը ծածկել ուզելով, ապա երեսը մի կողմը ծռած, շարժեց գլուխը բացասական կերպով, որ կնշանակեր թե տանը չէ:

— Բա ո՞ւր ա:

Կինը ձեռքի շարժումով ցույց տվավ գյուղի դուրսը, կամենալով հասկացնել, թե հանդումն է: Բայց, միևնույն ժամանակ, գուշակելով որ նորեկը, անշուշտ, հյուր պիտի լինի իրենց, մոտեցավ դռան առաջ խաղացող տղային և նրա բերանով խնդրեց, որ «աղան» շնորհ անե կառքից իջնելու, մինչև որ ինքը մարդ կուղարկե ամուսնու հետևից:

Կամսարյանն իջավ: Մոսին ու Օվանեսը վար առին կառքից նրա իրեղենները: Իսկ մինչև այդ, գեղջկուհին ներս վազեց տուն և բերելով այդտեղից մաքուր գորգ, փռեց սրահում դրված թախտի վրա: Ապա Մոսու միջոցով խնդրելով հյուրին հանգստանալ, ինքն շտապեց հարևաններից մեկին յուր մարդու հետևից ուղարկելու:

Երիտասարդը մի վայրկյան գյուղի յուր վրա արած տպավորությունը մոռանալով, սկսավ հետաքրքրվել նշանացի խոսող կնոջ անձնավորությամբ: Նա նրան սկզբում համրի տեղ էր դրել: Բայց հետո տեսնելով, որ խոսում է աղայի և ապա Մոսու հետ, հարցրեց վերջինիս՝ այդ մնջկատակի պատճառը:

— Ջահել կնանիքը անխոս են ըլում ըստեղ, — պատասխանեց տիրացուն:

— Ի՞նչ է նշանակում անխոս լինել:

— Նշանակում ա, որ նրանք չպետք ա իրանցից մենծերի, յա դարիբ (օտար) մարդկանց հետ խոսան:

— Ինչո՞ւ:

— Ամոթ ա:

— Ինչպե՞ս թե ամոթ է, — զարմացավ Կամսարյանը:

— Բա ջահել կնիկը, որ չանեն (ծնոտը) ցցի իրանից մենծի հետ զրից անի, ամոթ չի՞:

— Չէ, ինչո՞ւ է ամոթ:

— Էս երկրումն ամոթ ա:

— Պատճա՞ռը:

— Ես ի՞մ, վաղուցվա դրած ադաթ (սովորություն) ա:

— Իսկ քեզ հետ ինչո՞ւ էր խոսում:

— Ինձ, միթոմ, մենծի տեղ չի զցում, — պատասխանեց տիրացուն, կարծես վիրավորված:

— Ուրեմն կցանկանայիր, որ քեզ հետ է՞լ չխոսեր:

— Բա խի՞ չի ցանկանալ, մարդ չի՞ ուզիլ, որ իրան պատիվ տան:

— Դա պատի՞վ է:

— Պատիվ ա, բա՛:

Կամսարյանը այս նորությունը լսում էր զարմանալով և չէր կարողանում հասկանալ, թե ինչպե՞ս կարելի է, որ մարդ արարածը չխոսե յուր նմանի հետ, կամ թե այդ խոսելը համարե ամոթ, պատիվ, կամ անպատվություն: Այսպիսի ըմբռնումներ չէին կարող ունենալ նույնիսկ Աֆրիկայի վայրենիները, իսկ սրանք հո, համեմատաբար, քաղաքակրթված երկրի բնակիչներ էին, հետևապես և պետք է ազատ լինեին այդպիսի վայրենությունից: Բայց և այնպես փաստը յուր առաջն էր: Նա տեսնում էր մի կին, առողջ կազմվածքով, գործելու կարող, ընտանիքին պիտանի և, սակայն, զրկվա՛ծ աստուծո տված մեծագույն բարիքից — խոսելու ազատությունից, և այդպիսի մի անհեթեթության իրավունքը պաշտպանում էր գյուղի գրագետ մարդը:

Երիտասարդը դեռ զբաղված էր այս մտածությամբ, երբ վերջինս շնորհակալություն անելով նրան՝ իրեն արած բարության համար, առավ յուր աղքատիկ կապոցը և հեռացավ, խոստանալով դարձյալ գալ «աղայի» կոչին, երբ սա կիրամայե:

Մի փոքր հետո ներկայացավ կառապան Օվանեսը և խնդրեց նրան արձակել իրեն:

— Ի՞նչ, դու վերադառնո՞ւմ ես, — հարցրեց Պետրոսը:
— Հրամեղ ես, աղա:
— Մեղք չե՞ն ձիերդ, ինչո՞ւ չես հանգստացնում:
— Հրես գնամ Սիմոնովկումը կորմ կտամ, ընտեղ էլ կհանգստացնեմ:
— Ինչո՞ւ այստեղ չես տալիս:
— Ըստեղ դժվար ա:
— Ինչո՞ւ է դժվար:
— Ապուռ չըկա (կեր), էլածն էլ թանկ ա:
— Իսկ այնտեղ աժա՞ն է:
— Աժան ա, բա՛:
— Ինչո՞ւ է այդպես:
— Ընդուր, որ ըստեղ հայեր են ապրում, ընտեղ մալականներ:
— Այդ ի՞նչ է նշանակում:
— Էդ էն ա նշանակում, որ հայերը աջիղ (տկար) մարդիկ են: Էնքան են կարում վար ու ցանք անել, որ մենակ իրանց ա հերիք գալի: Նրանցից մինը, թե որ էսօր ինձ մի կող (չափ) գարի ծախի, էգուց ինքը պտի փող տա մալականիցն առնի: Ամա դե մալականը դիե չի. նա համ փող ունի, համ դոչաղ ա, համ էլ բանի դայդան (եղանակը) գիտում ա: Վարն էլ ա շատ անում, խոտն էլ ա շատ հարում, նիենց (այնպես) որ, իրան էլ ա հերիք գալի, ուրիշին էլ:
Կամսարյանի գաղափարը հայ գյուղացու արժանքիների մասին արդեն փոխված էր, կառապանի բացատրություններն էլ պակասը լրացրին: Ուրիշ անգամ գուցե նա ուշադրություն չդարձներ այդպիսի խոսքերի վրա, բայց այս անգամ նույնիսկ լուրջ մտածության առարկա դարձրեց նրանց: — «Իրավ, եթե մի գյուղ յուր տնտեսական կարողությամբ այնքան է ողորմելի, որ մինչև իսկ մի կառապան դժվարանում է այդտեղ յուր ձիերը կերակրել, մի՞թե սա չի նշանակում, թե նրա բնակիչները այնքան են ծույլ, անհոգ ու անշնորհք, որ նրանց մեջ ապրել ու գործելը ոչ միայն դժվար, այլև անհնարին է...»:
Այսպես մտածեց երիտասարդը և յուր վերջին հետևությունը, փոխանակ նրան տխրեցնելու, ընդհակառակն, պատճառեց մի թաքուն հաճույք, որ բխում էր այն նորածին մտքից, թե գուցե տեղական հանգամանքներն ստիպեն իրեն, հակառակ յուր կամքին, դրժել յուր ուխտին: Այն ժամանակ, իհարկե, ինքն այդ բանում մեղավոր չէր լինիլ. չէ՞ որ տված խոսքը նա արդեն

կատարել է՝ հեռանալով քաղաքից և գյուղ գալով: Այժմ ի՞նչ անե, որ գյուղն ինքն է անհնար դարձնում այստեղ մնալն ու գործելը... Այսուամենայնիվ, այս մտածությունից առաջացած հաճույքը նա լիովին չվայելեց, վախենալով, թե մի գուցե ինքն սխալվում է՝ շտապով այդպիսի կարծիք կազմելով, կամ թե գուցե հայ գյուղացին դեռ ունի համակրելի կողմեր, որոնք տակավին անծանոթ են իրեն և որոնց պատճառով թերևս, ինքն ապագայում տանջվի խղճից, եթե այսօր կայացնե մի սխալ որոշում:

Իսկ այդ «որոշո՞ւմը»... Ոչ, նա դրա համար դեռ չի մատծիլ, չէ կարող մտածել... Ի՞նչ, դուք կարծում եք, թե նա անհնարին գտնելով հայ գյուղում ապրելն ու գործելը, կորոշե ձգել ու հեռանա՞լ. ոչ, այդպիսի բան չի անիլ: Դրա նման մի միտք, այո՛, անցավ նրա գլխով, երբ կառապանը խոսում էր, բայց դա միայն մի ցոլք էր, մի չնչին աստղ, որ վայրկենաբար փայլեց յուր մտքի աշխարհի հորիզոնի վրա և անհետացավ: Իսկ այնուհետև նրա հոգու աչքերը դարձյալ մնացին սևեռած այն լուսավոր կետին, որի վրա գրված էր հայ գյուղացու բարօրության համար աշխատելու յուր հաստատուն վճիռը: Եվ նա շարունակ կնայե՛ այդ լուսին՝ ընտրած ճանապարհից չշեղվելու համար: Իսկ առայժմ... առայժմ կաշխատե ճանաչել գյուղը, նորից լսել, քննել, հետազոտել... Անշուշտ նա դեռ շատ բան չգիտե, և գուցե հենց այդ չգիտցածներն են, որոնք նորից պիտի ոգևորեն իրեն... Այսպես էր խոսում երիտասարդ Կամսարյանի երկու «ես»-երից մինը, մինչդեռ մյուսը՝ կարծես սիրով սպասում էր, որ նոր լսածն ու տեսածը, քննածն ու հետազոտածը հաստատեն դարձյալ այն, ինչ որ կա, ինչ որ մինչ այդ երևան էր եկել...

Այս պատճառով նա հանգիստ սրտով վճարեց կառապանին յուր հասանելիքը և ճանապարհ դրավ նրան:

Շուտով հասավ այստեղ և տանուտերը: Դա միջահասակ, ամրակազմ, խոշոր դիմագծերով, խելացի աչքերով և բարեդեմ մի մարդ էր: Տան պատին հենելով ձեռքն ունեցած փոցխը, որով հենց նոր խոտ էր հավաքել դաշտում, մոտեցավ հյուրին, քաղցրաժպիտ ողջունեց և, չնայելով որ նրա ո՞վ և ո՞րտեղից լինելը չգիտեր, այսուամենայնիվ, սկսավ հարցնել նրա առողջությունից, ուղևորության հանգամանքներից և ընդ նմին հայտնել յուր շնորհակալությունը, որ «աղան» պատիվ էր արել՝ յուր տանը հյուր լինելու:

Կամսարյանն յուր կողմից հարկ եղածը պատասխանեց՝ հայտնելով նրան յուր ո՞վ և ո՞րտեղացի լինելը և ապա բացատրեց, որ ճանապարհորդելու նպատակով է, որ գտնվում է այժմ Չիբուխլուում:

— Մեր գեղից շատերն են ընցնում՝ էթում Երևան, Էջմիածին, յա էն տեղից գալում հիջնում Դիլիջան ու ուրիշ յաներ (կողմեր), համա ըսկի մեկն էլ չի կայնում (մնում) էս գեղը: Էս մե ջոկ պատիվ ա, որ արել ես մեզի... խոսեց տանուտերը բայազետցոց բարբառով:

— Ինչո՞ւ չեն մնում, — հետաքրքրվեց երիտասարդը:

— Ընդուր որ մեր կուշտ (մոտ) տենալու զատ չկա:

— Այո՛, ձեր գյուղը շատ խղճուկ բան է, — նկատեց Պետրոսը:

— Հմմեն (ամեն) գեղերն էլ էսենց ին, — հարեց տանուտերը:

— Սխալվում եք: Քիչ առաջ անցա Սեմյոնովկայի միջով և նա բոլորովին ուրիշ գյուղ երևաց ինձ: Այնտեղ կային սիրուն տներ, լայն և ուղիղ փողոց, ծառեր, բանջարանոցներ, իսկ ձեր գյո՞ւղն... այս ի՞նչ է. կարծես շեն չէ, այլ ավերանոց:

— Ղորդ ա հրամանքդ, Սիմյոնովկում քո ասած հմմեն բան էլ կա, դե ախր էն մալականի գեղ ա, էս խայի:

«Սա էլ նույնն է ասում, ինչ որ կառապանը» — մտածեց Կամսարյանը մի առանձին գոհությամբ և ապա հարցրեց.— ուրեմն հայի գյուղը չի կարող լավ լինե՞լ:

— Դե իմա՞լ (ի՞նչպես) ըլնի լավ. գեղ ա է՞լի, գեղ դհա (ուրիշ կերպ) իմա՞լ կըլնի:

— Հեր օրհնած, Սեմյոնովկան էլ գյուղ չէ՞:

— Հրամել եք, գեղ ա:

— Էհl, նա ի՞նչու է լավ:

— Ասի է՞լի, ընդուր, որ մալականի գեղ ա:

— Ուրեմն, որ հայի լիներ, պետք է վատ լիներ:

— Հալբաթ որ (իհարկե):

— Ինչո՞ւ:

— Ընդուր, որ խայն հմմեն բանի մեջ անշնորք ա:

— Ուրեմն, հայոց գյուղերն ամեն տեղ էլ նման են ձերինին:

— Խա, էղենց ա:

— Ամեն տեղ էլ այսպես չո՞ր, ցամա՞ք, ծուռումուռ փողոցներո՞վ, հողե տնակներո՞վ, կեղտոտ բակերո՞վ:

— Խա, հրամել եք:

— Եվ չի՞ գտնվիլ հայ գյուղ, որ ծառազարդ լինի, ուղիղ

փողոցներ, սիրուն տներ, այգիներ, ծաղկանոցներ և այլ այս տեսակ բաներ ունենա՞:

— Ի՞նչ ասեմ. կըլնի որ պատայի խարիրի (հարյուրի) մեջ մե խատ, համա էն էլ հրամանքիդ ասածի նման չըլնի. ծուռումուռ բաներ շատ կըլնի: Ի՞նչ ասեմ, կպատայի, որ ըլնին էլի նենց գեղեր, որ բակերի մեջ մի քանի խատ ծառ ըլնի, յա բոստան, յա մե պստիկ բախչա, համա տներն ու քուչեքն ինենց կըլնի՝ իմալ մերն ա: Ես շատ տեղեր եմ հելե, շատ խայի գեղեր եմ տեսե, մերնից փսերն (վատերը) էլ շատ կան:

Այս տեղեկությունները կարծես դյուր էին գալիս Կամսարյանին, որովհետև նա նրանց մեջ տեսնում էր հաստատությունն յուր այն կարծիքի, թե անհնար է գյուղում ապրել ու գործել, ուստի շարունակեց հարցուփորձը:

— Այսուամենայնիվ, տանուտեր, դու գուցե կարողանաս ավելի ճիշտ պատճառն ասել, թե ինչո՞ւ մալականի գյուղը գեղեցիկ և մաքուր է լինում, իսկ հայինը տգեղ ու կեղտոտ: Անկարելի է, որ դրա պատճառը հայի անշնորհքությունը լինի. մի՞թե բոլոր գյուղերումն էլ հայերն անշնորհք են:

Տանուտերը մի վայրկյան մնաց լուռ և չգիտեր ի՞նչ պատասխանել: Հետո կարծես նոր գյուտ անելով, բացականչեց.

— Ախպեր, խայի գեղն կեղտոտ չըլնի, իմա՞լ ըլնի, խայի գեղցու ցավը, դարդը մե չէ, երկու չէ, որ թորգի (թողնե) ու հիստակութենի ցավը քաշի: Ախար նա իսկի անշնորք էլ չէ, թեկուզ էդ անունը տվի քեզ հառաջ: Նա մալակնից էլ ա շնորհքով. իրա մեկել դրկեցից էլ: Խայի գեղցու ցավն էն ա, որ մեջը մարդ չըկա, մեջքին դայաղ (նեցուկ) տվող չըկա. ինչ որ աթաղան, բաբաղան (հորից, պապից) տեսե, սովրե, ինենց էլ անում ա, ինենց էլ ապրում ա: Քարճինի ծառ (վայրի տանձի) տեսած կա՞ս, էն որ մեշեն ա հլնում. էն որ թորգեն (նրան որ թողնեն), խարիր տարի կապրի, հմեն վախտ էլ պստիկ-պստիկ չոր ու ցամաք քարճին կըտա, համա թե մե բարի ձեռ նրա ճղերը կտրի ու վրեն պատվաստի մալաչի դալար շվիր (շյուղ), կտեհնաս մի էրկու տարուց ետո էդ քարճինի ծառը մալածի տանձեր կբերա, խամով, խոտով ու կերածդ վախտն էլ բերնիդ ջուրը կերթա: Մեր գեղցին էլ որ կա, մեշի ծառ ա, քոթուկը (բուն) խաստ, քոքերը (արմատները) դայիմ, համա բարը (պտուղը) քարճին ա. մե ուստա ձեռ ա պետք, որ ճղերը կտրի, վրեն պատվաստ անի, կուզես մեղրիկինի, կուզես գյուղ-աքի, էն վախտն էլ ընդու բարն էլ էն կըլնի, ինչ որ պատվաստելիս, խամով, խոտով սիրունութենով: Մալականը որ կա, պատվաստած ծառ ա, ո՞րն ա ընդու պատվաստող, չիմ գինա, ամա տեսնում ենք բարը խամով ա: Հենա Գյանջույանն էլ նեմեցներ կան, ընդոնք էլ մալականներից են շնորքով, երևում ա ընդոնք էլ են պատվաստ արած, ընդուր որ ընդոնց արած բաներն էլ են ղայդով (կարգին) լավ, ընդոնց գեղն էլ ա թամուզ-հիստակ, ծառով լիքը, վարժատունը մեջները, ժամն (եկեղեցի) էլ պայծառ, բոստան ու բախչեն դեմներն... Մեր դեզը ըդենց բաներ չըկան... ընչի՞, ընդուր որ էն օր, ո՞ր օրվանից աստված մի ծառ ա տնկե, անունը խայի շինական դրե, էն օրվանից դեսը էդ ծառի ճղերին մի ճղադող (հոտոց) չի դիպե, խազար տարի ումբր ա քաշե (ապրել ա), խազար տարվա բարը հիմեն վախտ քարճին ա հելե ու քարճին: Մալականը ինչ վախտ որ ուզում ա գեզ քցի, յա թե չէ իր խամար շենլիկ շինի, մեկ էլ տեսնում ես հիմեն յանից մարդիկ են բնում, ասում են, բարեկամ, էս էսենց շինա, էն ընենց շինա, յա ծուռ ա, դըրըստի, էն պստիկ ա, ջոջացրու (մեծացրու), մե խոսքով, խորուրդ են տալում, խելքում-խրատում, գլխու քցում: Մալականն էլ բարի խրատն ընդունում ա, չգիտցածը սովրում, ու բանը անում ինենց, որ աստծուն էլ ա դուր գալում, բանդին (մարդկության) էլ: Համա խայի շինականը շենլիկ չէ՛, թեկուզ ժամ էլ քցի, ըսկի եմ վախտ մե մարդի էրես չի տեսնա, որ մե բարի բան սովրցնի, մե դրուստ ճամբաղ նըշանց տա, ծռի զարարը (վնասը) ու դըրըստի օգուտը խասկցնի էդու խամար էլ իմալ հինքն կարցե, ինենց էլ արե, ինչ խելքն կտրե, էն էլ շինե, է՛հ, ընդուր գիտցածն էլ հելե էն ա, ինչ որ տեսնում ես, ընդուր իմա՞լ մեղենք (մեղադրենք):

Կամսարյանի գլխին կարծես ջուր մաղեցին: Յուր հարցին նա չէր սպասում այդօրինակ պատասխան: Դա, իսկապես, դատապարտության մի վճիռ էր, որ տանուտերը կարդաց յուր երեսին: Միթե չէ՞ որ այն ամենը, ինչ այդ գյուղացին ասաց, հայտնի էին իրեն վաղուց: Չէ՞ որ հենց իրենց ընկերական ժողովներում հաճախ այն միտքն էր արծարծվել, թե հայ գյուղացին տգետ, հետամնաց, հետևապես և թշվառ է մնում այն պատճառով, որ բոլոր յուր կյանքում զուրկ է մնում առաջնորդից, սրտացավ խորհրդատուից, բարի օրինակից: Լինեին դրանք և նա կազատվեր դարերի ընթացքում յուր վրա բռնացող ճակատագրական թշվառությունից: Արդ, ինքը եկել էր այդ առաջնորդը, այդ խորհրդատուն լինելու: Ինչո՞ւ էր, ուրեմն, երկար ու բարակ տանուտերին հարցուփորձում: Չէ՞ որ նրա համար, որ յուր դրած ուխտն այժմյանից արդեն ծանր էր թվում իրեն և նա նրանցից կամենում էր խուսափել… Մի՞թե ամոթ չէր այդ:

Այս հետադարձ միտքը ձգեց երիտասարդին վարանքի մեջ. խղճի մի թաքուն խայթ սկսավ անհանգստացնել նրան, ուստի դադարեց հարցեր առաջարկելուց:

Այդ միջոցին վերադարձավ տան տիրուհին, ձեռքին մի քանի նորաթուխ լոշեր: Ըստ երևույթին, նա այդ օրը թաժա հաց չունենալով, ըստ գյուղական սովորության, փոխ էր առել հարևանից, որպեսզի նորեկ հյուրին օթեկ հացով չկերակրե: Տանուտերը կնոջը տեսնելուն պես վեր թռավ տեղից, ինչպես մեծ հանցանք գործածին մեկը:

— Ներողություն, աղա՛, — ասաց նա, — ախր դու ճամփից ես գալում, անոթի կըլնես. ես դինջ նստել եմ, քե խետ գյալաջի (զրույց) եմ անում: Դե, Սալվի, շուտ արա

խացի թաղարեք (պատրաստություն) տես, — դարձավ նա դեպի կինը, որ արդեն մտնում էր տուն:

— Մի՛ նեղանաք, խնդրում եմ, ես քաղցած չեմ, ճանապարհին նախաճաշել եմ, — հանգստացրեց տանուտերին երիտասարդը: Բայց վերջինս, այսուամենայնիվ, կնոջ հետևից մտավ տուն, որպեսզի հյուրին պատվասիրելու համար հարկ եղած պատվերը տա կնոջը, կամ թե նրա հետ խորհուրդ անե:

Այսպիսով Կամսարյանը միայնակ մնալով սկսեց լածների մասին լրջորեն մտածել: Այս առիթով նա նորից հիշեց անցյալը, ուսանողական ժամանակի փայփայած մտքերը, յուր ոգնորությունը, խիզախ որոշումը և այդ ամենին հակադրելով իրականությունը, եկավ այն եզրակացության, որ ինքն սխալվել է, թեթև աչքով նայելով առաջադրյալ խնդրի վրա, կամ սպասելով, որ գործը դյուրությամբ սկսվի և դյուրությամբ շարունակվի:

— «Այստեղ, հաստատուն կամքի հետ միասին, պետք է ունենալ նաև մեծ համբերություն, — խոսեց նա ինքնիրեն, — ծառից՝ ծառատակը միշտ մոտ է երևում, բայց երբ թռչում ես, այն ժամանակ է միայն տարածությունն իմացվում: Մինչ այժմ ես դեռ թռչելու որոշումն եմ արել և արդեն տարածությունն անհուն է թվում, ի՛նչ կլինի եթե սկսեմ թռչել… արդյո՞ք ուժերս կներեն, թևերս չե՞ն թուլանալ…»:

Այս մտածության հետ միասին անսպաս տեղից ծնունդ առավ նրա սրտում պատվասիրության զգացումը, — «Էհ, ամոթ է, վերջապես, փոքրոգի լինել այսքան և վախենալ կյանքի գալոց զրկանքներից... Այս գյուղացիներն էլ մարդիկ են և ահա՛ ապրում են զրկանքներով լի այդ կյանքով և չեն մեռնում: Ինչո՞ւ, ուրեմն, չփորձեմ մի փոքր էլ ապրել նրանց հետ և նրանց նման, գուցե հենց այդ փորձի մեջ գտնում եմ ես հնարն իմ խոստման տեր մնալու: Ինչո՞ւ հուսահատվել դեռ ոչինչ չգործած, դեռ ուժերս չփորձած...»:

Այսպես մտածեց Կամսարյանը տանուտերի խոսքերի թարմ ազդեցության տակ և որոշեց անպատճառ «փորձել» յուր ուժերը:

Այդ որոշումն անկեղծ էր. անձնասեր «ես»-ի ձայնը լռել էր նրա մեջ այդ րոպեին:

Բայց հենց այդպիսի հանդիսավոր վայրկենին սրահի առաստաղից թափվեց երիտասարդի գլխին չոր հողի մի վիժակ: Նա վեր թռավ տեղից և վազեց դեպի բակը, կարծելով թե առաստաղը փլչում է գլխին: Սակայն այդպիսի բան չկար: Հավերը կտրան քթութ էին արել, որով և հողի փխրուն մասը շարժվելով իջել էր ներքև: Կամսարյանը հանեց լայնեզր գլխարկը և տեսավ, որ նա ամբողջապես ծածկված է փոշու հաստ շերտով, իսկ գլխարկի եզրը պահել էր յուր վրա հողի մեծ քանակություն:

Մաքրասեր երիտասարդը դժգոհ եղավ այդ բանից: Բայց ի՞նչ արած, դեռ մի րոպե առաջ էր, որ նա որոշել էր փորձել ապրել գյուղացիների հետ: Պետք էր ուրեմն համբերել: Բայց որովհետև համբերելուց անկախ, անհրաժեշտ էր մաքրել գլխարկը, նույնպես և վերնազգեստը, որի ուսերը ևս ծածկված էին փոշիով, ուստի նա վերադառնալով սրահը, կանչեց տանուտերին և խնդրեց նրան առաջնորդել իրեն դեպի ներսի տունը, որպեսզի այդտեղ գտնվող յուր պայուսակից հանե խոզանակը՝ հագուստը մաքրելու համար:

— Էս ի՞նչ ա, խո՞ղ ա թափե վրեդ... Է՛յ, Սալվի, էս ի՞նչ ա, էլի էդ անիծուկ խավերը կտուր քրճըճում են, հիշկա (նայիր), աղի շրերն հմմեն խարաբ են արե:

Սալբին դուրս վազեց դեպի կտուրը՝ հավերին հալածելու, իսկ երիտասարդը ներս մտավ յուր պայուսակը որոնելու:

Տունն, ուր նա մտավ տանտիրոջ առաջնորդությամբ, մի տարօրինակ շենք էր, որի նմանը նա չէր տեսած ոչ մի տեղ: Յուր քառակուսի ձևով նա նմանում էր մի սովորական ընդարձակ սենյակի, իսկ չորս սյուների վրա բարձրացող գմբեթարդ առաստաղով՝ փայտաշեն մատուռի: Շենքը ոչ մի կողմից պատուհան չուներ և լույս ստանում էր առաստաղի վրա բացված երդիկից: Սակայն այդ լույսն էլ այնքան էր նվազ, որ երիտասարդը ներս մտնելուց չկարողացավ իսկույն որոշել բնակարանի ձևն ու մեծությունը: Միայն քիչ հետո, երբ աչքերը վարժվեցան, սկսավ ամեն ինչ դիտել ուշադրությամբ:

Տան հետևի պատն ամբողջապես, իսկ աջ ու ձախ կողմերինը կիսով չափ կտրված էին հողից և այն՝ այնչափ տգեղ ձևով, որ շատ տեղերում երևում էին սակրի կամ բրի քաշած ակոսները: Իսկ առջևի պատը և աջ ու ձախ կողմերինը մասամբ՝ շինված էին կրաշաղախի և գետաքարերի անարվեստ զանգվածով: Ինչպես տան չորս պատերը, նույնպես և առաստաղն ու նրան բռնող փայտե չորս սյուները ծուխից սևացած էին ա՛յն աստիճան, որ շատ տեղ փայլում էին լույսի առաջ: Առաստաղի ավելի մութ խորշերը առատորեն բռնված էին սարդի ոստայններով, որ ապացուցանում էր, թե այդ տան մեջ չկար չար ձեռք, որ վրդովեր այդտեղ ապրող միջատների խաղաղությունը:

Տան մեջ եղած կարասիներն էին՝ մի փայտե ծխահար ամբար, որի մեջ ալյուր էր պահվում, մի մեծ, կավածեփ կթոց, որ ցորենի պահարանն էր, մի փայտյա խարխուլ և լայն մահճակալ, որ ծառայում էր իբրև դարակ թե՛ տան մեջ գտնվող արկղիկների և թե՛ հնամաշ կողինքի ու օթոցների համար: Պատերից մեկի տակ գտնվում էին երկու հողե կուժեր, մի քանի սևացած պտուկներ, մի փոքր և մի մեծ տաշտակ և երկու փայտյա խաներ: Իսկ դրանը հանդեպ գտնվող պատի տակ, որ ըստ երևույթին, պատվավոր կողմն էր, շինված էր մի հողե բարձրություն՝ թախտի ձևով, չորս կողմից կավածեփ և ծածկված հնամաշ կապերտով: Տան հատակը հողից էր, տեղ-տեղ փոս և ցեխոտ լինելու չափ թաց: Հենց այդ հատակի վրա, ուղղակի երդիկի տակ գտնվում էր կրակարանը, ուր այդ միջոցին վառված աթարի վրա դրված էին մի հողե պտուկ և մի պղնձե կաթսա, երկուսն էլ այնպես սև ու մրապատ, որ կարծես ածուխից էին շինված: Ի՞նչ էին եփվում այդ սևակլոր ամաններում, հայտնի չէր, միայն թե Կամսարյանը նայելով նրանց վրա, զգաց մի խոր զզվանք և դրա հետ էլ երկյուղ թե՝ մի գուցե նրանց մեջ պատրաստված կերակուրով հյուրասիրեն իրեն:

Որովհետև տան միջի օդը տոգորված էր աթարից առաջացող գարշահոտ ծուխի, այլև խոնավության անախորժ հոտով, ուստի երիտասարդը այդտեղ չբացավ պայուսակը, որպեսզի ստիպված չլինի մի քանի վայրկյան ավելի ծծելու ապականված օդը, այլ առնելով այն՝ տարավ դուրս:

Հանելով պայուսակից սպիտակամազ և արծաթե մեջքով շինած խոզանակը, որ բնավ չէր հարմարում շրջապատող անմաքրությանց, նա սրբեց նախ գլխարկը և ապա հանեց վերնազգեստը: Վերջինս մաքրելու ժամանակ գրպանից գետին ընկավ յուր Note-երի հայտնի տետրակը: Կամսարյանը վերցրեց այն այնպես շտապով, որ, կարծես գողացած իր էր և պետք էր իսկույն թաքցնել: Որովհետև տետրակի տեսքը վայրկենաբար հիշեցրեց նրան այնպիսի բաներ, որ նա կուզեր այժմ մոռանալ...

Երբ երիտասարդը բոլորովին մաքրվեցավ, եկավ նստեց սրահում դրած թախտի մի ուրիշ կողմը, որ յուր կարծիքով ազատ պիտի լիներ հողի իջվածքից և սկսավ խոսել տանուտերի հետ, այժմ արդեն մեծ սրտով:

— Քիչ առաջ ասում էիք, թե հայ գյուղացին ի՞նչ անի, միջումը մարդ չունի, մեջքումը դայաղ չունի, բան սովրացնող չունի և այլն: Ասացեք, խնդրեմ, այսպիսի մի պարզ բանի համար ձեզ ի՞նչ սովորեցնող է հարկավոր: Տեսնո՞ւմ եք, այս առաստաղի ձողերը շարել եք միմյանցից մի-մի թիզ հեռու, հետո վրան ցախ ու ցաք դնելով՝ հող լցրել: Մի՞թե չէիք կարող նախ՝ այս ձողերի փոխարեն լայն տախտակներ շարել, երկրորդ՝ եթե ձողեր էիք շարում, ընտրեիք ուղիղ ձողեր և ոչ թե այս ծուռումուռ ճաղերը, հետո նրանց տաշեիք, միմյանց մոտեցնեիք և ապա թե վրան հող լցնեիք: Այն ժամանակ հավ չէ, անասուն էլ, որ ման գար կտրանը, հողը չէր թափվիլ: Ախար սա այնքան պարզ բան է, որ սրա համար ոչ սովորեցնող է հարկավոր, ոչ խորհրդատու:

— Շատ դորդ ես հրամայում, աղա, — խոսել սկսավ տանուտերը, — դորդ որ են ձողերի տեղ թե տախտակ հըլներ, շատ լավ կըլներ, համ խող չի թափվի, համ էլ հառիքը (առաստաղը) սիրուն կըլներ: Համա մե բան կա, որ դու չես գինա. շինականի խամար մի մանեթը էնդդա արժի, ինչդդա քաղքցու խամար խարիր մանեթը: Էսդդա տեղը տախտկելու խամար եռսուն մանեթ խերիք չէր գա, համա ես էս հմմենին չորս մանեթ եմ տվե, էն էլ անջախ եմ ճարե: Ձողերն էլ, որ մոտիկ-մոտիկ հըլներ, խարիր խատ չէր խերիք գա, համա ես քառսուն խատով բանը յոլա եմ տարե: Մեկ էլ թե էնոնք դուզեր (ուղիղներ) հըլնին, մեշաբեկին (անտառապետը) երեք խետ ավելի փարա կուզեր, համա էժան ա տվե: Աենք իմ մե ղազախեցի բարեկամն ասեց թե՝ «դու որ չորս մանեթ փարա ես տվե բլեթին, իրավունք ունեիր էդ բլեթով էն դդա դուզը ձողեր կտրել, ինչ դդա ծուռն ես կտրե». համա ես գեղցի ռամիկ մարդ եմ, իմա՞լ կանամ աբեզչիկի (անտառապահ) հառեջ ձեն ձուն խանել. էն թղթին հիշկում ու ասում ա. «էս թուղթ ծուռը փետերի համար ա, չըհիշխնաս (չհամարձակվես) դզերը կտրել»: Ես էլ իմ ա՛լ ընդու հրամանը չանեմ: Բան ա, թե շշկլվիմ (սխալվիմ), յա հիշխնամ մեխատ դուզը փետ կտրեմ, մեկ էլ տենաս բոռալով գալում ա վրես ու մե չափալախ (ապտակ) քիթուբերնիս զարկում... Հարամզադա, ասում ա, էդ իմալ հիշխցար թազավորական մեշի մեջ զակոնի դեմ բան բռնել. հես ա պրատակոլ կանեմ, քեզի նաքխտ (բանտ) կտանեմ: Էդ վախտը անճարանում եմ, ոտ ու ձեռն ընկնում, ասում. «աղա, ի սեր աստուծո, բաշխի, ինձ բռնավոր մի՛ անի, ճժերս ու օղլուշաղս (ընտանիքս) մեղք են»: Էստուց ետը, որ տենում եմ, չեմ կանում աղա աբեզչիկի սիրտը շահել, իլաճս կտրում ա, ջեբս էլած մի քանի աբասին ափն եմ դնում, զլուխս պրծացնում:

Տանուտերի պատմածներից Պետրոսը վրդովվեցավ, մանավանդ աբեշչիկի գյուղացուն ապտակելն ու օրենքի անունով նրան հարստահարելը վառեցին երիտասարդի բոլոր իրավագիտական զայրույթը: Նա մոռացավ, որ տանուտերը ընդդիմախոսում էր իրեն և ոչ թե պաշտպանություն խնդրում, ուստի վրդովված պատասխանեց.

— Աբեզչիկը իրավունք չունի քեզ ապտակելու կամ քեզանից ապօրինի փող առնելու. այդպիսի անկարգության համար նրան ոչ թե պաշտոնից կզրկեն, այլև բանտ կնստեցնեն: Օրենքը իրավունք չի տալիս նրան նույնիսկ մեղավոր մարդու դեմ բռնություն գործ դնել, ո՞ւր մնաց թե հանգիստ ու խաղաղ գյուղացու դեմ: Անտառի պահպանության վերաբերմամբ որևէ մեկի կողմից անկարգություն տեսած ժամանակ, նա, կարող է այդ մասին հայտնել վերակացուին կամ անտառապետին, բայց յուր ձեռքով դատաստան անել՝ նա բնավ իրավունք չունի:

— Կըլնի էդ իմմեն դրուստ ես ասում, ես էլ զինամ օրենքի մեջ անարդար բան չի ըլնի, համա մեզնից ո՞ր մեկս ա օրենք խակկնում, յա թե չէ էն դաղը մեշեն մեր ձենը ո՞վ ա հիմանում, մեր զանզատն ո՞վ ա լսում: Բան ա, թե հուջաթ ենք անում (հակառակում), յա աh տալում թե՝ կեթանք մեշաբեկին զանգատ, էն իր դոշի կպած զատը նշանց ա տալում ու ասում. — «Էս զնակը տենո՞ւմ ես, էս հմմեն մարդու չեն տալում, ինձի որ տվել են, ընդուր խամար ա, որ ի՛մալ ուզենամ՝ էստով անիմ, թեկուզ սաղ աշխարիը քանդեմ, ո՞րը կանա առաջս կանգնել»: Հիմի աղա , ես որ հառեջ ասեցի, որ մեր մեջ մարդ չունինք, մեջքներիս դայաղ տվող չունինք, դու ինձի մեղ իր դնում. համա տեսնում ես, որ քե նման մե խատ գրի սև ու սիպտակը ճանաչող, դիվան դատաստան խասկըցող մեր մեջ նստած իլներ ու ինձի ասեր, օրենքի մեջ գրած ա, որ դու քո չորս մանեթով կարաս քառսուն խատ դուզ ծառը կտրել, թե աբեզչիկը իրավունք չունի քե զարկելու, պրատակոլ շինելու, յա նաքախտ դնելու, ես էլ էն վախտ ասլան կդառնայի, մե աբեզչիկը չէ, թեկուզ տասն էլ, որ վրես գային, հմմենի ջուղաբը (պատասխանը) կտայի: Ա՛յ էն վախտ իմ հառիքի վրա դուզը ձողեր կըլնեն, հմմենն էլ մոտիկ-մոտիկ շարած, դայիմացրած, խողն էլ վերնից չէր թափվի, ես էլ պատվական դոնախի կուշտ սև էրես չէի մնա:

Կամսարյանը լսեց այս ամենը ուշադրությամբ և այլևս դիտողություն չարավ:

Ժ

Վերջապես տան տիրուհու ճաշը պատրաստ էր: Նա շտապեց սեղան բանալ: Մուգ կապտագույն մի սփռոց, որ բավական մաքուր էր, բայց որն յուր գույնի ու հնության պատճառով կեղտոտ երևաց հյուրին, նա փռեց տախտակի վրա և վրան դարսեց սպիտակ ու փափուկ լոշեր: Ապա փայտյա, բոլորշի խանի մեջ բերավ մի քանի ամաններ, որոնց մեջ կային պանիր, կանաչ սոխ, մածուն և եփած ձուեր: Երրորդ վերադարձին նա հանեց սեղանի վրա նոր պատրաստած կերակուրը, որ էր՝ լոբիի բորանի և մի եփած հավ: Տանուտերն յուր կողմից բերավ դեղնած մի շշում օղի և հողե դորակով գինի:

Կամսարյանն ուտել սկսելու փոխարեն սկսավ դիտել ամանները, որոնցով տանտիկինը ցուցահանել էր ուտելիքը: Նրանցից ո՛չ մինը նման չէր մյուսին: Պանիրը դրված էր պղնձե, կլայեկած ամանում, մածունը՝ հողե զավաթում, ձուն՝ փայանսե կապույտ, հին ձևի մի ամանում, որն ուղիղ չէր մնում սեղանի վրա, որովհետև կոտրված լինելու պատճառով՝ մի կողմից կապված և տակից կռճկված էր: Իսկ այդ կռճիկը (կրի, ձուի և ծեծած կանեփի շաղախ) այնքան հաստ էր քսված, որ ամանն յուր հարթությունը կորցնելով հակվում էր մի կողմ: Վերջապես բորանին լցված էր հողե քերեղանի մեջ, իսկ հավը դրված պղնձե ափսեի վրա:

Հազիվ տանուտերը ձեռքը առավ օղիի շիշը, որպեսզի հյուրին հրամցնե, ահա՛ սրահի մեջ բուսավ տեր-Վանին, գյուղի քահանան:

Սա վաթսունն անցած մի մարդ էր, բարձրահասակ, բայց նիհար մարմնով, նեղ ու երկար դեմքով, խոր ընկած աչքերով, դուրս ցցված այտոսկրներով և, սակայն, հարուստ, ալեխառն մորուքով, որ մեղմում էր դեմքի տգեղությունը և ծածկում երկար, դեղնած պարանոցը, որի վտիտ շուշակները զատվում էին փողից ինչպես պինդ ձգված պարաններ:

— Բարի հաջողում, — ասաց նա խաղաղ ու մեկին արտասանությամբ և գավազանը գետնին խփելով, կանգ առավ, կարծես սպասելով թե ի՞նչ ընդունելություն պիտի գտնե:

— Տանուտերն իսկույն վեր կացավ տեղից:

— Օրհնյա տեր, համեցիր, — ասաց նա հարգանքով և յուր տեղն առաջարկեց քահանային:

— Նստիր տեղդ, ես ըստեղ կնստեմ, — ասաց վերջինս ղազախեցվոց բարբառով և գավազանը պատին հենելուց հետո, ձեռքը պարզեց Կամսարյանին. — բարով ես եկել, հազար բարով: Մոսին ասեց մի լավ ղոնաղ եմ բերել տանուտերի համար՝ թիֆլիզեցի ա: Ասիմ, զնամ տենեմ ո՞վ ա, կըլի որ իմ բարեկամներից ըլի, չուն ես էլ Թիֆլիզում լավ ծանոթներ ունեմ:

Կամսարյանն յուր ով լինելը հայտնեց քահանային:

— «Կամսարյա՞ն». էդ ի՞նչ լավ անուն ա, կըլի որ հին ազգից ըլեք, չուն հայոց պատմութենումը ընդենց մի անուն աչքովս ա ընկել:

— Երևի Կամսարակա՞ն:

— Հա, էդ ա, Կամսարական: Դու ընդո՞նցից ես:

— Ոչ, ինքս էլ չգիտեմ, թե ովքեր են իմ պապերը:

— Բա էդ ո՞նց կըլի:

— Իդա վերջ կխարցնես, հլա նստի՛, խաց կե, — նկատեց տանուտերը:

— Նստել պտեմ, բա ո՞նց տեմ անիլ. հազարանց մեկ մեր գեղը ըսենց պատվական հյուր ա եկել, ո՛նց կըլի, որ մոտը չնստեմ, զրից չանեմ: Ամա դէ ես հաց եմ կերել, դուք ինձ մտիկ չըտաք. անուշ արեք: Այս ասելով քահանան յուր շալե փարաջի փեշերն ամփոփելով ծալապատիկ նստեց թախտի վրա:

— Զարար (վնաս) չըկա, մեզ խետ էլ կուտես, — ասաց տանուտերը և օղիի բաժակը լցնելով, առաջարկեց քահանային,

— Բա՛, արաղ է՞լ ես տալի, էդ հո իշտահս (ախորժակ) մեկ էլ նորանց բաց կանի, էնչախը ո՞նց կանենք,— ասաց քահանան ծիծաղելով:

— Իմա՞լ պիտի անենք, ինչ որ աստված տվե, հմմեն հառեջդ դնենք կուտես:

— Հալբաթ որ ըդենց ա. «եղիջիր դու զորավոր ուտել զբարութիւնս երկրի», ասել ա մարգարեն, կուտենք, բա ի՞նչ կանենք, — սրախոսեց քահանան: Ապա առնելով բաժակը, օրհնեց հյուրին, տանուտերին և բարեմաղթելով, որ վերջինի սեղանը լինի միշտ բաց ու առատ, դատարկեց օղին մի ումպով:

Տանուտերը նորեն լցրեց բաժակը և առաջարկեց Կամսարյանին: Բայց սա հրաժարվեց խմելուց, առարկելով թե՝ օղի չէ գործածում: Սակայն հրաժարվելու պատճառը ոչ թե այդ այլ օղիի կես կարմիր կես դեղին գույնն էր, որ Պետրոսի կարծիքով առաջացած պիտի լիներ շշի անմաքրությունից, կամ օղիի հնությունից: Նույնիսկ եթե օղին նոր ու մաքուր լիներ, դարձյալ նա չէր կարող բերանը տանել այն բաժակը, որով իրենից առաջ մի ուրիշն էր խմել: Հենց այս պատճառով էլ նա մի փոքր հետո հրաժարվեց նաև գինուց, որովհետև սեղանի վրա միայն մի գավաթ էր դրված: Տանուտերը, իհարկե, այդպիսի նրբություններ չգիտեր: «Բարի գալուստ» մաղթելով հյուրին և քահանայի օրհնությունն առնելով, նա տնկեց լցված օղին և ապա խնդրեց հյուրին վայելել աստուծո տվածը:

Քահանան առաջարկության չէր սպասում: Նա արդեն լոշերից մինն առաջ քաշելով, սկսել էր յուր հարձակումը նախ պանրի ու սոխի և ապա ձուերի վրա. մինչդեռ Կամսարյանը դեռ նոր էր մտածում թե՝ ի՞նչ ուտե: Ժամ առաջ տեսած սնակոլոլ պտուկները (որոնց մեջ կերակուրներ էին պատրաստվել) չէին հեռանում նրա աչքից: Այդ պատճառով նա չուզեց ձեռք տալ հավին կամ բորանուն. ամենից վստահելին դարձյալ ձուաներն էին, որոնց պատյանը ազատ է պահում ներսը անմաքրությունից: Երիտասարդն յուր ծոմը բացավ այդ ձուաներով: Բայց որովհետև կերած երկու ձուն բավական չէին յուր քաղցը հագեցնելու, ուստի պետք եղավ նոր ընտրություն անել: Այս անգամ վիճակն ընկավ մածնի վրա: Սակայն ինչո՞վ ուտեր: Մածնի մոտ, ճիշտ է, դրված էր մի փայտե գդալ, որը շատ գործածությունից սևացել, աբանոսի գույն էր առել: Այդ գդալը նա յուր բերանը չէր տանիլ և եթե տաներ էլ, մյուսները ինչո՞վ ուտեին:

Դեռ այս վարանման մեջ էր նա, երբ քահանան բորանիի մի մասը յուր ամանը փոխադրելուց հետո, միևնույն գդալով առավ նաև բավականաչափ մածուն և սկսավ ուտել լոշի կտորներով՝ նախապես նրանց կորացնելով և գդալի ձև տալով: Ուտելու այդ եղանակը դյուր եկավ Կամսարյանին և նա նույն ձևով էլ սկսավ վայելել մածունը: Երիտասարդի ախորժակն հետզհետե բացվում էր կամ գուցե նրա հետ կատարվում էր այն, ինչ որ հայկական առածն է բնորոշում. «կկակղես՝ կուտես»: Այժմ նա ցանկանում էր օգտվել նաև հավից, որի գիրությունից դեղնած տեսքը ցույց էր տալիս, որ շատ համով պիտի լինի: Այս պատճառով նա նախ աշխատեց համոզել իրեն, թե սևկոլոլ պտուկը միայն դրսից կարող էր կեղտոտ լինել, բայց ոչ նաև ներսից. և հետո թե՝ եղած կեղտն անշուշտ ջրի մեջը կմնար և ոչ թե հավի ներսը կթափանցեր: Հենց այս մտածության վրա տանուտերը պղնձե ափսեն մոտեցրեց հյուրին, երևի վերջինի՝ հավի վրա հառած հայացքից գուշակելով նրա ցանկությունը:

— Հա՛, սրանից կարող եմ մի փոքր ուտել, բայց այստեղ... դանակ ու պատառաքաղ չկա,— ասաց Պետրոսը ժպտալով ու սեղանի շուրջը նայելով:

Տանուտերը ձեռքը տարավ գրպանը և հանեց եղջյուրե սև կոթով տեղական դարբնի շինած մի դանակ: Բայց քահանան ժամանակ չտվավ նրան: Հավն շտապով յուր առաջը քաշելով նա սոթտեց թևերը:

— Աղբեր, էս քաղաքցիք խի՞ ուտելու թահրը գիտում չեն: Բա ընենց դեղին լալի (սաթի) պես հավին էրկաթ կդիպցնե՞ն, ափսոս չի՞... հրես աստոծ դանակ էլ ա տվել մեզ, չանգալ էլ: — Այս ասելով նա ձեռքերով պատառ-պատառ արավ հավը և ափսեն մոտեցրեց հյուրին: Բայց վերջինի համար նորեն ուտելու դժվարություն առաջացավ: Քահանայի ձեռքերի արած ծառայությունը փակեց նրա ախորժակը, ուստի հավի ափսեն հեռացրեց իրենից։

Տանուտերն սկսավ թախանձել։ Իսկ քահանան զարմացավ, որ երիտասարդը մի փոքր առաջ ցանկություն հայտնեց ուտելու, իսկ այժմ հրաժարվում է։ Նրանք չէին գուշակում հրաժարման պատճառը, և եթե մինչև իսկ Պետրոսը բացատրեր, նրանք կզարմանային, որովհետև հավը դանակով ու պատառաքաղով կտրտելն ավելի անհաճո բան կհամարեին, քան թե ձեռքերով անդամատելը։

Վերջապես Կամսարյանը չկարողացավ տանուտերի խնդիրը մերժել, առավ հավի մի կտորը, հանեց նախապես վրայի մորթը, որին կարող էր քահանայի ձեռքը դիպած լինել և խտրելով կերավ։

— Ես որ քե նման հաց ուտեի, հմի վաղուց մեռած կըլեի, — նկատեց քահանան ժպտալով։

— Ինչո՞ւ, — հարցրեց Պետրոսը։

— Բա ըտե՞նց հաց կուտե՞ն. էդ հու ծտի նման ես ուտում։

— Ուտում եմ այնքան, որքան կարողանում եմ։

— Կարողանալին ո՞ւր ես մտիկ տալի, զոռով պտի ուտես։ Ամեն բան վարջիս (սովորություն) ա, թե վարջիս կանես, էն ա շատ կուտես, թե չէ, հալբաթ կերածդ ծտի փայ կըլի։

— Իսկ շատ ուտելն ի՞նչ օգուտ ունի։

— Ո՞նց թե ինչ օգուտ. բա աստոծ մեզ ընչի՞ հմար ա ստեղծել։

— Չգիտեմ, միթե՞ միայն ուտելու համար։

— Բա ընչի՞...

Պետրոսը ծիծաղեց։

— Խի՞ ես ծիծաղըմ, դե ասա տենեմ էլ ուրիշ ընչի հմար ա ստեղծել։

— Կարծեմ ապրելու և գործելու համար։

— Հէր օրհնած, բա ապրելու յա գործելու հմար չըպտի՞ ուտես, սոված փորով գործիլ կըլի՞։

— Պետք է ուտել, այո՛, բայց չափավոր։ Ով որ շատ է ուտում, նա չի կարող շատ գործել։

— Ցանղլիշ ես (սխալվում ես), ով որ շատ ա ուտըմ, նա էլ շատ գործ ա շինըմ։ Ա՛յ, քեզ օրինակ էշը, ձին, եզը, նրանք որ շատ չուտեն, կարա՞ն բան անել։ Ցա չէ հրես ես։ Օրը իրեք անգամ որ լավ, բաբաթ չուտեմ, կարա՞մ էաղադա բան շիներ էսօր ըռավոտ ե՞փ եմ վե կացել հա՛, ծեգը հլա ծեգած ոչ, մտել եմ ժամն ասել. եդո գնացել եմ հանդը՝ իրեք սել խորսն (խուրձ) հվաքել բիրել տուն, եդո տիրակինի կտրած աթարը դարսել, իրեն սար եմ շինել, հմի էլ որ ըստեղ եկած չըլինի, մի ուրիշ բան կանի: Համա դե, ասենք,— ըսել լավ դառավ. չուն եկանք, համ քե ծանոթվեցինք, համ էլ տանուտերի սեղանը պատվեցինք:

— Իսկ դուք շատ ուտելուց չե՞ք հիվանդանում, — ժպտալով հարցրեց Կամսարյանը, որ ըստ երևույթին ցանկանում էր քահանայի զրուցից յուր գործին պիտանի տեղեկություններ քաղել:

— Բա խի՞ եմ հիվընդանում, քիչ որ ուտեմ, էն չախը կհիվնդանամ...

Այդ միջոցին Սալբին եկավ սեղանը հավաքելու, որովհետև ճաշը վերջացել էր:

Տեր-հայրը, որ սկզբում մոռացել էր սեղանն օրհնել, այս անգամ արդեն հիշեց յուր պարտքը և խոսքն ընդհատելով՝ «լիութիւն սեղանոյս անհատ և աննւազ արասցէ»... աղոթքը կցեց և ապա «Հայր մերն» ասելով՝ ետ քաշվեցավ:

Երիտասարդը շնորհակալություն հայտնեց տանուտերին յուր հյուրասիրության համար, իսկ վերջինս համեստությամբ հարեց.

— Ավել պակասը բաշխես, աղա, գեղի տուն ա. հմմեն վախտ ազիզ (թանկագին) ղոնաղի արժան բան չըճարվիր:

— Այդպես մի՛ ասեք, խնդրեմ, շատ շնորհակալ եմ, — ընդհատեց Պետրոսը:

Իսկ քահանան, որ չէր սիրում ճաշելուց հետո իսկույն հեռանալ, որպեսզի ստամոքսին ժամանակ տա յուր մարսողական գործողությունն սկսելու, կցեց ընդհատված խոսակցությունը, որի նյութն, յուր կարծիքով, պետք է հետաքրքրում լիներ Կամսարյանին:

— Ասըմ ես շատ ուտելուց հիվընդանում չե՞ս... էս ա վաթսուն տարեկան մարդ եմ, սատանի անզաջը խուլ, հլա մի տեղս ցաված չի: Ղորթ ա, ջանով չաղ (գեր) չեմ, համա ոսկորս ընենց դայիմ (ամուր) ա, որ ձեռս էրկաթ տաս, միջից կծալեմ: Էս դիփ նրանից ա, որ լավ ուտում եմ: Հրես, տանուտերն էլ գիտում ա, թե որ ուզեմ, երկու ղազան (պղինձ) կերակուրը մի նափասըմը (շնչումը) կուտեմ: Անզաջը կանչի Սողոմոն սարկավագին: Մի օր Սնանա վանքումը նստած ենք, էլի ըսենց ուտելի վրա խոսք վեր եկավ: Սողոմոնն ինձ հարցրեց թե՝ «ա՛յ էրեց, քանի՞ իշխան (իշխանաձուկ) կարաս մին հետանց (միանգամից) ուտել»: Ասի՝ սարկավագ, հինգը կուտեմ: Ասավ՝ կարալ չես: Ասի՝ մարջ (գրազ) զանք, ասավ՝ զանք:

Մարջ եկանք էն պայմանով, թե որ ես հինգ իշխան ուտեմ, հո ուտեմ, ինձ հալալ, թե չէ, մին արծաթի բռնռթաման առնեմ տամ իրան: Իմ բախտից էդ օրն էլ Ելենովկի ղոլիցը (կողմից) խի՛ բոլ (առատ) իշխան ին ղրկել վանքի համար: Ամա ի՛նչ իշխան, էն ղաչաղ (մաքսանենգ) իշխաններից չմանաս է՛, որ Թիֆլիս տեսել ես, էն որ մինը ըսկի էրկու գրվանքա զալիս չի. սրանց մինը՝ չորս, յա հինգ գրվանքա կըլեր: Հենա սարկավագը հինգ մենծ մենծը ջոկեց, տվավ աշչուն (խոհարարին), ասավ. — աղա, էս դիփ կտանես մենծ ղազանումը կխաշես, եղը սինումը (սկուտեղ) կդարսես կբերես: Ասավ՝ «աչքիս վրան»: Բլբյուլյանց վանահայրն էլ, աստոծ կարգի, պատարագի պահի, խի՛ լավ մարդ ա, ասեց. «աղա, աղը տեղն արա, անալի չըլի, թե չէ տերտերի Փորը կցավի»: Ասեց «ըղենց կանեմ, հայր սուրբ»: Էն ա ըսկի մի սահաթ չըքաշեց, տենեմ ղոչաղ աշչին հինգ իշխանն էփած, սինումը դարսած, տաք-տաք, շալքը (գոլորշին) բանցրանալեն բերավ գրավ առաջս, հետն էլ չորս լավ փափուկ հացեր: Օրը ըսենց լավ օր էր, մենք էլ հայաթումը (բակում) ծառերի տակին, կանաչկոտումը նստոտած: Միաբաններն էլ դիփ հվաքվել են գլխիս որ տենան թե հինգ իշխանը ո՛նց պտի ուտեմ: Էն ա, հենց որ աշչին սինին դրավ առաջս, էրեսիս խըչըհանեցի, ու «աստուած իմ, ի քեզ յուսացայ, մի՛ ամաչեցից, և մի՛ ծիծաղեսցին զինև թշնամիք իմ»... ասեցի հու կցեցի ուտիլը... Մինը կերա, էրկուսը կերա, իրեքը կերա, չորսնջինումը ուզեցի նափաս (շունչ) քաշեմ: Քուրդ Գրիգոր վարդապետը ասավ՝ «ա՛յ տղա, բանդ բուրդ ա ըլնում», ասի չէ, հայր սուրբ, յանղըշ ես: Իգնատիոս վարդապետն էլ, որ հըլա էն վախտը սաղ էր, ասավ. «ա՛յ էրեց, ըսենց արա՛, որ ղազախեցուց էրեսը սև չթողաս»: Ասի՝ արխային կաց, հայր սուրբ, էրկու էսքան էլ որ

ըլի, կուտեմ, միայն թե կարաք մի քիչ գինի հասցրեք ինձ: Ասավ՝ «էս սհաթին»: Էն ա լուսահոգին կանչեց տոքրավորին, ասեց. «աղա՛, գնա իմ դուլաբումը (պահարան) պստի կուլի (դորակ) մեջ գինի կա, բեր»: Փոքրավորը վազ տվավ, բերավ: Էդ աղբաթխեր գինին գլխիս քաշեցի թե չէ, մին էլ տենամ, ինչ որ կերել չի՞, քշեց տարավ, ըսենց որ ասես ըսկի բան չեմ կերել: Ասի՝

Սոլոմոն սարկավագ, էս էրկուսն էլ ուտիլու եմ, համա սրանե բան չի լիլ. մի իրեքն էլ խաշիլ տու բեր: Տենեմ սարկավագիս ռանգ ըռուշը գնաց:

— Էդ հլա կեր, խաշիլը հեշտ ա, ասավ:

Էն ա ես նոր մեկելանց կցեցի ուտիլը: Տասը մնուտ չքաշեց, քու արևը, էրկու իշխանն էլ մաքրազարդեցի, ինչկլի գլխների դողերն էլ (ուղեղն) թամուզ ծծեցի, կուլի մնացած գինին էլ վրան քամեցի ու եդ նստա:

— Ապրես, տեր-Վանի, ապրես, կերածդ քե հալալ, — ասեց վանահայրը; Մնացած վարդապետնին էլ գովեցին ինձ. ամա դե Սոլոմոնի սրտին որ դանակ խփիր, արյուն չէր դուրս գալ, մին ընդյուր համար, որ մարջը տանուլ էր տվել, մին էլ ընդյուր, որ ինքը վանքի տնտեսն էր, նըհախ (իզուր) տեղը հինգ իշխան էր կորցրել, էդ ո՞նց պտեր մոռանալ: . Ա՛յ, էդ օրվանից դեսն ա, դիփ իմ հունարը ճանաչում են:

Կամսարյանը, որ քիչ առաջ լսում էր քահանային հետաքրքրությամբ, հուսալով թե նրա զրույցից կարող է քաղել «պիտանի» տեղեկություններ, այժմ արդեն ձանձրացավ, տեսնելով որ նա այդքան երկար խոսում է միայն շատ ուտելու վրա, կամ գովում է յուր որկրամոլությունը այնպիսի պարծանքով, ինչպես մի ուրիշը կգովեր յուր քաջությունը, կամ մեծ գործերը: Այդ հանգամանքը նույնիսկ շարժեց երիտասարդի դժգոհությունը, այն պատճառով, որ նրա առաջ բացավ դարձյալ գյուղացու ցավերից մինը և հիշեցրեց նրան թե՝ որքա՞ն անհրաժեշտ էր իրեն՝ հավատարեմ մնալ յուր ուխտին: Ուստի նա կտրուկ և մի քիչ էլ կոշտ ձայնով հարցրեց.

— Տեր-հայր, դուք ուտելուց զատ ուրիշ բանի մասին չե՞ք կարող խոսել:

Քահանան հասկացավ տրված հարցի ոչ-հարգական նշանակությունը և լուրջ կերպարանք առնելով, պատասխանեց.

— Ընչի՞ չեմ կարող, որդի, հենց դրա՞ համար չեմ եկել ըստի: Էլվախտ (քիչ առաջ) ախպր իմ տիրացուն ասեց թե էն Թիֆլիզից աղան եկել ա, որ մեր շենըմը կենա. թե Թարսաչայի ըմատրիտելը (վերակացուն) ասել ա, միթոմ, դու եկել ես ըստի ապրես ու մեր գեղացուց օգնես, բախտավորացնես: Ասի՝ աստծու խեր խաբարը քե, ա Մոսի, էդ ի՛նչ լավ բան ես ասում. մեր գեղն հենց դիհե (այդպիսի) մին մարդի ա կարոտ... ամա չըլի՞ թե սխալվում ես, յա քե հետ զարաֆաթ (կատակ) են արած, ասավ գիտում չեմ. լսածս եմ ասում: Հմի ես էլ եկա, որ իմանամ, թե էդ բանը դո՞րդ ա, թե՞ սուտ:

Պետրոսը հանկարծակիի եկավ, նա այդ տեսակ հարցի չէր սպասում, ուստի և չիմացավ ի՞նչ պատասխանել:

Մինչդեռ տանուտերը, իբրև թե հյուրի դիտավորությանը լավ տեղյակ, շտապեց պատասխանել.

— Հալբաթ որ զարաֆաթ են արե. քաղքցի աղա մարդ իմա՞լ կանա գեղ նստիլ. էն կուզա հմմեն յաներ շուռ գալ, գեղեր, քաղաքներ տեսնալ, ընդյուր խամար էլ կայներ է միր գեղ:

— Դրուստն էդ կըլի: Ախար ես էլ ասըմ եմ՝ նա ըստի ո՞նց կարա մնալ, — հաստատեց քահանան, ապա դառնալով երիտասարդին՝ հարցրեց. — ասել ա (կնշանակե) դու հմի ճամփորդութի՞ն ես անում:

Կամսարյանը գլխով հաստատության նշան արավ:

— Ո՞նց ա, մեր գեղին հվա՞նում ես:

Երիտասարդը բացասեց, դարձյալ նշանով, չկամենալով կարծես խոսել: Իսկ տանուտերը հարեց.

— Աղան մեր գեղ ըսկի չըխավնիր, հմմեն գեղերեն փիսն էս ա, — ասում ա:

— Հա՞, բա էդ խի՞ չես հվանում, — հարցրեց քահանան:

— Սրա ի՞նչը հավանեմ, սա հո գեղ չէ, ավերանոց է, — խոսեց վերջապես Կամսարյանը:

Այս դիտողությունը քահանայի ինքնասիրությունը գրգռեց, «ո՞նց թե իմ հովված գյուղին ավերանոց անունը տա», մտածեց նա երևի և տաքացած — ասաց, — տես հլա ի՞նչ ա ասում... ա՛, սրանե լավ գեղ կըլի՞... Բա էն արարած աշխարհի տեր թագավորը մեր Չըբըխլուին հվանել ա, էդ դու ո՞նց չես հվանում:

— Որ թագավորը, — հարցրեց Պետրոսը:

— Հանգուցյալ Նիկոլայ Պավլիշը, բա մանում չե՞ս:

— Ո՞նց է հավանել, չեմ իմանում:

— Ընենց ա հվանել, որ եկել ա մի գիշեր ըստեղ կացել:

— Այդ ես չգիտեմ:

— Բա խի՞ չես գիտում, հուսում որ առնըմ եք, ըսենց բաներ կարթըմ չե՞ք:

— Այդ մեկը չեմ կարդացել:

— Դե հեն ա, ասա, մենծ բաները թողնում եք, պուճուր բաները

կարդըմ լի՞, — նկատեց քահանան, իբր թե կամենալով ստացած վիրավորանքի փոխարենը հատուցանել:

— Դա մեծ բան չէ, մի հասարակ տեղեկություն է, — նկատեց երիտասարդը:

— Բա որ մենծ բան չի, խի՞ իրեն Սնանա սուրբ Աստվածածնի եղցու զավթումը գրած կպցրած ա թե՝ «37 թվին, Հոկտեմբերի 6-ին, չորեքշաբթի օրը մեծազոր կայսր Նիկոլայ Պավլիչը եկել ա մեր Չըբըխլումը մին գիշեր կացել»:

— Կարող է պատահել:

— Ո՞նց թե կարող ա պատահել, քե ասըմ եմ պտահել ա, բա հայեվար չեմ ասը՞մ:

— Հավատում եմ, էլի:

— Բա որ հվատում ես, խի՞ մեր գեղին հավան չես կենում:

Կամսարյանն այս անգամ չկարողացավ ծիծաղը զսպել և վեր կենալով տեղից, ասաց.

— Դե որ այդպես լավ գեղ ունեք, տարեք ինձ ցույց տվեք:

— Լավ, գնանք, — ասաց տեր-Վանին և վեր կացավ տեղից: Տանուտերը նույնպես ընկերացավ նրանց:

ԺԱ

Գյուղամիջից անցնելիս նրանք հանդիպեցին հիսունը անցած մի կարճահասակ, փոքրադեմ, խուզած մորուքով, սուր հայացքով և զոտեպինդ հագնված մարդու, որ չնայելով տարիքին, ճանապարհին ընթանում էր ժրությամբ: Մոտենալով քահանային, նա հանեց մորթե գդակը, «օրհնյա՛ տեր» ասաց և ապա նորեն գլուխը ծածկելով, բարևեց տանուտերին և նրա հյուրին:

— Աստված օրհնեսցե, ո՛ւստա Պետի, էդ ո՞ւր ես գնում, — հարցրեց քահանան:

— Ա՛ դեր, ասըմ են Խոջան եկել ա, հրաման ա բիրել, որ էն խեղճ Սայու տունը վեր գրի, գնըմ եմ տենամ կա՞րամ խնդրեմ, աղաչեմ, բալքի թե (գուցե) մարդ ա, սիրտը ռահմ (գութ) ընկնի, մի քիչ էլ ա մոհլաթ (միջոց) տա:

— Ա՛ Պետ, ես Խոջին տեհա, գնում էր Սեմենովկա, ասեց էգուց եմ եդ գալու, — հայտնեց քահանան:

— Հա՞:

— Հա:

— Դե էն ա, ասա, գնացել ա պրիստավի եղնից էլի՞, չուն պրիստավը էրեկ ընդեղ էր... էդ հու բանը դժարացավ, — գուշակեց գյուղացին:

— Դե խի՞ ա դժվարանում, թե մոհլաթ տալու ըլի, էգուց էլ կըտա, — հուսադրեց քահանան:

— Չէ, ա դեր, պրիստավը որ եկավ, բանը խարաբ կըլի. ռուս մարդ ա, լյուզուն գիտում չենք, խոսքը հըսկանում չենք, «պաշըլ դուռակ» ա ասիլու, հու խեղճի էլած չէլածը փեչատի (կնքե), նրա հետ մենք ո՞նց խոսանք:

— Ա՛ հրես խոսողն ըստի չի՞, ասլանի տըղ կանգնած, ռուսի լյուզուն էլ գիդա, փռանգինն էլ, — ասաց քահանան, ցույց տալով Կամսարյանին:

— Հա՛, դե ո՞ւր ա, էդ հու ածու օղորմութինը կըլի:

— Ի՞նչ բան է այդ, — հետաքրքրվեց երիտասարդը:

— Ըստեղ մի գեղացի ունենք, Խոջա Միրզին փող ա տալացուկ (պարտ), սա ուզում ա բարեխոսի, բալքի թե Խոջան մի քիչ էլ ա մոհլաթ տա, — բացատրեց քահանան:

— Պարտականը, երևի, դրա ազգակա՛նն է,— հետաքրքրվեց Պետրոսը:

— Չէ, հեռու մարդ ա, ամա դե սրա համար դի՛փ էլ ազգական են: Ով որ էս գեղըմը նեղության մեջ ըլի, սա պտի վազ տա քյոմակ անի (օգնի): Աստոծ օրհնի, լավ ջան (հոգի) ա: Ամա մին փիս խասյաթ ունի, շատ ա ճշմարտախոս (ասենք ղազախեցիք դիփ ըղենց են. սա էլ Ղազախիցն ա քոչած): Հարիր անգամ ասել եմ՝ ա՛ Պետ, խոսքն ընենց մարդու ճակատմեջին ես խփըմ, որ նա շշկլվում ա, ըղենց մ'անիլ, որդի: Ասում ա չէ՛, ա դեր, դու գիտում չես, լավն հենց էդ ա:

— Ի հարկե, լավը նա է, որ մարդ ճշմարտախոս լինի և խոսքը ճակատին ասե, — հաստատեց Կամսարյանը:

— Բա՛, դո՞ւ էլ ես ըղենց ասըմ, դե էն ա, ասա երկուսդ մին դինի (հավատի) մարդիկ եք, էլի: Դե որ ըղենց ա, ե՛կ ծանոթվիր էս ուստին: Ա՛ Պետ, գի՞տում ես սա հո՞վ ա, — դարձավ քահանան գյուղացուն:

— Չէ, գիտում չեմ, — պատասխանեց վերջինս:

— Սա Թիֆլիզից ա եկել, հուսումնական տղա ա. մեր միալները (գավառները) ման ա գալիս, տենում ա, քննում ա. կըլի որ էդ տեհած, քննածն էլ գիր շինի, յա գազեթ գցի: Ամա դե մեր գեղին հավան չի կենում: Վախում եմ մեզ վրա փիս բաներ գրի: Ձմի էս ա տանում եմ շենը ման ածեմ, բալքի չըտեհածը տենա, իվանի: Դու էլ մեզ հետ ե՛կ, ղոչաղ մարդ էս. կըլի մի-մի հետ էլ դո՛ւ սրա ջուղաբը տաս, — ասաց քահանան ծիծաղելով:

— Լավ կըլի. գնանք, — համաձայնեց գյուղացին:

— Տեր-հայր, ես գիր շինող, կամ գազեթ գցող չեմ. ինչու այս մարդուն սխալ տեղեկություն ես տալիս, — նկատեց Կամսարյանը ժպտալով:

— Դիփ մեկ ա, էսօր չըշինես, մեկել օրը կըշինես, յա չէ մին տարուց եդը: ուսումնականներին ես լավ եմ ճանաչում: Գալիս են ըստեղերք ման գալիս, բաներ տենում, լսում, իմանում, եդո գնում: Անց ա կենում մին, էրկու, իրեք, յա չէ հինգ տարի: Մին էլ տենում ես էն բաները որ ըստեղ տեհել իմացել են, դիփ մին-մին դուրս են տվել գազեթում: Մարդ արմանում ա թե՝ ախպեր, բա էդ տնաքանդնին էս հինգ տարվա միջումը ըսկի մի բան էլ ա մտահան չարի՞ն: Մի հետ ըստեղ մի թեմական էր եկել, հոգնոր տերի հրամանովն ուղում էր ռեխանց հմար հուսումնարան բանա, անունը Պոռշյանց էր, գիտում չեմ, ճանաչում ես թե չէ:

— Ճանաչում եմ, — ասաց Պետրոսը:

— Հա, ուզում էր բանա: Ղորթ ա, էլիկը (ժողովուրդը) փող չուներ, հուսումնարանի բանը գլուխ չեկավ, ամա դե ինքը խի՞ լավ մարդ էր. հետը քաղցր զրից ինք անում: Չուն նրա մին գիրը Դիլի ձեռքս էր ընկել, կարդացե՛լ ի, գիտում ի, որ լավ գրող ա: Մին օր հարցրի թե պարոն թեմական, էդ հին-հին բաները ո՞րդից ես մացել, որ գրել ես: Ասավ՝ ռեխությունից: Ասի՝ բա էդ ո՞նց ա, որ քսան, էրեսուն տարումը մոռացել չես, դիփ ընենց սարքին գրել ես: Ասավ՝ ընենց ա, մոռանալ չեմ: Ասի՝ բա խի՞ ես մոռանում եմ: Ասավ՝ ընդուր, որ աստոծ քու գզգրեն ուրիշ թահիր ա շինել, իմն ուրիշ: Ասի՝ բա խի՞ իդենց շատ եք գրում. ախր մինը գրըմ եք բոլ ա (բավական է), էրկուսը գրըմ եք բոլ ա. խի որ ճոնդը կցումեք, էլ բաց չեք թողնում: Ասավ՝ ընենց ա, ճար չի լիլ, որ չգրենք ջաններս մղմող (ցեց) կընկնի:

— Բա է՛, ասել ա հիվանդութին ա, էլի՞, — զարմացավ Պետին:

— Հիվանդութին ա, բա՞: Չէ՞ս տենում, մինը որ մեր շենից գնըմ ա արանը հունձի, ընտեղի դարաուսից (ճահճաջուր) խմում, գալիս ա ըստի՝ ջերմը բողազիցն ա կենում: Տաքութինի թյունդ վախտը տել ա տալի (զառանցում է) ասում ա՝ «իրեն սատանեն էկավ, իրեն դժոխքը բացվել ա, յա չէ՝ իրեշտակնին կռիվ են տալի սատանեց հետ»: Ասըմ ես. ա բալամ, ըստի սատանա չկա, ըստի դժոխք չկա, էդ խի՞ դիե բաներ ես խոսում: Ասում ա՝ «բա քո՞ռ էք, տենում չե՛ք էն պուզավուր (եղջերավոր) մեծն սատանեն, որ հաքին կռացրած, ալավի (բոցեղեն) ջիղան (նիզակ) ձեռքումը, կըռքները (ատամները) դրձըցնելեն իրես գալիս ա թե մեզ կուլ տա»: Հմի ասելս էն ա թե՝ էդ հուսումնականնին էլ, ուզեն չուզեն, պտի գրեն, չուն՝ հուսումը որ առնըմ են, դիե մին հիվանդութին մտնըմ ա մեջները: Իրանք էլ չեն գիտում, թե՝ խի են գրում, ամադեոր չըգրեն, սրտները կճաքի, յա ոնց որ թեմականն էր ասում, ջանքները մղմող կընկնի:

Տեր-Վանին, որ չէր մոռանում Կամսարյանի՝ «ուտելու» մասին արած վերջին դիտողությունը, այժմ արդեն աշխատում էր ոչ միայն զատ խնդիրների, գրողների կամ ուսումնականների մասին խոսել, այլև ընդունելով, որ երիտասարդը դրանցից մինն է (թեպետև նա հերքեց) կծու ակնարկներ էր անում նրա հասցեին:

Պետրոսը, սակայն, զվարճանում էր տեր-հոր այդ ուշադիր ջանքը տեսնելով:

Երբ նրանք մի քանի ծուռ անցքեր անցնելով հասան մի բարձր տեղ, քահանան կանգ առավ և երեսը դեպի ծովակը դարձնելով, ասաց Կամսարյանին.

— Դե հմի մտիկ տո՛ւ ,տե՛ս, սրանե լավ գեղ կըլի՞. ա՛յ, դեսը մտիկ տո՛ւ, դենը մտիկ տո՛ւ. էս վերնի կապիտը տե՛ս... — այս ասելով նա ցույց էր տալիս շրջակա լեռների, ծովակի և կղզու տեսարաններն ու գեղեցիկ հորիզոնը, որ պարփակում էր երկնքի պայծառ կապուտակը:

— Դրանք ձեր գյուղի առավելությունները չեն, այլ բնության, — նկատեց Կամսարյանը, — այդպիսի առավելություններ ամեն տեղ կարելի է գտնել: Ի՞նչ ունեք դուք ձեր գյուղում ձեր ձեռքով շինած, այն ցույց տվեք:

— Ի՞նչ պտի ունենանք, ա՛յ էս տներն են, էս էյվանները, էս մարագները... հո տենո՞ւմ ես:

— Տեսնում եմ, բայց դրանք տներ չեն, այլ ախոռներ, մարդ արարածը չպետք է ապրի դրանց մեջ:

— Բա մենք խի՞ ենք ապրում:

— Հենց ես էլ դրա վրա եմ զարմանում, թե ի՞նչպես եք կարողանում ապրել:

— Գի՞ տաս ի՞նչ կա, աղա, — մեջ մտավ ուստա Պետին, — ես, դորդ ա, հմի գեղըմն եմ ապրըմ, ամա շատ ման եկած, շատ աշխարհ տեսած մարդ եմ: Ինձ որ ուստա են ասըմ, նրա հմար ա, որ փեշակով (արհեստով) դյուրգյար (հյուսն) եմ, քաղաքներում շատ եմ բանել: Ռնան էլ ըլել, Բաքու էլ, Թիֆլիզ էր: Վերջն ամեն տեղից զզվել՝ եկել եմ էս գեղը մտել իմ շինած կոկալի (խրճիթի) տակը, թե ինչ ա, մի քիչ դինջ ապրեմ էս հալալ ու սայա (արդար և պարզ) մարդկանց հետ: «Դու որ ըրմանում (զարմանում) ես, թե մենք ո՞նց ենք կարում էս ախոռներումն ապրիլ, ես ըսկի ըրմանում չեմ քո ըրմանքի վրեն. չուն քաղքի սիրուն տներումը ծնված, փափուկ ապրած, փափուկ մեծացած տղան ո՞նց կարա գիտա թե էս ախոռներումն էլ ապրիլ ա ըլում: Ամա դե ես, որ տենում եմ, թե գյուղացին ո'նց ա գործ շինում, ո'նց ա ըռավոտից ինչկլի րիկուն քար ու քոլին կպչում, հողի հետ կռիվ տալի, արևի տակ քրտնում, ես կարամ ասիլ, որ էն թահիր նեղութին քաշողի հմար էս ախոռնին էլ շատ են: Չուն վաստակած ջանը, թիլացած ոսկրները դինջացնելու հմար, ամարաթ (ապարանք) չի՛ պետք, բավական ա, որ մի ծածկած քյունջ ըլի ու էդ քընջումը մարդ իրան փրտակի (ծածկի), միան էնքան ըլի, որ թոռ ու թացը չնեղեն, յա չէ քամին քրտնած մեջքը չսառցնի: Էստեղ ոնց որ տղամարդը, ընենց էլ կինարմատը սաղ օրը գործ են շինում, չուն ցավերնին շատ ա, կարիքնին մենծ, պտի անեն որ ապրեն, ծերը ծերին հասցնեն, չանողը կմնա սոված, նրան ոչ աստոծ, ոչ էլ բանդան հաց կտա: Դրա հմար ա, որ ըստեղի մարդը տան սիրունութենի, յա կարգ ու սարքի վրա մտածում չի, չուն սոված փորի հմար ամենից առաջ հաց ա հարկավոր, տկլոր ջանին էլ մի կտոր կտավ: Դե մարդ որ էդ էրկու բանը զոռով ըլի ձեռք բերում, էլ ուրիշ բանի վրա ո՞նց կարա մտածիր:

«Այ՛, ուրիշ ա ձեր քաղքի բանը. ընտեղ փողը չիր ա (չոր միրգ, այսինքն՝ առատ). էնքանը բիրդան (միանգամից) ո՞նց են հվաքում, գիտում չեմ, միան էս կա, որ մինը թե աշխատում ա, տասը մուֆթա են ուտում, ո՛չ ջափա կա, ոչ նեղութին: Մեր տեղը թե որ կնիկը մարդու ղադար (չափ) չըքրտնի, տանը կեսը կմնա սոված, ամա ընդի կնանիքը դիփ պարապ են ման գալի: Ձեր էն Սադարի (փոխարքայի) տան ռաշի քուչեն չըկա՞, ընդեղով շատ եմ անց կացել: Էդ քուչեն ըռավոտից ինչկըլի րիկուն ման եկողով լիքն ա ըլում. մարդ որ մտիկ ա տալի, մնում ա ըրմացած, թե բա էս մարդիկը բան ու գործ չունե՞ն, էս խի՞ ըսենց պարապ ման են գալի: Տա չէ էդ կնանիքը, էդ աղջկերքը ես հարիր ասեմ, դու հազար ասա, դիփ հազված զըրթարված, քարեղաննին վրա, թուբուն-թուբուն (խումբ-խումբ) կռնափռնուկ (թևանցուկ) ծիծաղելով, ոռոռալով, բաշ-աշաղա, բաշ-յուխարի (գլխիվայր, գլխիվեր) գնում, գալիս են: Մտածում ես, թե բա սրանք տուն չունե՞ն, տեղ չունե՞ն, քյուլփաթ (զավակներ) չունե՞ն, կար ու կարկատան չունե՞ն, հաց ու լվաց չունե՞ն, էդ խի՞ ամեն բան թողած, ըստեղ բոլթա են քաշում (ճեմում են):

«Մի օր էս բաները հարցրի մեր խաչթառակցի վարժապետին, նա գլուխը ժաժ տվավ հու ասեց. — ունին, բա չունի՞ն, էդ կնանունց մեծ փայը մարդ էլ ունին, րեխեք էլ, տուն ու տեղ էլ, ամա դե դիփ վեր են ածում հու գալիս ըստեղ բոլթա քաշում: Աստոծ, ասավ, հաստատ պահի թագավորութինը, բոլ (շատ) հուսումնարաննի ա շինել, րեխերքը ըռավոտանց դրկում են ընտեղ, մարդիկն էլ գնըմ են իրանց քյասիբութենին, էդ վախտը էնա կնանուց աստղը աչըլմիշ ա ըլում (բացվում է), շուտ են անըմ հազվում, զուզվում, զըթարվում, անուշ հոտերը վրան շաղ տալի, տունը ու տեղը թողնում նոքարի աբով (հուսով), թե պստի րեխերք էլ ունեն, նրանց էլ ծծմերի յա դարավաշի (աղախնի) վրեն վեր գցում ու իրանք դուրս պրծնում, գալիս ըստեղ սեյր անում. մինն՝ իրա դոստի (բարեկամի), մեկելը սիրականի հետ, շատերն էլ հենց մենակ չանեն ցից արած՝ չափում չափչըփում են քուչեքն ու մեյդաննին: Էնեցներն էլ կան, ասավ, որ հվաքվում են իրանց մի թայդաշի (ընկերուհու) տունը ու օրը ցերեկով նստում, ինչկըլի ճաշի վախտը դումար խաղում: Եփ տղամարդի տուն գալու վաղեն հասնում ա, գալիս, հետը հաց են ուտում ու նրա դուս գալուց եդը, էլ մեկել նորից տուն տեղ թողնում, գնըմ դումար-բազխաննեն... աստոծ վկա, ասեց վարժապետը, էս թահրի կնանոց հյոքմը (իրավունքը), որ ինձ տան է՛, դիփունանց մի թոկով կկապեմ հու բերեմ Սևանն ածեմ: Ասի, ա բալամ, էլ խի՞ էդ զիբիլները բերում Սևանն ես ածում, ու նրա անմահական ջուրը մուրտառում, հազիր էլ լըլղած Քուռն ածես պրծնես:

«Ըսենց էրկանցնելիս միտքն էն ա, որ ասեմ թե քաղաքումը, որ դիե շատ փող կա, հալբաթ մուֆտա ապրողնի էլ շատ կըլեն: Դե քե այան ա (հայտնի), որ մուֆտա ապրողի իշտահը համեշա (միշտ) բաց կըլի. էսօր որ մին կերակուր ա ուտում, էգուց՝ էրկուսը, իրեքը, յա չորսը կուզի. էսօր որ բուրդ ա հագնում, էգուց աբրեշում, զառ ու զարբաբ կուզի, էսօր որ մի էտաժանոց տան է կենում, էգուց էրկու յա իրեք էտաժանոց կուզի, դիհենցով ջանը դուս գա աշխատողին, ուտիլն էլ կբոլանա, հագնիլն էլ կճխանա, տունն էլ կսարքվի, քաղաքն էլ կզարթարվի: Ամա դե ըստեղ ոչ հեշտ աշխատիլ կա, ոչ մուֆթա ուտիլ. դրա համար էլ կարում չեն սարք ու կարգի եգից ընկնիր: Այ, հրես էս կտուրն անցնենք, է՛կ մտիկ տու տե՛ս, մեր կնանիքն ի՞նչ են անում, տե՛ս ձերունք ըսկի սրանց քաշած նեղութենի հարիր փայից մինը կարա՞ն քաշիլ...»:

Այս ասելով, ուստի Պետին ուղեկիցներին առաջնորդեց դեպի մոտիկ կալը, ուր այդ միջոցին մի մայր, երկու հասակավոր և մի փոքր աղջիկ, ութամյա մի տղայի հետ, զբաղված էին ցորեն կալսելով: Մայրը եղանը (հեծանոց) ձեռքին, պտտում էր կալի շուրջը և շարունակ հասկերը հավաքում կալա մեջ, ուր պտտում էին երեք զույգ կամներ: Դրանցից երկուսը լծած զույգ եզներով, վարում էին երկու մեծ աղջիկները, իսկ երրորդը, որին լծած էր մի մատակ, վարում էր փոքրիկ, հեծնորդ եղբոր օգնությամբ:

Արևը թեպետ այրում էր վերևից, սակայն կալսողներն աշխատում էին ժրությամբ: Երկփեղկ կամները, որոնց վրա ամուր կանգնած էին աղջիկները, պտտում էին կալում զույգը զույգի հետևից և իրենց կայծքարե սրածայր ատամներով անտեսանելի կերպով ցողունը կարտում, հասկերը տրորում և կալի հարդածածկ մակերևույթի վրա ցորենը փռում: Փոքրիկ տղան շարունակ երգելով, կամ ճչալով խրախուսում էր յուր ձին, որ առաջնորդում էր եզներին, մինչդեռ աղջիկները համեստ ու լռակյաց, երբեմն միայն հարվածում էին ամոլներին, երբ սրանք ծանրացնում էին իրենց ընթացքը, կամ ցռուկներն իջեցնում դեպի փափուկ հարզը, մի քանի ցողան հափշտակելու հուսով:

— Տեսնո՞ւմ ես, — մատնացույց արավ Պետին աշխատողների վրա, — սրանք Ավանանց ըխեքն են: Հերը՝ մենծ տղի հետ իրեն հանդումը ուրիշի հունձն ա անում, թե ինչ ա, կարա մի քանի շահի տուն բերել, ըստեղ էլ կնիկն ու աղջկեր իրանց կալն են կալսում: Չորսն էլ կինարմատ են, էն պստիկն ա տղա. ամա դե դիփ էլ տղամարդի բարեբար գործ են շինըմ: Հենց գիտում ես հե՞շտ բան ա էս կեծ արևի տակին սաղ օր կաղնիլն ու պտիտ պտիտ անի՞լը: Ձեր խանըմներից (տիկիններից) մինը, թե որ հինգ մնուտ էս կամներից մնի վրեն մնա, գլուխը շուռ կտա, տափը կպրանի (վայր կընկնի)։ Հրես դու էլ տղամարդ ես, ամա կարում չես տաքին դիմանալ, զոնդիկը բռնել ես, որ արևով չընկնես։ Ամա էն ջահել աղջկերքը, տե՞ս, ըսկի այնումընին (հոգերնին) ա՞, ուրախ-զվարթ իրանց գործին են։ Էս ա, երկու սհաթից ետը բանը քութահ կանեն (կվերջացնեն), Ավանն էլ տղի հետ հանդից կդառնա երկսով, յա իրեքով, եղանը ձեռք կառնեն, դարմանը քամուն կտան, մութը հլա չընկած, ցորենը տուն կբիրեն, դարմանը մարաքը կածեն, իրանք էլ կզնան ասծու տված մի կտոր հացը կուտեն ու կքնեն։ Հմի ասա տեսնամ, ըռավոտից իսչկլի րիկուն բանած, վաստակած էդ խալխի հմար շատ հարկավո՞ր ա, որ ամարաթ չունե՞ն, յա չէ փափուկ կողինք, որ միջումը քնե՞ն։ Ա՛յ, հենց էս կտրանը, յա չէ տանը տափի վրեն, մի խսիր են գցում հու պրանում. դժարն էն ա, որ աչքը հուփ կալան (փակեցին), ընենց դինջ քնում են, որ ասես դրախտումն են։ Ամա ձեր տեղը, էն ամարաթների միջումը. շատերը կարում չեն թե գշերը քնեն, փափուկ կողինքումը տապակ-տապակ են գալի։ էդ նրա հմար ա, որ գործ չեն շինում, ջանըներին ջափա (նեղություն) չեն տալի, թե ինչ ա, մի քիչ էլ ա հոգնեն, անուշ քնի համ տեսնան։ Հմի դու կասես թե ըստոնք էլ էդ ա մինջա (մի հատ) կալ ունեն, ըսօր կպըրծնեն, էգուց էլի պարապ են։ Ամա դե դիե չի։ Ա՛յ, ըստեղ համեցեք, ուրիշ բան շանց տամ։

Այս ասելով Պետին առաջնորդեց ուղեկիցներին դեպի մի ուրիշ կտուր և այդտեղից ցույց տվավ դիմացի տան սրահը, ուր մի քանի կանայք նստած բուրդ էին դիզում։

— Տեսնո՞ւմ ես, ըստոնց կալաբանը վերչացել ա, ցորենը խորել են, դարմանը հվաքել. տան իրեք տղամարդից միննէն ա մալի (ապրանքի) հետ, մեկելը ձիանը առած, քրահտառություն ա անում, մինն էլ մեշումը տախտակ ա քաշում։ Կընանիքն էլ, տեսնո՞ւմ ես, պարապ չեն ըսկի, սանդերքը առաջներին՝ հայ-հայ (շտապ-շտապ) բուրդ են զզում։ Հրեն, էն պառավն էլ տեսնո՞ւմ ես, ճխարակի տակին, լուսինը չծեզած՝ նա ըստեղ նստած ճլվըզտացնում ա, հարսների զզած բրդից թահր-թահր (տեսակ-տեսակ) թել ա մանում. բարակը՝ շալի հմար, միջնարկը՝ գուլբի, մի քիչ հաստը կարպետի, չվալի, յա խուրջինի. քոլքի (տականք) թելիցն էլ չվան են գործում, յա յարիդ (թոկ) հլորում։ Ասենք էդ բաները հմի չեն անում։ Էս ա ձմեռը որ գա, ձյունը դուսը կոխի, մեր կնանոց ներսի գործը. ըտենց բաներ ա ըլելու։ Ա՛յ, տեսնյո՞ւմ ես էս չուխեն (կապա) ու շալվարը, սրանց թելը մերս ա մանել, շալը կնիկս ա գործել: Էնքան պինդ ա, որ հինգ տարի կդիմանա, էս տոլաղներս (սռնապան) քվորս բանն ա. գուլպաներս իմ պստի աղջիկն ա արել: Ուզում եմ ասել, որ մեր կնանիքը պարապ օր չունին. վարուցանից, հունձ ու կալից, չիր ու բլիթից եղը, գալիս են ընենց բաները: Հաց ու լվացը, կար ու կարկատանն էլ համեշա (միշտ) կա ու կա:

— Ա՛ Պետի, բա խի՞ քու բիբու (մորաքրոջ) վեստանը (ոստայն) շանց չես տալի, իրեն էյվանումը երիանած, — մատնացույց արավ քահանան:

— Դե էն ա, տենում ա ըլի՞, — նկատեց Պետին:

— Տենում ա, հա՛, ամա դե մին ասա, թե էն ի՞նչ ա է՛:

— Ի՞նչն է ի՞նչ, — հարցրեց Պետրոսը:

— Այ, էն զորբա (զորեղ) սարը, — շարունակեց քահանան, ցույց տալով տներից մեկի սրահում կանգնացրած գորգի ոստայնը. — նրա էրզենքը հինգ զազ ա, լենքը՝ իրեք: Էն ա որ գյործեն պրծնեն, կարպետի էրզենքը տասը զազ ա դառնալու: Էդ սրա բիբու տունն ա. չորս տղա ունի, չորս էլ հարս: Էն ու գյորա (ըստ այնմ) էլ աստոծ պահած, բոլ թոռներ, տղա ու աղջիկ: Նրանց կեսը հունձ ու կալով ա ըլած (զբաղված) կեսն էլ իրեն շար են ընկել վեստանի ռաջին, կարպետը գործում են: Մին էրկու ամսից եղը պատրաստ ա ըլելու, հարիր մանեթն էլ ականջիցը կախ:

Կամսարյանը հետաքրքրվեց գորգի գործով և հարցրեց, թե արդյոք չի՞ կարելի մոտ գնալ ու նայել:

— Բա խի՞ չի կարելի, գնանք, — ասաց ուստա Պետին և առաջ անցավ:

Տան սրահին մոտենալուց, ոստայնի առաջ նստող հարսներն ու աղջիկները ոտի կանգնեցին, նրանցից առաջինները երեսները սքողեցին, մինչդեռ վերջինները հետաքրքիր աչքերով նայում էին եկողներին: Գորգի գործին նայելուց առաջ, Կամսարյանի ուշադրությունը գրավեցին կանանց տարօրինակ հագուստները, որոնք, իրենց տեսակում, ներկայացնում էին տգեղության մի ուրույն տիպար: Նրանք, իսկապես, որոշ ձև չունեին, այլ կազմում էին զանազան տարազների աններդաշնակ մի խառնուրդ: Կանանց գլուխներն, օրինակ, կապված էին վիրականի նմանությամբ, մինչդեռ բերանները ծածկված էին քնթակալով, արցախեցվոց պես: Հագուստնին էլ կարճ ղերիա, որի տակից մոտ երկու թիզ երկարությամբ երևում էր, նուխեցի: կանանց հատուկ, կարմիր ու լայն վարտիք. դերիայի վրայից կապած ունեին գոգնոց, իսկ նրա վրայից հագած թաթար կանանց բաճկոնակ: Այդպիսով այդ հագուստը, որ մեծ մասամբ հին էր և պատառոտուն, ստանում էր մի տգեղ ձև, որ ավելի ևս տգեղացնում էր կանանց կազմվածքը, որն առանց այն էլ հեռուի էր գրավչությունից: Նրանց մեջքերնին հաստ էր ու տափակ, փորերնին դեպի կուրծքը բարձրացած, դեմքերնին տգեղ, բերաննին մեծ, իսկ մորթերնին արևահար: Կանանց ձևով հագած էին և աղջիկները, միայն այն զանազանությամբ, որ սրանց երեսները բաց էին և միայն գլուխները ծածկված հասարակ չթե աղլուխով:

Մինչդեռ Կամսարյանը զննում էր կանանց տգեղ արտաքինը և հիշում Աբովյանի «Վերք»-ում կարդացած նկարագիրը հայ գեղջկուհու մասին, ուստա Պետին մոտեցավ ոստայնին, բացատրություններ տվավ նրա կազմության, թելերը հինելու, գորգը գործելու և այն կտրելու, կամ ոստայնի վրայից հանելու մասին: Ապա դառնալով հարսներին ասաց,

— Բի՛, խի՞ եք կաղնել, նստեցեք բան արեք, էս դոնաղը ճանփորդ ա, ուզում ա տենալ՝ ո՞նց եք կարպետ զյործում:

Կանայք իսկույն իրենց տեղերը բռնեցին և գույնզգույն թելերը նորեն ձեռք առնելով, սկսան արագ-արագ գործել՝ յուրաքանչյուրն յուր բաժին հինվածքի վրա:

Այս անգամ արդեն Պետրոսը դիտում էր գեղջկուհիների գործը ճշմարիտ հետաքրքրությամբ, և զարմանում, թե ի՞նչպես նրանք, առանց առաջները որևէ նկար ունենալու, թելերի այդ պարզ հինվածքի վրա հետզհետե հանում էին կանոնավոր գծերով գեղեցիկ նկարներ, կամ թե ի՞նչպես մի քանի զույգ ձեռքերի զատ-զատ գործվածքը վերջն ստեղծում էր մի ամբողջ նկար:

— Ա՛յ, սա լավ բան էր, սրան հավանեցի, — ասաց Կամսարյանը, երբ նրանք հեռացան գորգ գործողներից:

— Ա՛ մեր ո՞ր բանը չի լավ է՛, դու հլա ի՞նչ ես տեհել, — պարծեցավ տեր-հայրը:

Այս խոսքի վրա նրանք անցնում էին մի ուրիշ տան բակով, ուր ընտանիքի մայրը և յուր երեխաները զբաղված էին մի տարօրինակ աշխատությամբ:

Բակի մի անկյունում տղաներից երկուսը մերկ ոտքերով ու սրունքներով կոխկրտում էին մի ինչ-որ սև զանգված, որի վրա երրորդը հետզհետե ցրում էր դարմանի ավելցուկ: Մի փոքր հեռու, մայրը նույն զանգվածից մի մասն առանձին առած, մեծ ջանքով հունցում էր, իսկ միջահասակ մի աղջիկը կռները սոթտած, այդ հունցվող մասից շինում էր բլիթներ և ուժով զարկում տան արեգընդդեմ պատին, այնպես որ կրաշաղախով ծեփված այդ պատը, հետզհետե սևուկ բլիթներով ծածկվելով, ստանում էր մի շատ աղտեղի կերպարանք:

— Այդ ի՞նչ են անում, — հարցրեց Կամսարյանը:

— Ցան են շինում, — պատասխանեց տանուտերը:

— Ցա՞ն:

— Հա՛:

— Ի՞նչ բան է ցանը:

— Ցան չե՞ս գինալի, էն որ էսօր մեր օջախ կվառեր: — Ցան սրանք աթարին են ասում, հրեն էն, որ ընդի ամբյուղ տված (դիզված) ա, — բացատրեց տեր-հայրը, ցույց տալով Կամսարյանին դիմացի բակում գտնվող քակորի կույտը:

— Ի՞նչից են պատրաստում, — հետաքրքրվեց Պետրոսը:

— Չես տենում ինչի՞ց ա, — հարցրեց քահանան:

— Տեսնում եմ միայն սև-կանաչ գույնի մի ցեխ. կարծեմ մեջը խառնված է տավարի...

— Ոչ թե խառնված ա, հենց ինքը տեղն ու տեղը տավարի թրիք ա, — ընդհատեց քահանան և ապա կամենալով մի գիտական ծառայություն անել երիտասարդին, սկսավ բացատրել, թե ինչպես են պատրաստում աթարը: — Էս որ կա, ամենից լավ տեսակն ա, չուն տավարի անխառն թրիք ա: Սրան էս, ա սըհենց թազա-թազա (թարմ) հվաքում են, հետը դարման խառնում ու պատի վրեն բլիթում: էս որ չուրանա, ընենց ա էրիլու, ոնց որ խազալը (չոր տերև): Ամա էն մեկելը, որ ընդի դարսած ա, ըսենց չեն շինում: Եփոր ձմեռը տավարը տանն ա ըլում, կյումումը (գոմումը) բոլ (առատ) թրքում ա. էն թրիքը հվաքում են դյուս բիրում հայաթն (բակ) ածում, նրա հետ էլ շատ վախտ խառնում են ձիան թրիք, յա ոչխարի կտիտ. ամա դե լավն էն ա, որ ըսկի չխառնեն, չուն նրանք լավ չեն էրում: Ետո էդ հայաթի մեջ ածած թրիքը մի ղոլից կոխ են տալի մարդ թե անասուն, մի ղոլից էլ վրեն ավելացնում: Գարունքին երբ որ տավարը դյուս ա գալի չոլ, հայաթի թրիքը շատ կոխ տալուց չուրացած ու տափակած ա ըլում: Էն ա, սկսում են բահով կտրիլ ու մեկել երեսով արիվումը շարիլ: Եփոր լավ չուրանում ա, սկսում են դարսիլ, դեզ շինիլ:

Վերջը էդ դեզի չորս դողը ցխով ծեփում են, որ անձրևից չթրջվի, յա արևից ցրիվ չգա: Ում աթար էլ, որ գարունքին չորացած չի ըլում, նա էլ պահում ա, ամառը կտրում: Ընենցով ամեն մարդ իրա վառելիքի պատրաստութինը տենում ա, որ ձմեռը նեղութին չքաշի:

— Եվ բոլոր տարին, ուրեմն, դուք այդ զարշահոտ քակո՞րն եք այրում, — հարցրեց Կամսարյանը զզվանքից երեսը թթվեցնելով:

— Էլ խի՞ ա զարշահոտ. դու որ սվոր չես, քե դիհե ա թվում, ամա մեզ հմար ամոթ չըլի ասիլը, հլա մի քիչ էլ անուշահոտ ա, — ասաց քահանան ու ծիծաղեց:

Կամսարյանի դեմքին խաղաց մի ժպիտ, որ արտահայտում էր խոր արհամարհանք: Տեր-հայրը, սակայն, չըմբռնեց այդ ժպիտի նշանակությունը, մինչդեռ ուստա Պետին չկարողացավ լռել.

— Աղա՛, մեզ վրա տենում եմ, ծիծաղում ես. դե որ դիհե ա, մի ասա՛ տենեմ ո՞նց անենք. մեր հացն ընչո՞վ թխենք, կերակուրն ընչո՞վ էփենք, յա տունը ընչո՞վ տաքացնենք:

— Ինչո՞վ է եփում կամ տաքացնում մալականը:

— Փետով:

— Դուք էլ փայտ վառեցեք:

— Բա որ փետ չունե՞նք:

— Ինչո՞ւ նա ունի:

— Մեշան նրանցից մոտ ա, մեզանից հեռու, համ էլ նրանք հարուստ են, մենք աղքատ: Էն փողը որ պտի տանք փետի, տալիս ենք մի ուրիշ պակասութենի. օրինակ, մի ձի ենք առնում, որ մեզ հմար բան անի, յա կով ենք ձեռ բիրում, որ նրա կաթով րեխանցը պահենք, յա չէ շորի, փալասի ենք տալի, որ մեր տանեցոց տկլորութինը ծածկենք. պակասութին շա՛տ, ես ո՞ր մինն ասեմ: Էս տավարի թրիքն էլ, որ ուրիշ գեղերում տան բռաջին կիտում են, շենը հուտացնում, մենք փետ ենք շինում, էրում, ըսենց դեյրաթ (խնայողություն) անելին, յա նամուս պիհելին խի՞ չես հվանում:

— Դա ոչ դեյրաթ անել է և ոչ նամուս պահել, այլ ուղղակի ծուլություն: Օգտվում եք այն բանից, ինչ որ ունիք, ինչ որ պատրաստ կա, թեկուզ այդ պատրաստը լինի՝ կեղտ կամ ապականություն:

— Ուրեմն, քու ասիլով մենք ծյուլ մարդիկ ենք, էլի՞:

— Հա, ծույլ եք, ծույլ որ չլինեիք, հիմա այս սարերը ծառերով ծածկել էիք, անտառը բերել, ձեզ մոտեցրել: Ժամանակով երևի այս լանջերը ծածկված են եղել ծառերով, ձեր պապերը նրանց անխնա կոտորել են, դուք էլ ահա, եկել մի շիվ չեք տնկում, ճարներդ կտրած, իհարկե, քակոր պիտի այրեք, ուրիշ ի՞նչ անեք:

— Էդ քու ասիլով քակորը, որ փիս բան ա, — մեջ մտավ քահանան, — բա խի՞ աստվածաշնչում մարգարեն ասում ա՝ «ահա, ետու քեզ քակոր արջառո... և նովավ արասցես զհաց քո...»: Ուրեմն, աստոծ էլ ա հրամայում, որ հացը քակորով թխենք:

— Էհ, տեր-հայր, դու էլ մի քանի բան ես բերան արել, տեղի անտեղի խարջում ես... խոսք եմ ասում, խոսքս լսիր, — նկատեց Կամսարյանը տաքանալով:

— Ո՞նց թե մի քանի բան... ուզում ես սաղ Դավթի սաղմոսը, յա Առակյաց գիրքը, յա Ժողովրդին գլխից ինչ կըլի տակը անգիր ասեմ, մզյար դու տեր-Վանուն ընչի՞ տեղ ես դրել:

Կամսարյանն այս անգամ նույնիսկ ուշադրություն չդարձրեց քահանայի խոսքերին և դառնալով Պետուն ասաց.

— Այո, բարեկա՛մ, այս ժողովուրդը ծույլ ժողովուրդ է. նա որ ծույլ չլինի, կաշխատի, մարդավարի կապրի, սա կյանք չէ, որ նա վարում է. սա գյուղ չէ, ուր նա ապրում է. նայիր է՛. մի կոտրված ձեռք չի գտնվել այս ամբողջ շենի մեջ, որ մի տեղ գոնե մի հատ ծառ անկե... սա խայտառակություն չէ՞:

Այս ասելով նա դարձավ տանուտերին և ցանկություն հայտնեց տուն վերադառնալու, որովհետև ման գալուց արդեն հոգնել էր: Քահանան ու Պետին բաժանվեցին նրանցից, իսկ տանուտերն յուր հյուրին առաջնորդեց դեպի տուն:

ԺԲ

Արևը մայր մտնելու մոտ, ծովակի կողմից սկսել էր փչել զով քամին, որին գյուղացիք սպասում էին ժամեժամ: Նրա անելիք ծառայությունը մեծ էր: — Ցորենի խուրձերը կալսել, հասկերը տրորել էին, այդ քամին պիտի գար, որ դարմանը զատեր: Եվ ահա կալերի վրա, որոնց մեծ մասը գտնվում է կտուրներին, սկսվել էր մեծ շարժում: Ամեն տեղ ձեռքերը գործում էին ժրությամբ, եղանները բարձրանում ու իջնում էին և իրենց հետ միասին օդի մեջ մրրկում հարդի փոշեխառն վիժակներ: Դրանցից քամին դարմանը խլելով տանում, փռում էր կալի եզերքին, իսկ ցորենը նորեն գետին իջնելով, կազմում էր մաքուր հատիկների կույտեր:

Կալերում սկսված այդ աշխատանքը գյուղի օդը տոգորել էր դարմանի մղմեղ փոշիով: Երիտասարդ Կամսարյանը մի քանի տեղերից անցավ զրեթե փախչելով, որպեսզի օդում փոթորկվող այդ փոշիից ազատե թե՛ թոքերը և թե՛ հագուստը: Երբ նա տուն հասավ, մի առանձին հաճությամբ նայեց սրահում դրված ինքնաեռին, որ հակառակ սպասածին, բավական մաքուր էր և որի մեջ ջուրը եռում էր արդեն: Տան տիկինը սպասում էր ամուսնուն, որ սա գա թեյը պատրաստելու, ըստ որում գյուղերում այդ ոչ սովորական գործողությունը կինը յուր ուժից և իրավունքից վեր բան է համարում:

Թեյ խմելու մեծ ցանկությունը հիշեցրեց Կամսարյանին ճաշի պատրաստության բոլոր պատմությունը և զգուշացրեց նրան միջոցներ ձեռք առնել, մաքուր թեյ խմել կարենալու համար:

— Ես լավ թեյ ունիմ, թողեք նրանից դնեմ, — ասաց երիտասարդը և առնելով թեյնոցը, որ հենց նոր տանուտերը ստացել էր կնոջից, յուր ձեռքով լվացավ, մաքրեց հին կեղտերից և ապա տուն մտնելով, հանեց պայուսակից յուր թանկանոց թեյը, մի քանի պտղունց դրավ թեյնոցի մեջ, եռման ջրով մի անգամ ողողեց և ապա նորեն վրան ջուր լցնելով, դրավ ինքնաեռի վրա:

— Էդ իմա՞լ օղողիր, չայի խամ կորսըվավ, — նկատեց տանուտերը:

— Չէ, չի կորչիլ. չայի վրա մի անգամ պետք է քիչ ջուր լցնել, թափել, որ փոշիից մաքրվի և ապա նորից լցնել,— բացատրեց Կամսարյանը:

— Մե խետ պրիստավ էկավ մեր գեղ, մեզի ղոնաղ եղավ, ինչոր չայ ուզեցի քեզի պես վլամ (լվամ), էն չթողզեց, ասավ խարաբ կեղնի:

— Պրիստավը չի հասկացել, — կարճ կապեց Կամսարյանը:

Թեյը պատրաստելուց հետո, երիտասարդն յուր ձեռքով լվացավ նաև բաժակներն ու պնակները և սեփական սրբիչով սրբեց: Ապա թեյն ածելով, բաժակներից մինը դրավ տանուտերի և մյուսն յուր առաջ: Հետո հանեց նույնպես մաքուր քսակից շաքար և դրավ մեջտեղ:

Տանուտերն յուր բաժակն առնելով մի ումպ ճաշակեց և բացականչեց.

— Օխա՛յ, էս ի՞նչ անուշ ա. իմա՞լ մեր չայ իսենց խոտ չի տալում: Էրևում ա, մենք շինել չենք զինա:

— Չէ, ոչ թե շինել չգիտեք, այլ ձեր չայը լավ տեսակից չի լինում, լավ տեսակը թանկ է:

— Խա, իդե՞նց ա, — համաձայնեց տանուտերը:

Բայց ինչպես երևաց, վերջինս չար աչք էր ունեցել, երիտասարդը դեռ բաժակը բերանը չէր տարել, որ նոր բարձրացած մի քամի, հարևան կալի կողմից, բերավ մանրամաղ դարմանի փոշին ու տանուտերի սրահը լցրեց: Պետրոսն իսկույն փակեց աչքերը փոշիից նրանց ազատելու համար: Ապա՝ երբ քամին անցավ, առաջին բանը, որ նա տեսավ, յուր թեյի բաժակն էր, որ ամբողջովին ծածկվել էր դարմանով ու փոշիով:

— Ֆու, ի՛նչ խայտառակություն, — շշնջաց նա ինքնիրեն և բաժակն առնելով, թեյը թափեց գետին:

— Էդ իմ՞ալ դենածիր, դարման ա, բան չկա. ա՛յ, ձեռքով դուս խանեմ, հմմենը կթամըզի, — ասաց տանուտերը և մատները խրելով յուր բաժակի մեջ սկսավ դարմանի փշուրները հանել և ապա խմել:

Կամսարյանը թթված դեմքով նորեն լվացավ բաժակը, նորեն լցրեց և այս անգամ արդեն զգուշության համար պնակը դրավ բաժակի բերանին, որպեսզի մինչև սառչիլը փոշի-բան չընկնե մեջը:

— Դժվար է, շատ դժվար է այստեղ ապրել, — նկատեց Կամսարյանը գլուխը շարժելով:

— Խա, քե նման աղա մարդու խմար դժար ա. ամա մեզ խմար խեշտ ա, — հարեց տանուտերը և խոսակցությունը այս անգամ սրանով վերջացավ:

Մութը կոխելուց տանուտերը կամենում էր ընթրիքի պատրաստություն տեսնել, բայց Պետրոսը ասաց, որ չի պիտի ընթրե, միայն խնդրեց, որ իրեն քնելու տեղ ցույց տա, որովհետև շատ հոգնած է և կամենում է հանգստանալ:

Տանուտերն առաջարկեց քնել ներսի տանը, ասելով, որ դրսում կարող է մրսել, որովհետև գիշերը ծովի կողմից երբեմն փչում է ցուրտ քամի:

Պետրոսն համաձայնեց և ներս գնաց, որ տեսնի թե ո՞րքան է այդ տունը հարմար, գոնե մի գիշեր քնելու համար: Բայց ինչպես ցերեկով, նույնպես և այժմ, այդտեղ բուրում էր խոնավության ու ծուխի անախորժ հոտ:

— Այստեղ չեմ քնիլ, — ասաց նա և դուրս եկավ:

— Էս մի օթախն էլ տես, թե խավնիս, իստեղ քնա, — ասաց տանուտերը և բաց արավ սրահի վրա գտնվող մի ուրիշ դուռ:

Պետրոսը ներս մտավ: Դա սենյակի նման բան էր, միջից ցածր ցանկով կտրված: Առաջին մասը փոքր ի շատե մաքուր էր և պատի տակն ուներ տախտակաշեն մի թախտ: Միայն թե այստեղից էլ փչում էր թրիքի չափազանց սուր հոտ:

— Այս հոտը ո՞րտեղից է, — հարցրեց Պետրոսը քիթը վեր քաշելով:

— Էն մեկել յանը տավարի գոմն ա. խոտը նրանից ա. ամա տավար իստեղ չի, էն դրսի յանն ա, մինակ ձին ա կապած:

— Դուք, ուրեմն, այստեղ նստում կամ քնո՞ւմ եք:

— Խրամանք ես, ձմեռը շատ փայ էսոր մեջ ենք նստելում յա քնելում, ընդուր որ տավար մեչն ա ըլում, էդ պատճառի էլ տաք ա ըլում:

Պետրոսը գլուխը շարժեց և դուրս գնաց:

— Այստեղ լավ է, այստեղ կքնեմ, — ասաց նա ցույց տալով սրահում դրած թախտը:

— Կամք խրամանքիդ ա, — պատասխանեց տանուտերը և հրամայեց Սալբիին անկողին պատրաստել:

Մինչդեռ երիտասարդին պաշարել էր այն միտքը, թե ի՞նչ անկողին պիտի բերեն իրեն և թե արդյոք ինքը կարո՞ղ պիտի լինի քնել նրա մեջ, տանտիկինը դուրս հանեց գունավոր կտավի մի կապոց, որի մեջ խնամքով պահված էր մի ձեռք մաքուր անկողին: Նա բացավ կապոցը, անկողինը պատրաստեց և հեռացավ:

Պետրոսը անկողնի մաքրությունը տեսնելով, հանգստացավ: Բայց անհայտ անմաքրությունից ազատ լինելու համար էլ նա կարևոր համարեց հանել պայուսակից երկու մաքուր սավան, որոնցից մինը փռեց ներքնակի վրա, իսկ մյուսը՝ վերմակի տակից: Երբ տանուտերը «բարի գիշեր» մաղթելով հեռացավ, Պետրոսն իսկույն հանվեց ու պառկեց: Հոգնածությունն ու զով գիշերը անուշ քուն բերին երիտասարդի աչքերին:

Հետևյալ առավոտ նա աչքերը բացավ արշալույսից առաջ: Եվ որովհետև այդ ժամին տանուտերի ամբողջ տունը ոտքի վրա էր, ուստի ինքն ևս շտապով հագնվեցավ: Կամենալով լվացվել աղբյուրի սառը ջրով, նա յուր հետ առավ լվացման պարագաները և հարցնելով աղբյուրի տեղն ու ճանապարհը, ուղղվեցավ այն կողմը:

Ուղին, որ տանում էր դեպի ջուրը, անցնում էր մի թմբից, որի առաջ այդ վայրկենին բացվում էր բնության գեղանկար մի պատկեր, որի հանդիսարանը Գեղամա ծովակն էր: Այդտեղից նայելուց երևում էր նրա ընդարձակ դաշտը, որ կարծես շրջակա լեռները ետ մղելով, ձգվում, տարածվում էր դեպի արևելյան հարավ, փայլելով առավոտյան վճիտ երկնքի տակ գորշ-կապույտ գույնով: Թեթև մկանունքները հազիվ շարժում էին խաղաղ մակերևույթը, որ հեռվից թվում էր անշարժ ու միապաղաղ: Քանի դեռ արևելքը չէր բոցավառվում, երկնքի վրա լողացող ամպերից նրա հոսանքներում անդրադառնում էին սպիտակ ու մոխրագույն շերտեր: Բայց երբ նա շառագունեց, ծովակն սկսավ փոխել յուր պատկերը: Շրջակա ափերը փայլփլում էին ոսկու պես, մինչդեռ խոր հարավը հետզհետե ներկվում էր քրքումի գույնով: Մի փոքր ևս, և ահա արևի սկավառակը փայլեց Մարալ-Դաղի կանաչազուրկ կատարին և յուր առաջին ճառագայթներով սկսավ ոսկեզօծել լճի արևմուտքը բռնող Չիչեկլիի և հարավը փակող Յուչթեփելերի լանջերը: Այդ տեղերից հետզհետե նրա շողերն իջնելով՝ վառում էին Սևանի մենավոր կղզին և ապա ծովակի ընդարձակ մակերևույթը, փոխելով նրա գեղածուփ մկանունքները ոսկու կամ արծաթի, և փայլեցնելով նրանց բյուր ադամանդ աչքերով:

Երկար դիտելով այդ գրավիչ տեսարանը, Կամսարյանը հանկարծ ետ նայեց դեպի գյուղը, տեսավ նրա գձուծ և տխուր պատկերը, հիշեց այն ամենը, ինչ որ մի օրում նա այդտեղ տեսել ու քննել էր և նրա սրտից ակամա դուրս թռավ մի հառաչանք:

— Ա՜խ, եթե կարողանայի, եթե հնարավոր լիներ...

Այդ նրա բարի, գաղափարական «ես»-ի ձայնն էր, որ բնության հրաշափառ տեսարանի առաջ դարձյալ իշխեց հնչելու... բայց անձնասիրության «ես»-ն ևս քնած չէր այդ ժամանակ, նա էլ յուր կողմից շշնջում էր երիտասարդի հլու ականջին.

— Իհարկե, չես կարող, իհարկե, անհնար է... այս ժողովրդի կյանքն ու վիճակը քսաներեք դար առաջ այսպես է նկարագրել Քսենոփոնը, քսաներեք դար հետո էլի այսպես կնկարագրե մի ուրիշ Քսենոփոն... այստեղ դու ոչինչ փոխել չես կարող:

Ըստ երևույթին այդ «ես»-ին էր վիճակված տանել հաղթությունը: Որովհետև երբ երիտասարդն աղբյուրին հասնելով տեսավ նրա վիճակը, — մի հորդառատ ու վճիտ աղբյուր, որ մարդկանց ծարավը հագեցնելու համար սողում-անցնում էր Այծեմնասարի ո՞վ գիտե քանի թաքուն խորշերից և հասնելով այստեղ, փոխանակ սրբատաշ ավազանում ցայտելու, անարգ ու անպատիվ գետահետում էր ընդարձակ տիղմի և անասունների արտաթորության միջով — նա գլուխը շարժեց և ասաց.

— Ոչ, անկարելի է, մեր ուժերից վեր է... դա միայն ցնորք է և բանդագուշանք. ես իզուր եմ այստեղ ժամավաճառ լինում:

Այսպիսի որոշման գալուց հետո, այսուամենայնիվ, աղբյուրի ականակիտ վիճակը հրապուրեց երիտասարդին: Նա տիղմի մեջ ընկած քարերը կոխելով մոտեցավ սառ ջրին, առատորեն լվացվեցավ և երեսը սրբելով, վերադարձավ գյուղը:

Ինքնաեռը դարձյալ եռում էր: Առաջին օրվա եղանակով Պետրոսը պատրաստեց թեյը և հրավիրելով տանուտերին, սկսան խմել և դրա հետ միասին էլ վայելել լոշից, պանրից և խաշած ձուերից բաղկացած մի նախաճաշ: Դրանից հետո տանուտերը հայտնեց հյուրին, որ ինքը մի քանի ժամով մինակ պիտի ձգե նրան, որովհետև հանդումն անհրաժեշտ գործ ունի:

— Իսկ ես կամենում եմ գնալ Սևանը տեսնել և հենց այսօր էլ վերադառնալ Դիլիջան, — ասաց երիտասարդը, ինքն էլ զարմանալով, որ կարողացավ այդպես շուտ յուր որոշումը հայտնել ուրիշին:

— Էս մի օրվա մեջ Սևան էթալ, դառնալ ու էստիեն մին է: Դիլիջան հիջնել դժվար ա. ես քե ինենց եմ խեյրաթ (խորհուրդ) տալում, որ վանքեն դառնաս, գիշերն հանցնես մեր կուշտ, եղո էն բաշտան (առավոտանց) Սիմոնովկեն տրոյկը (սայլակ) ապսպրենք նստես էթաս:

— Շատ լավ, այդպես կանենք, — համաձայնեց երիտասարդը, ուրախանալով որ գործն այդպես հեշտ է վերջանում: Հետո ուզեց իմանալ թե ինչո՞վ պետք է գյուղից գնալ մինչև Սևան:

— Իստեղից ձի կխեծնես մինչև էն ճոճ թումբը, որ մեր հառեջն ի. ինոր մոտ կհիջնաս ծովի դրաղ, ինտեղից թյուֆենկով ձեն կըտաս, գյամըչին կգյա, կառնի կտանի:

— Ձիու հետ միասի՞ն:

— Չէ, ձին կթորգես ծովի դրաղ:

Կամսարյանը խնդրեց, որ տանուտերը տնից ելնելուց առաջ, վարձե յուր համար ձի, այլև մի ընկեր, որ առաջնորդե իրեն մինչև կղզու հանդիպակաց ափը, թեպետև այդ տարածությունը տասը վերստից ավելի չէր:

Կես ժամից հետո ամեն ինչ պատրաստ էր: Երիտասարդը թամբել տվավ ձին, յուր հետ բերած նոր թամբով, որ շատ գեղեցիկ էր և գրավեց մոտ եղող գյուղացիների հիացմունքը: Ապա մի ուսով կախեց դաշտային մեծկակ դիտակը, իսկ մյուսովն յուր նոր, գեղեցիկ հրացանը, որ առաջին անգամն էր պատյանից հանում և հետո ձին աշտանակելով՝ առաջ անցավ: Առաջնորդ գյուղացին, որ միևնույն ժամանակ ձիու տերն էր, զնալիք ճանապարհը ցույց տալուց հետո, հետևեց «աղին» ոտքով:

ԺԳ

Երկար չտևեց ճանապարհորդությունը, թեպետ Կամսարյանը կցանկանար, որ նա մի քիչ երկարեր: Որովհետև յուր նոր թամբի և աշխույժ ձիու վրա նա այնքան էր իրեն երջանիկ զգում, և փայլուն հրացանը, որ ուսից կախած էր, այնպիսի մի հարգարժան առավելություն էր տալիս իրեն, որ նրան թվում էր, թե այդպիսի տրամադրությամբ ու պատրաստությամբ ուղևորություն կատարած ժամանակ, ինքն հոգվով ու սրտով ավելի է «մեծանում», քան թե էր իսկապես, կամ ընդունակ դառնում կատարելու «մեծ գործեր», որոնց մասին նա առաջ այնքա՛ն շատ երազում էր, իսկ այժմ վախենում մինչև իսկ մտածել... Եթե երիտասարդի այդ տրամադրության վրա ավելացնենք նաև հրաշալի եղանակը, որ արևի թեթև ամպերով սքողված լինելու պատճառով զով էր ու դյուրական, այլև ճանապարհի հանգստությունը, ըստ որում խճուղին ո՛չ խոչ ուներ, ո՛չ խութ, նույնպես և լճափի անուշ հովերը, որոնք իրենց սույլի հետ բերում էին նաև դաշտային թռչունների բեկբեկ երգերի ձայներ, և վերջապես լճի սիրուն տեսարանը, նրա ալիքների ափնածիր ծփանքը, որոնք հաճախ գալիս, ողողում էին խճուղու եզերքն ու արահետը, այն ժամանակ հասկանալի կլինի թե ինչո՞ւ Կամսարյանը ցանկանում էր յուր ճանապարհը երկարեր: Բայց չնայելով այդ ցանկության, նա հասավ «ճոճ թմբին» ավելի վաղ, քան սպասում էր:

Անցնելով այդ թումբն եզերող ճանապարհը, նա, առաջնորդի ցուցմամբ, իջավ լճափը և մոտեցավ խճավազի մեջ ցցված ժայռերի մի շարի, որ համարվում էր նավամատույց: Լճափին կային նաև ուրիշ ուխտավորներ, որոնք սպասում էին կղզուց գալիք նավակին: Որովհետև այդ կետում (չնայելով, որ նա ավելի մոտ էր կղզուն, ուստի և ավելի էլ եկվորներ էր գրավում) չկային վարձու նավակներ, ըստ որում տեղը ամայի էր և բնակությունից հեռու, եկողը պետք է հրացանով նշան տար, որպեսզի կղզուց նավակ բերեին: Բայց որովհետև ուխտավորները հրացան չունեին, ուստի սպասում էին, որ կամ կղզուց նշմարվին և կամ բախտը իրենց մի հրացանավոր հասցնի: Վերջին ակնկալությունը կատարված էր: Կամսարյանն շտապեց փորձել յուր երկփողյա ամերիկականի զորությունը, դնելով նրա մեջ երկու փամփուշտ և արձակելով նախ՝ աջ և ապա՝ ձախ փողերից: Հրացանի ույժն արդարև սաստիկ էր և որոտն ահավոր: Կղզեցիներն, անշուշտ, իմացան, որ այդ ձայնը աղքատ գյուղացու հրացանի ձայն չէ, որովհետև երկրորդ հարվածից հետո իսկույն կղզու նավամատույցի վրա բուսան երեք հոգի, որոնք մտնելով այնտեղ կապած նավակներից մինը, սկսան առաջանալ դեպի եկվորները:

— Կըտենա՞ս, բարեկամ, — խոսեց ուխտավորներից մինը յուր ընկերոջ հետ, — քյասիբն ընրու խամար ա կորում,որ քյասիբ ա: Էս ճոճ մարդ եկած չըիլեր, մեզի սաղ օր կթորգին ըստեղ… էս խոքնորի արա՞րք ա:

— Ո՞վ է մեղավոր, որ դուք հրացան չունեք, որպեսզի նշան տաք, — մեջ մտավ Կամսարյանը, տեսնելով որ գյուղացին անիրավ տեղն է տրտնջում:

— Խրացան էլ ըլնի, գեղցուն էլի բանի տեղ չեն դնի, — առարկեց ուխտավորը:

— Ինչո՞ւ:

— Ընդուր որ գեղցին բան չունի նրանց տալու:

— Էհ, ամեն տեղ այդպես է, ով չի տալիս, նա չի էլ ստանում:

— Հմմեն տեղն ուրիշ ա, վանքն ուրիշ, էս խոքնոր տուն ա, բյությունն էլ (բոլորը) իստեղ խավասար ին, ոչ ճոճ պետք ա ըլնի, ոչ պստիկ:

— Բայց տեսնո՞ւմ ես որ կա:

— Խա, տեսնում եմ. իմա՞լ չեմ տեսնում, ընդուր խամար էլ ասում եմ, էս փիս բան ա, աստծուն տուրեկան չի:

— Բայց ախար առանց տալու էլ չի լինիր: Եթե ես չտամ, դու չտաս, մեկելը չտա, վանքն ինչո՞վ կառավարվի:

— Աստված խոքին լուսավորի խայոց թագավորների, էնքա՛ն

մալ ու դովլաթ ին թողե վանքի խամար, էնքա՛ն մյուլքեր, գեղեր, որ վանքն էլ ուտի, խայի քյասիբն էլ, ըսկի չի վերջանա մինչ գալուստն Քրիստոսի: Համա ի՞նչ անես, որ քյասիբին հեչ հիշկող չկա. ով որ զոռ ունի, էն առնում տանում ա: Դյուն, էրևում ա, դարիբ մարդ ես, վանքի ահվալ (դրությյուն) չիս գինա. ամա մենք մոտիկ ենք. հմմեն բանն էլ մեր հառեջն ա: Իստեղ մի սարկավագ կա, քառսուն տարիա վանքը կոխած ուտում ա. հեչ մինն էլ ա չասում՝ էդ իմա՞լ ես անում: Ճոճ ուխտավոր որ գալում ա, պաշտում, պատվում ա, ամա քյասիբին՝ հեչ դսի տունեն ներս էլ չի թորգում...:

Կամսարյանը, որ մի առանձին ջերմեռանդությամբ էր մոտեցել Սևանին և սրտատրոփ սպասում էր տեսնել ու համբուրել պատմական սրբավայրերը, ծանոթ չլինելով գյուղացիների բամբասասիրության, հալած յուղի տեղ ընդունեց գեղջուկի բոլոր խոսքերը: Եվ համոզվելով, որ, ուրեմն, հայոց սրբավայրերում իսկ անկարելի է հանդիպել մխիթարական երևույթի, ճշմարտապես տխրեց և այդպես նախապաշարված էլ ոտք դրավ անարվեստ ու հնաձև նավակը, որ արդեն մոտեցել էր ափին:

Երբ բոլոր այդտեղ գտնվողները, բացի ձիապանից, տեղավորվեցան նավակում, երկու հուժկու թիավարներ սկսան առաջ վարել ծանրաշարժ մակույկը, իսկ երրորդը ղեկը բռնեց:

Հեռվից կղզու տեսքը գրավիչ ոչինչ չուներ: Նա տխուր էր և մռայլ: Արևը, կարծես, այրել, մրկել էր նրան: Կանաչ ծառերի խումբը, որ երևում էր մասամբ եզերքին և մասամբ անշուք շինությունների հետևում, այլև բարդիների շարքը, որ պատում էր կղզու հյուսիսային ջրափը, չէին մեղմում նրա կոշտացած պատկերը: Կամսարյանին թվում էր, թե խիստ անհյուրընկալ մի տեղ է դա, ուր դարձյալ պիտի կրե ծանր հիասթափություն:

Բայց երբ նավակը մոտեցավ ափին և երիտասարդը ոտք կոխեց գետին, տեսավ, որ հեռվից չոր ու ցամաք և հազիվ բլրակի չափ երևացող այդ թումբը կանաչազարդ և բավական ընդարձակ մի գեղավայր է, հինավուրց ուռիներով տնկազործված: Կղզու դիրքը, հարավ-արևմտյան կողմից, ներկայացնում էր լայնադիր մի տափարակ, սիրուն կանաչով ծածկված: Այդ տափարակի վրա, լճակից քիչ հեռու, կարգով շինված էին ուխտավորների սենյակներ, որոնք իրենց կեսը դեպի հարավ, իսկ կեսը՝ արևմուտ ունեցած դիրքով, ներկայացնում էին կղզու ներսը փակող մի ուղիղ անկյուն և ծառայում այդ կողմից պաշտպանող պատվարի տեղ: Այդ շինության մեջ բացված դռնից մտնելուց, Կամսարյանի առաջ բացվեցավ մի ընդարձակ և սիզավետ բակ, որի արևմտյան և հյուսիսային կողմը երկարանալով ձգվում էր հեռու, մինչև լճափը և փակվում բարդիների և ուռիների շարքերով: Իսկ հարավ-արևելյանը կազմում էր վանքի բուն բակը, հովանավորված հաստաբուն և ստվերաշատ ուռիներով: Այս մասի շարունակության վրա գտնվում էին ս. Աստվածածնի սագաշեն եկեղեցին և միաբանության բազմաթիվ խցերն ու կացարանները, իսկ դրանց հետնից անմիջապես բարձրացող և բուն կղզին ներկայացնող բլրի վրա՝ Սնանի ուրիշ մատուռները:

Հենց վանքի բակում միաբանության անդամներից երկու աբեղաներ սիրով ընդունեցին թե՛ երիտասարդին և թե՛ մյուս ուխտավորներին և քաղաքավար հարցուփորձից հետո իմանալով, որ առաջինը շուտ պիտի վերադառնա, իսկ վերջինները պիտի գիշերեն, հրամայեցին փակակալին սենյակ հատկացնել գյուղացիներին և նրանց հարկ եղած պետքերը հոգալ, իսկ երիտասարդին իրենց հետ առնելով սկսան պտտեցնել կղզին:

Միաբանների քաղցր վարմունքը գեղջուկ ուխտավորների հետ մտածության առիթ տվին երիտասարդին: — Արդյո՞ք հոգևոր հայրերը յուր՝ իբրև զարգացած հյուրի ներկայությա՞մբ էր, որ այդպես քաղցր ընդունեցին գյուղացիներին, թե՞ նրանք հենց միշտ այդպես էլ ընդունում են նրանց և, սակայն, գյուղացիները սիրում են զուր տեղը բամբասել: Եթե այս վերջին ենթադրությունը ճիշտ էր, ապա պետք էր կարծել, որ հայ գյուղացին, ուրիշ շատ թերությունների հետ միասին, ունի նաև ստոր հակումներ:

Երբ այս մասին հարց տվավ Կամսարյանը աբեղաներին, նրանցից մինը պատասխանեց.

— Խավար ու գիջին նկուղներում, ուր որ արև չէ թափանցում, վխտում են միշտ զեռուներ: Գյուղերում այնպիսի խավար է տիրում և այնպիսի խոր տգիտություն, որ բնավ չպիտի զարմանաք, եթե տեսնեք, որ գյուղացին բամբասանքից ու զրախոսությունից զատ, վարակված է նաև ուրիշ չար ախտերով: Արև է հարկավոր, որ նրանց սառ հոգին ջերմացնե, նրանց մտքի անոթը լուսավորե, այդ արևը չկա՛, երբեք չէ ծագում, գյուղացին ի՞նչ անե...

Կամսարյանը, որ էդ վայրկենին մոռացել էր յուր ուխտը, կամ որին այնպես թվաց, թե հոգևորական եղած տեղը աշխարհականը չպետք է ժողովրդի վրա մտածե, մի անզուսպ պահանջ զգաց հիշեցնել հոգևոր հայրերին իրենց պարտականությունը:

— Ինձ թվում է, — ասաց նա, — որ հենց դուք ինքներդ կարող էիք դառնալ այդ արևը և ցրել գյուղերում տիրող խավարը: Ինչո՞ւ ուրեմն չեք անում: Մի՞թե, արդարև, ավելի լավ չէ մտնել ժողովրդի մեջ, ծառայել նրա բարոյական ու մտավոր շահերին, քան թե ապարդյուն ճգնիլ անապատում:

Խոսող աբեղան չպատասխանեց, բայց նրա ընկերը, որ ավելի երիտասարդ էր և ավելի աշխուժոտ, կանգ առավ հին մատուռի կիսավեր ավերակի առաջ, որի մոտով անցնում, էին, և ասաց.

— Չգիտեմ դուք ինձ ճանաչո՞ւմ եք թե ոչ, բայց ձեզ, պարոն Կամսարյան, ես լավ եմ ճանաչում: Այն ժամանակ, երբ դուք գիմնազիոնն ավարտելով՝ գնացիք Պետերբուրգ, ես էլ Ներսիսյան դպրոցն ավարտած՝ սարկավագ էի: Հետո անցա Էջմիածին և վարդապետ ձեռնադրվեցա: Իսկ այսօր, ինչպես տեսնում եք, ճգնում եմ Սևանում: Բայց չնայելով այս ճգնության, որ յուր ապարդյուն խստություններն ունի, այսուամենայնիվ, չեն մարած սրտիս աշխույժն ու եռանդը, ասպարեզ եղած տեղը կարող եմ գործել, իսկ չեղած տեղը՝ գեթ ազատ խոսել: Թույլ տվեք, ուրեմն, որ ձեր հարցին պատասխանելուց առաջ, ինքս ձեզ տամ մի հարց, որ, միևնույն ժամանակ, կլինի նաև ձեր պատասխանը:

Կամսարյանը լարեց ուշադրությունը:

— Ասացեք խնդրեմ, — շարունակեց աբեղան, — մինչև ե՞րբ պետք է դուք նման պահանջներ անեք մեզնից առանձին թե հրապարակով և հավատաք թե արդար պահանջ եք անում: Որ հոգևորականը աղոթելուց, մկրտելուց և թաղելուց զատ ուրիշ շատ վսեմ պարտավորություններ էլ ունի, այդ ես չեմ հերքում: Հոգևորականն, այո՛, կարող է լինել հենց այն արևը, այն պայծառ լուսատուն, որ փարատում է ժողովրդի մտքի խավարը: Նա յուր բարձր կոչման շնորհիվ մեծ էլ դյուրություն ունի այդ ժողովրդի ամեն խավերը մտնելու, յուր հոտի ամեն մի անդամին մտերմանալու, նրա սրտի, հոգվո և զգացմունքների հետ խոսելու և այդպիսով էլ մեծ արդյունք առաջ բերելու: Բայց ո՞ր հոգևորականը կարող է այդ անել. միթե մե՞նք, արդի հոգևորականներս: Երբեք: Մենք ինչացո՞ւ ենք. ո՞վ է մեզ տվել այդպիսի կարողություն, ո՞վ է մեզ պատրաստել դրա համար: Մենք հո երկնքից չե՞նք իջել, այլ ելել ենք ձեր միջից. ինչ որ դուք եք, նույնն էլ մենք, փշիցը խաղող չենք քաղիլ, ոչ էլ տատասկից թուզ: Տվե՛ք, որ ստանաք, սերմեցեք՝ որ հնձեք: Մի զուցե կարծում եք թե, հոգևոր կոչման հետ միասին, մենք ստանում ենք նաև խելք, գիտություն, գործելու շնորհ, կամ թե գերբնական մի զորության շնորհիվ, ազատվում ենք մեր մարդկային, սովորական կրքերից, ցանկություններից... Մի՞թե չգիտեք, որ հոգևորականների մեծամասնությունը հոգևոր կոչումն առնում է յուր վրա միայն յուր գոյությունը պահպանել կարենալու համար... Մի՞թե չգիտեք, որ ծուլությունը, հեշտ ապրելու տենչը, արիության և աշխատասիրության պակասությունն է, որ ծնվել է մեր այսօրվա հոգևոր պաշտոնյաների լեգեոնը և ոչ թե անձնվիրության ու առաքելության վսեմ գաղափարը, որի մասին նրանք նույնիսկ հասկացողություն չունին: Այո՛, գիտեք: Գիտեք նույնպես, որ հազվագյուտ բացառություններ են նրանք, որոնք այդ գաղափարով ոգևորված, մտել են հոգևոր զինվորության մեջ, հուսալով կարենալ օգտակար լինել ժողովրդին, բայց որոնք իրենց սակավաթիվ լինելու պատճառով՝ խեղդվում, ոչնչանում են հոգևորականության ամբոխը կազմող մեծամասնության մեջ... Այս այսպես լինելուց հետո, էլ ո՞րտեղ է մնում ձեր իրավունքը՝ պահանջներ անելու հոգևորականությունից: Պահանջներ անելու իրավունք գիտե՞ք ովքեր ունին. — այն հոգևորականները, որոնց ես բացառություն անվանեցի և որոնք հաճախ կսկիծը սրտում և արտասուքն աչքերին զենքը դնում են վար, որովհետև «Մեծավորը» հրամայում է «Սո՛ւս կաց, դու գիտում չես, առաջնորդը ես եմ, բակլան խաշած եմ ցանում»: Այո՛, այդ ճնշվածները, գործելու տենչով վառված, բայց միշտ իրավազուրկ զինվորագրյալներն են, որ իրավունք ունին պահանջներ անելու... այն էլ գիտե՞ք ումնից — ձեզնից, մտավոր ու նյութական հարստությամբ օժտված երիտասարդներից, նրանք են, որ պիտի ձեզ ասեն. — պարոններ, դուք ամեն տարի տասնյակներով ավարտում և վերադառնում եք հայրենիք, ձեր մտավոր պատրաստության շնորհիվ դուք լավ ըմբռնում եք ժամանակի պահանջը և ճանաչում ժողովրդի ցավերն ու կարիքը. միևնույն ժամանակ, ձեր բազմաթիվ լինելու շնորհիվ, դուք պատկառելի ուժ եք կազմում և այդ ուժով կարող եք մեծ անիվներ դարձնել: Ինչո՞ւ, ուրեմն, չեք գործում, կամ ինչո՞ւ չեք մոտենում մեզ, սակավաթիվ զինվորներիս և մեզ հետ միասին դիմում դեպի այն ցանկալի բարձրությունը, ուր պետք է վառել ժողովրդի խավարը փարատող արևը... Հայ արժանավոր հոգևորականը երբեք չի ունեցել և այժմ էլ չունի ոչ առանձին շահ, ո՛չ ջոկ միտումներ: Նա հնումն ապրել ու մեռել է ազգի համար, այսօր էլ նույնը կանե, ուրեմն, մի՛ բաժանեք նրան ձեզանից, արհեստական անջրպետ մի՛ ստեղծեք և «կղերական» անունով մկրտելով՝ զատ շահերի, զատ ձգտումների տեր մի հռչակեք նրան: Այդպես է եղել և է, արդարև, կաթոլիկ հոգևորականությունը, որի պատմությունը ուսանում եք դուք հոժարությամբ, բայց, այդպես չէ եղել երբեք հայ հոգևորականությունը, որի պատմության, ավա՜ղ, մնացել եք միշտ անծանոթ: Եվ այդ անծանոթությանն էլ եղել է պատճառ, որ հայ հոգևորականության արժանիքը չափել եք դուք միջնադարյան արհավիրքներն ստեղծող և, այսօր իսկ, ազգերի խաղաղությունը վերիվայր շրջող կաթոլիկ կղերի արարքներով: Բայց դա մոլություն է և ճշմարտության անխիղճ հեղաշրջումն: Ժամանակ է, որ գեթ այժմ ձգեք մոլորությունը և հայ հոգևորականության պատմությունը ուսանիք: Ժամանակ է, որ դուք միանաք մեզ հետ և ձեռք ձեռքի տված մտնենք ժողովրդի մեջ: Դուք աջից, մենք՝ ձախից գործենք անընդհատ, քրտնենք, վաստակենք և այդ վաստակի ազնվական պտուղը — ստեղծած բարիքը մեր աչքով տեսնելու և մեր ձեռքով շոշափելու քաղցրությունը վայելենք միասին:

Երիտասարդ աբեղան, որ ըստ երևույթին, յուր հիշած բացառիկ զինվորներից մինն էր և, անշուշտ, քաղցր հույսով Սնան մտնելով, հանդիպել էր զուգե դառն հիասթափության, պոռթկում էր, կարծես, վաղուց ի վեր յուր սրտում ամբարած ցավերը, առանց մտածելու թե՝ արդյո՞ք պատշաճի դեմ չէր, առաջին իսկ ժամում, մեղադրության ճառ կարդալ ուխտավոր այցելուի երեսին:

Սակայն նա լռեց, հենց որ հեռվում նշմարեց ծերուկ վանահորը, որ իրեն հասակակից մի ուրիշ վարդապետի հետ առաջանում էր դեպի այցելուն:

Կամսարյանը դեռ չէր տեսել նրանց, ուստի գլուխը խոնարհած ակնապիշ նայում էր առջևը գտնված ավերակի բեկորներին և իբրև հանցավոր, սպասում թե ուրիշ էլ ի՞նչ պիտի լսե խոսող աբեղայից:

Հանկարծ հնչեց վանահոր թավ ձայնը.

— Հա, էդ ի՞նչ եք էտեղ կանգնել:

— Ուխտավոր է, հայր սուրբ... Պարոն Կամսարյան... Գուցե ճանաչում եք, — շտապեց հայտնել առաջին աբեղան և ապա դառնալով Կամսարյանին, կամացուկ շշնջաց,— մեր այստեղի վանահայրն է:

Աստված օգնական, — ասաց Կամսարյանը և մոտեցավ վանահոր աջն առնելու:

— Աստված պահապան, որդի, բարով ես եկել. բա հե՞ր ես էստեղ կայնել:

— Պարոնին ման ենք ածում, հայր սուրբ, — խոսեց երիտասարդ աբեղան:

— Ման եք ածո՞ւմ... բա դուք ման ածիլն ի՞նչ եք գիտում, — հեգնեց վանահայրն աբեղաներին և ապա մի առանձին լրջություն տալով դեմքին՝ — գնացեք, գնացեք, ճաշի ժամն* սկսել են, իմ հյուրին ես ման կածեմ, — ասաց և աբեղաները լուռ հեռացան դեպի ս. Աստվածածնի եկեղեցին:

Կամսարյանին մի կողմից անախորժ թվաց վանահոր անտակտ դիտողությունը, բայց մյուս կողմից էլ գոհ եղավ նա, որ վերջինի միջամտությունը ազատեց իրեն դժվար կացությունից:

— Ասում ա «ման ենք ածում», — խոսել սկսավ վանահայրը — սաղ սիաթ ա, էնտեղից մտիկ եմ տալի, տեսնում եմ հալա սուրբ Մինասի (քանդած մատուռի) մոտ... ա տնաշեններ, բա դա ման ածի՞լ ա, ախար ուխտավոր ա, եկել ա, որ բան տեսնի, իրա ուխտն անի, ի՞նչ եք յախան (օձիքը) բռնել, ջոշ եկել (շատախոսում):

Այս ասելով՝ վանահայրը սկսավ առաջանալ Կամսարյանի և մոտը եղող վարդապետի հետ և, միևնույն ժամանակ, շարունակել յուր խոսքը.

— Այ, էդ ջահիլները դիփ էսենց են, թե որ թողնես, խամ մարդ ճանգեն, առավոտից մինչ իրիգուն հետը խոսան. բայց թե բան ու գործ անե՞ն, չէ: Մենք էլ ենք ջահել էլել, ամա դրանց պես չենք էլել: Օղորմած հոգի Օհանես վարդապետը, որ իմ ջահել վախտը վանահայր էր, շատ խիստ մարդ էր, հեչ թողիլ չէր, որ միաբանը, ժամից դուրս գալուց եդը, մի տեղ էլ ա երևա, պտի իրա խուցը մտներ, սուրբ գիրք կարդար: Մին էլ էն ա ճաշի վախտը կեթար սեղանատուն, իրա ճաշը կուտեր ու մեկ եդ կմտներ իրա օթախը: Ամա դե ես էղենց խիստ չեմ. ազատություն տալիս եմ. ի՞նչ արած, որ էդ տնաքանդները իմ տված ազատությունը չարն են գործ դնում: Տեսնո՞ւմ ես էս հեր օրհնածը (ցույց է տալիս հետը եղող վարդապետին), վանքի լուսարարն ա. ասիլ հոգևորական ա. քառասունուհինգ տարի ա էս վանքումը, հալա ոտը ըստեղից

դուրս չի դրել: Որ հարցնես թե քաղաքն ի՞նչ ա, գիտալ չի թե ի՞նչ ա, չուն ոչ գնացել ա, ոչ տեսել: Ամա էդ ջահիլներին, որ բաց թողնես, ամեն օր վազ կտան Րևան յա- Դիլիջան: Դե էդենցով բա՞ն կըլի: Ես որ իմ պաշտոնին էնենց արի ու զգաստ չէի էլել, կարո՞ղ էի էսքան բարեկարգություններ անել էս վանքումը: Տեսնո՞ւմ ես, շատ բան էստեղ իմ շինած ա:

Այս ասելով վանահայրը ցույց էր տալիս հեռվից վանքի շինությունները, եկեղեցին, մատուռները, միաբանության կացարանները և համառոտ բացատրում, թե ո՞րը ե՞րբ և ինչի՞ համար է շինված: Այսպես զրուցելով նրանք սկսան բարձրանալ դեպի կղզու բլուրը, նրա լանջի վրա շինված կեռմաններով: Ճանապարհին շարունակ վանահայրը պատմում էր, թե որքան մեծ գործեր է կատարել Սևանում, թե վանքը որքա՞ն երախտապարտ է իրեն և թե նա յուր այժմյան «պայծառությունը» պարտական է յուր (վանահոր) քսանհինգամյա վանահայրության:

Այս ասելով նա մտնում և ցույց էր տալիս բլրի արևելյան կողմը գտնվող ս. Կարապետի մատուռը և հարավային կողմի ս. Առաքելոց եկեղեցին, որոնք ոչ միայն զուրկ էին «պայծառությունից», այլև մութ, անշուք, իսկ առաջինը մինչև իսկ ճաքճքած պատերով, կիսախարխուլ գմբեթով, վայր իջած գավթով: Իսկ դրանց զարդերը ոչ այլ ինչ էին, եթե ոչ փայտե անզարդ խաչկալ, չթե վարագույր, մի քանի հասարակ մոմակալներ և անարվեստ ու գռեհիկ պատկերներ, որոնք, ո՞վ գիտե, ո՞ր գեղջուկի ձեռքով մոտակա բազարներում գնված և նվիրաբերված էին «հինավուրց Սևանին» — ըստ որում նրանցից մի քանիսն ունեին, մինչև իսկ, ռուսերեն մակագրություններ:

Այս ամենը երիտասարդի վրա ծանր տպավորություն արին, սակայն նա լուռ էր, լսում էր միայն վանահորը և մեքենաբար նայում նրա ցույց տված տեղերին:

Բլրի գագաթին հասնելուց, վանահայրը մատնացույց արավ քառակուսի մի շենքի հազիվ մի կանգուն բարձրությամբ որմերի մնացորդները և հայտնեց, որ դա Սևանի անդրանիկ եկեղեցին, ս. Հարության տաճարն է, որ հիմնել է ս. Գրիգոր Լուսավորիչը:

— Եթե այդպես է, դա մի պատկառելի հնություն է, — նկատեց երիտասարդը։

— Հա՛, հնություն ա, — հաստատեց վանահայրը։

— Հապա ո՞ւր են ավերակի գլխավոր մասերը։ Անկարելի է, որ այդպիսի մի ընդարձակ տաճարից այսքան միայն մնար, մանավանդ որ սա կղզու մեջն է և սրա քարերը չէին կարող շրջակա բնակիչները հափշտակել, տանել։

— Ո՞վ ա գիտում, ո՞ւր ա, իրեն ընդի մառան ա շինվել, փետատուն ա շինվել, ուխտավորի համար օթախներ են շինվել, ուրիշ տեղերից որ քար կրեին, ո՞նց կըլեր. հազիր էստեղ էլել ա. առել բանացրել են։

— Այդ հո բարբարոսությո՞ւն է, — բացականչեց Կամսարյանը սաստիկ վրդովվելով։

— Ինչի՞ ա բարբարոսություն, վանքի համար որ խնայողություն են արել, վա՞տ բան ա։

— Դա ի՞նչ խնայողություն է, հինավուրց մի տաճարի ավերակը նորոգելու, կամ ինչպես որ կա, սրբությամբ պահպանելու փոխարեն, դուք առնում քանդում եք և ասում, թե դա բարբարոսություն չէ՞։

Վանահայրը զարմացած նայում էր երիտասարդին և չէր կարողանում հասկանալ նրա զայրույթի պատճառը։

— Ես հլա ասում եմ, հայր սուրբն էդ մնացածն էլ քանդիլ տա, տեղը թամրզի (մաքրի), — խոսեց լուսարարը։

— Ինչո՞ւ, — գրեթե սարսափով հարցրեց երիտասարդը։ — Ինքը գիտում ա, կասի, — պատասխանեց վարդապետը, ձեռնհաս չհամարելով իրեն բացատրություն տալու։

— Գիտե՞ս ինչ կա, — խոսել սկսավ վանահայրը, — առաջ էստեղ թամուզ էր, չուն երևացող քարերը տարել, բանացրել էին, մնացած պատերն էլ հողում թաղված՝ չէր երևվում։ Էստեղ մի Մելքոն ճգնավոր կար, աստված հոգին լուսավորի, վանքի վրան երախտիք ունի, էս ճանպաներն էլ նա ա շինել, — ցույց տվավ վանահայրը բլուրը հանող կեռմանները, — նա երբ իմանում ա, որ Գրիգոր Լուսավորչի ձեռքով շինած ս. Հարության տաճարն էստեղ ա, սկսում ա իրա ձեռքով հողը քանդել ու կամաց-կամաց տաճարի հիմքերը բանալ։ Երկար ամիսներ մեն-մենակ աշխատելով, էս դիփ, ինչ որ հիմա տեսնում ես, լուս աշխարի ա հանում ու էնդուց եղը մեռնում։ Մի օր էստեղ մեր վանքը մի ուսումնական եկել: Նա էս ավերակը որ տեսավ, ասեց թե՝ պատմությունից էրևում ա, որ սա ոչ թե Գրիգոր Լուսավորչի ձեռքով շինած տաճարն ա, այլ թե հին, Սյունյաց ժամանակի կռատունը: Ս. Հարության տաճարը, ասեց, պետք է ուրիշ տեղ էլած ըլի, յա չէ հենց էն տեղումը, որտեղ հիմի ս. Աստվածածինն ա շինված: Ա՛յ, էն օրից դեսը մեր սիրտը շաք (կասկած) ա ընկել, ասում ենք՝ դորթ չըլի՞ սա կռատունն ա: Էս միաբանն էլ հմի էն ա ասում, թե՞ դրուստ, որ սա կռատուն ա, լավ կըլի, որ մեջտեղից վերցնենք:

— Ի սեր աստծո, հա՛յր սուրբ, այդպիսի բան մի՛ մտածեք, — բացականչեց Կամսարյանը, — դա պատմության ու գիտության դեմ հանցանք գործել է նշանակում: Կռատուն չլինի, թեկուզ կրակատուն լինի, այս ավերակը դարձյալ սրբությամբ պիտի պահվի:

— Դե ո՞վ ա ասում չպահվի, որդի, խոսքը տեղը եկավ՝ խոսեցինք: Ինձ հարցնես, ես կասեմ՝ մնա. չուն դա, որ հմի ավերակ ա, մյուս տաճարներին էլ ի՞նչ վնաս կարա տալ:

Վանահայրը թեպետ առերես հակվեցավ երիտասարդի կողմը, բայց այդ արավ լոկ դեպի քաղաքացի «աղան» ունեցած ակնածությունից. ապա թե ոչ, նա մինչև վերջն էլ չհասկացավ թե այդ մարդն ինչո՞ւ է պահանջում, որ կռատան ավերակը պահվի:

Այժմ նրանք նորից պիտի իջնեին վար՝ միաբանական կացարանները նայելու: Բայց այդտեղից բացվում էր այնպիսի մի սիրուն ու գրավիչ տեսարան, որ փոքր ինչ ավելի այնտեղ չկանգնելն ու այդ տեսարանով չհիանալը՝ հանցանք գործել կնշանակեր: Այդ պատճառով Կամսարյանը ցանկություն հայտնեց բլրի գլուխը բարձրանալու, որպեսզի այնտեղից կարողանար կղզու ամբողջ շրջապատը տեսնել, որովհետև բլրի մինչև գագաթ հասնող լանջը ծածկում էր յուր աչքից արևելյան լճամասն ու նրան պատող լեռնազոտին: Վանահայրն ու լուսարարը ընկերացան երիտասարդին:

Տաճարի ավերակից մի քանի հարյուր քայլ դեպի արևելք բարձրանալով, նրանք կանգ առան բլրի կատարին: Այդտեղից արդեն կղզյակն երևում էր ողջ ջրապարփակ և յուր թմբաձև, սապատավոր դիրքով նմանում ծովային առասպելական մի կենդանու, որ մարմնի կեսը ալիքներից վեր հանած՝ ներս է շնչում օդի կարևոր պաշարը՝ նորեն ջրի տակ սուզվելու համար:

Ծովակի կապույտ դաշտը, որ պատում էր նրան չորս կողմից, սկսել էր հուզվիլ Սողի ընդհատ քամուց: Փոքրիկ մկանունքները, որոնք մինչև այն հազիվ կնճռոտում էին ջրի երեսը, տակավ առ տակավ փոխվում էին ալիքների և իրար հրելով, կամ միմյանց թևակոխելով մերթ ուռչում, բարձրանում էին ու խուլ ֆշշոցով իրար վրա փլչում, մերթ գալիս, մոտենում բլրի ստորոտին և ուժգին շառաչով ժայռերին զարկում: Իսկ ծովակի խորքերում այդ հուզումը հետզհետե երևան էր հանում նորանոր պատկերներ. նա մերթ արևից շողեր կորզելով՝ նրանցով փրփրուն ալիքներն էր ոսկեզօծում, մերթ խուսափուկ ամպերից ստվեր առնելով, լճի կապուտակը սպիտակ կամ գորշ սավաններով էր ծածկում: Մինչդեռ շուրջ պատող թումբերն ու լեռները, իբրև հանդիսատես հսկաներ, դիտում էին հեռվից ծովակի հուզումը, մերթ ժպտում ուրախ, երբ բացվում էր արևը. մերթ հոնքերնին կիտում, երբ ծածկվում էր նա և այդպիսով, կարծես, հայտնում իրենց գոհությունն ու դժգոհությունը, որից և ողջ հորիզոնը ստանում էր մերթ վեհ, մերթ ակնապարար տեսք**:

Գեղեցիկ շրջանկարը գրավեց երիտասարդին: Նա չգոհացավ սեփական աչքերով և դիմեց իսկույն զիտակի օգնության:

Նրա առաջ, արևմտյան հարավից, բացվում էր մի լեռնադաշտ, որի վրա ցրված էին մանր ու խոշոր բլուրներ՝ իրենց գլուխ ունենալով նախ՝ կրկնաթումբ Ղոշդարը, որը տեղ-տեղ տակավին ծածկված էր կանաչով, ապա Գեղամա հարազատ լեռները՝ եռակատար Ցուչ-Թափան և Աիմանկանը, իրենց գորշակապույտ լանջերով, վերջն՝ Սպիտակ լեռը (Աղ-Դաղը), որի կատարին դեռ նշմարվում էին ձյունի նուրբ շերտեր և հեռվից տալիս նրան մի հրապուրիչ գեղեցկություն:

Ուղիղ արևմուտքից երևում էր պատմական Ցամաքաբերդը, որի սակավաթիվ տնակներն ու հյուղերը ցրված էին ջրապատ հրվանդանի վրա: Վերջինի ծայրին բարձրացող բլրին նշմարվում էր ավերակը Կուսանաց վանքի, որ կառուցել էին երբեմն Սյունյաց պայազատները և որը, ո՞վ գիտե, որքա՜ն սրտառուչ անցքերի ու դեպքերի հանդիսատես էր եղած...

Ցամաքաբերդից դեպի հյուսիս բարձրանում էին Բարաթա լեռը և Մաշտոցներ կոչված բլուրները:

Արևմտյան հյուսիսից երևում էր ամբողջապես չարաբաստիկ Չիբուխլուն յուր գետնափոր տներով, հողածածկ խրճիթներով, աթարի ղեզերով և չոր ու ցամաք տեսքով: Նրանցից դեպի հյուսիս բարձրանում էր կանաչազուրկ Մարալինջը կամ Այծեմնասարը, որ յուր չոր բազուկները ձգում, տարածում էր դեպի ծովակի արևելքը պարսպող Շահ-Դաղի լեռնագոտին, հյուրընկալելով յուր ձորակներում հազիվ մի քանի չքոտի մացառուտներ:

Նայելով դեպի արևելյան հարավ, թվում էր թե ծովակը չունի այլևս պատվար, ըստ որում հեռավոր Գարա-Արխաչի գոտին, ըստ սովորականին ծածկված լինելով մշուշով, անտեսանելի էր դարձնում այդ կողմի ցամաքը և կարծել տալիս թե երկնակամարը համբուրվում է այդտեղ Գեղամա թագուհու հետ... և հենց այդ պատճառով, եթե մի կողմից շրջակա լեռներն իրենց լայնանիստ լանջերով պինդ գրկած պահում էին գեղանի թագուհուն, մյուս կողմից էլ նրանց բարձրահայաց կատարները անհանգիստ կասկածով նայում էին դեպի հարավ, ուր նա ազատ փռում, տարածում էր հեռուն յուր ջրածուփ դաշտերը, կարծես սպառնալով այդ կողմի բացով փախչիլ, հեռանալ նախանձոտ պահանորդներից և միանալ երկնքի ջինջ կապուտակին, որի հարազատ մի կտորն էր ինքը...

Երկար նայում էր Կամսարյանը այս գեղեցիկ տեսարաններին և նրանցով հիանում. երբեմն էլ հարցեր տալիս վանահորը՝ իրեն անծանոթ այս ու այն տեղի, լեռան կամ բնակության մասին և լսում նրա բացատրությունները, առանց, սակայն, աչքերից դիտակը հեռացնելու:

Նշմարելով լճակի հարավակողմում երկու փոքրիկ կղզյակներ, որոնց վրա չկային ոչ շինության հետքեր և ոչ էլ կանաչ, երիտասարդը հարցրեց վանահորը թե ի՞նչ բաներ են նրանք:

— Նրանք այս ծովակի «անառակ որդիներն» են, — պատասխանեց վանահայրը ծիծաղելով:

— Անառա՞կ, ինչո՞ւ այդ անունն եք տալիս նրանց:

— Ընդուր որ չոր, ամայի բաներ են. ոչ ասունի են պետք, ոչ անասունի. դատարկ տեղից գլուխները վեր են ցցել, որ ասեն թե՝ հա՛, մենք կանք: Էդ թահր մարդիկ էլ շատ կան աշխարհում: Այ, հենց մեր էս պուճուր (փոքրիկ) Սևանը, որ ման գաս, էլի միջումը մի քանի հատ կգտնես, վրաները մտիկ տաս, կասես՝ վարդապետ են, ամա որ մեջները պտրես կասես՝ սկի մարդ էլ չեն:

Վանահայրն, ըստ երևույթին, կամենում էր դարձյալ խոսքը

բերել երիտասարդ վարդապետների վրա, որովհետև այն կարծիքին էր, թե նրանք յուր մասին պետք է որ աննպաստ բաներ խոսած լինեին Կամսարյանի առաջ: Այդ պատճառով աշխատում էր, որ վերջինս հասկանա թե ի՞նչ մարդկանց հետ է գործ ունեցել ինքը, որպեսզի յուր մասին վատ գաղափար չունենա:

Բայց երիտասարդը տրամադիր չէր նման զրույցներ լսելու, այդ պատճառով խնդրեց, որ այժմ վանահայրը ցույց տա իրեն միաբանության կացարանները:

— Հա, լավ կըլի, գնանք: Ա՛յ, հենց էստեղից էլ երևում ա. տեսնո՞ւմ ես ինչքան տեղ ա բռնած, հազար սաժին կըլի:

— Ո՞րը, ես ոչինչ չեմ տեսնում, — ասաց Պետրոսը նայելով վանահոր ցույց տված կողմը:

— Ա՛յ էն մեծ տափարակը, որ ս. Աստվածածնին կպած ա:

Երիտասարդը նորից նայեց և ոչինչ չտեսավ: Բլրի բարձրությունից, արդարև, երևում էր մի ինչ-որ ընդարձակ, բարձրկեկ տափարակ, որի վրա տեղ-տեղ երևում էին փոքրիկ ծխնելույզներ ու ցած երդիկներ, կիսով չափ ծածկված դեղնած խոտերի մեջ: Վերևից թվում էր, թե այդ տափարակը բակի մի մասն է: Մինչդեռ վանահայրը բացատրեց թե հենց դա է կազմում կտուրը միաբանական այն կացարանների, որոնց մեծ մասը ս. Աստվածածնի հետ միասին շինված են Սյունյաց Մարիամ Տիկնոջ ձեռքով 877 թվին:

— 877 թվի՞ն. ուրեմն հազար տարվա հնությո՞ւն ունին դրանք, — զարմացավ երիտասարդը:

— Հազար տարուց ավելի ա, բա՛, — հաստատեց վանահայրը:

— Գնանք, ուրեմն, գնանք: Հետաքրքրական է տեսնել այդ շենքերը, ուր հազար տարի շարունակ ապրել են ձեր նախորդները, — ասաց երիտասարդը և առաջ անցավ:

Բլրի լանջն ակոսող կանոնավոր կեռմաններից դեպի տափարակն իջնելով նրանք մտան մի դռնով, որ բլրի ստորոտից հեռի էր միայն մի քանի քայլով: Այդ դուռը նրանց մի կարճ միջանցքով մտցրեց մի ուրիշ, ավելի երկար, համեմատաբար լայն, բայց և խիստ մթին միջանցք, որի երկու կողմից, կրկնաշար ուղղությամբ շինված էին միաբանական միահարկ խուցերն ու խցիկները: Դրանց մուտքերը հազիվ նշմարվում էին շնորհիվ մի նվազ լույսի, որ մտնում էր այդտեղ՝ երկար միջանցքի երկու հանդիպակաց դռներից (որոնցից մինը հանում էր ծովափը, իսկ մյուսը՝ բակի հեռավոր մի կողմը, ուր գտնվում էին ուրիշ երկրորդական շինություններ, ինչպես օրինակ, փայտատուն, մարագ, ախոռ, դարբնոց և այլն): Այս ընդհանուր միջանցքի երկու կողմից շինված կացարանների թիվը մոտ երեսուն էր: Մի կարգի սենյակներում ապրում էին վանահայրը, վարդապետները և միաբանության ուրիշ անդամներ: Այդ կարգում զետեղված էին և վանքի գրատունը և հանդերձատունը: Իսկ հանդիպակաց կարգում գտնվում էին միաբանության ընդարձակ սեղանատունը, խոհանոցը, մառանը, հացատունը և մի քանի ուրիշ սենյակներ, որոնք երբեմն ծառայում էին նաև իբրև, իջևան ուխտավորների համար, եթե դրսի սենյակները բռնված էին լինում բոլորը: Ընդհանուր միջանցքի վրա բացվում էին նաև մի քանի ուրիշ, երկրորդական միջանցքներ, որոնցից երկուսը տանում էին դեպի զանազան ամբարանոցներ ու մառաններ, երրորդը՝ դեպի բլուրը, իսկ չորրորդը՝ դեպի բակի կողմը և այլն: Բոլոր այս խուցերը, կացարանները, ամբարներն ու միջանցքները ծածկված էին մի ընդհանուր միապաղաղ կտուրով, որով և բոլորը միասին կազմում էին մի ծածկված ամբողջություն: Այդ պատճառով մի կարգի խուցերը միայն ունեին նեղ-նեղ փոքրիկ պատուհաններ, որոնցից ոմանք բացված էին դեպի բլրակի և ոմանք բակի կողմը: Մնացյալ բոլոր սենյակները լույս ստանում էին երդիկներից: Ինչ վերաբերում է միջանցքներին, նրանք այնքան մութ ու խավար էին, որ Կամսարյանին թվում էր թե ինքը կարող էր մոլորվել նրանց մեջ, եթե միայնակ մտած լիներ այդտեղ: Բոլոր շենքերն, առհասարակ, իրենց մուտքերով ու միջանցքներով, հին լաբյուրինթոսի նմանություն էին բերում, իսկ դրանց միջի օդն այնքան էր ծանր, խոնավ ու գարշահոտ, որ երիտասարդը մի-մի անգամ նույնիսկ դժվարությամբ էր շնչում:

Վանահոր սենյակը ոչնչով չէր տարբերվում մյուս միաբանների խուցերից, որ ապացուցանում էր, թե հավասարության սկզբունքը հինուց անտի հարգված է եղել այդտեղ:

Կամսարյանի հարցին թե՝ ինչպե՞ս են կարողանում այս մութ ու գիջին սենյակներում ապրել, վանահայրը պատասխանեց.

— Հմի դեռ հալա շատ լավ ենք ապրում: Երեսուն տարի սրանից առաջ, երբ ես դեռ վանահայր չէի, էս խուցերը ոչ թե մահճակալ, սկի տախտակի պող էլ չունեին, ամենքս էլ նամ գետնի վրա էինք նստում կամ պառկում:

— Եվ այդպես ապրելով չէ՞ք հիվանդանում:
— Փառք աստուծո, իրես տեսնում ես. 49 տարի է ինչ էստեղ եմ, էս լուսարար հայր-սուրբն էլ, ոնց որ ասեցի, 45 տարի է, որ ապրում է մեզ հետ, ուրիշ միաբաններ էլ կան մեզ հասակակից, բոլորն էլ ողջ առողջ: Սովորությունից ա կախված, ոնց որ քեզ կսովորացնես, էնենց էլ կապրես: Քաղաքներում մարդիկ շատ են կոտորվում նրա համար, որ շատ են փափուկ ապրում:
Վանահայրն յուր հյուրին ամեն տեղ շրջեցնելուց հետո, առաջարկեց նրան տեսնել նաև գրադարանը, որ նրա ասելով, բարեկարգվել էր միայն յուր վանահայրության օրով:
— Հենց էդ պատճառով էլ բանալին համաշա (միշտ) մոտս եմ պահում, ով որ գիրք ա ուզում, ինքս եմ գալիս, բանում, գիրքը տալիս ուզողին, ու էլ եդ փակում, բանալին ջեբս դնում, — ասում էր վանահայրը:
Երիտասարդը հետաքրքրությամբ մտավ այն խուցը, որին վերջինս «գրադարան» անունն էր տվել, հուսալով գտնել այդտեղ հին գրչագիրների մի հարուստ դարան: Բայց նա այստեղ տեսավ հազիվ երկու հարյուրի չափ հին ու նոր հատորներ, որոնց մի մասը ոչ շատ կարևոր գրչագրեր էին, իսկ մյուսը՝ Վենետկի հինավուրց հրատարակություններ, դարսված փայտաշեն դարակների վրա:
Երբ երիտասարդը հայտնեց յուր զարմանքը հինավուրց անապատի այդ աստիճան աղքատ գրատուն ունենալու մասին, վանահայրը բացատրեց, որ եղածն էլ յուր շնորհիվն է, որ կա, ապա թե ոչ, այս վերջին 25 տարվա ընթացքում, եթե յուր փոխարեն լիներ մի ուրիշ վանահայր, անշուշտ այդ եղածն էլ կմատնվեր կորստյան, ինչպես որ մատնվել են նրանից առաջ եղած գրական գանձերը: Եվ իբրև ապացույց նա պատմեց, թե ինչպես Սիմյոն կաթողիկոսի օրով, Հովհաննես անունով մի անարժան վանահայր, լսելով որ կաթողիկոսը գալիս է այցելության Սևանա անապատին և իմանալով, որ գրասեր հայրը պիտի հետաքրքրվի վանքի գրատան վիճակով և տեսնելով այն անկարգ ու անխնամ (ըստ որում յուր իսկ վանահոր անհոգությունից գրչագրերի մեծ մասը խոնավությունից փտել կամ ցեցակեր էին դարձել), պիտի զայրանա յուր դեմ — նա բոլոր այդ տեսակ հնամաշ գրքերն ու հիշատակարանները հավաքել է տալիս քսակների մեջ և իրեն խորհրդակից ապիրատների ձեռքով

թափել տալիս ծովը, որպեսզի կաթողիկոսը, Սնան մտած ժամանակ, հին ու փչացած ոչինչ չտեսնե գրատանը:

— Ի՞նչ զարհուրելի բարբարոսություն, — բացականչեց Կամսարյանը, սրտի խորքից վրդովվելով:

— Բարբարոսություն ասիր պրծա՞ր, անաստվածություն ասա, անխղճմտանքություն ասա, — ձայնակցեց վանահայրը երիտասարդին:

— Երևակայում եմ, թե ինչպիսի՛ թանկագին գանձեր են անհետացել այդ թշվառականի ձեռքով:

— Դրուստ որ թշվառական, էդ տեսակ վանահոր հիշատակը պետք ա անիծվի սերունդից սերունդ, — հարեց վանահայրը:

— Դժբախտաբար անեծքը չի վերադարձնիլ մեր կորուստը:

— Ճշմարիտ ա, չի վերադարձնիլ, ամա մնացածներին կզգուշացնի, որ էդենց անաստված թահրով վանքի գույքը չփչացնեն:

Գրադարանից ելնելուց, ծերունի վանահայրը հոգնած զգալով իրեն, խնդրեց երիտասարդին մնացած տեղերը շրջել լուսարարի հետ, մինչև որ ինքը հոգնածությունն առնելով կգար յուր հետ միասին ճաշելու:

Լուսարարը մի առանձին հոգածությամբ առաջնորդեց Պետրոսին դեպի թանգարանը, որի պահպանությունը հանձնված էր իրեն:

Այս թանգարան կոչվածը ոչ այլ ինչ էր, եթե ոչ մի հասարակ խուց, ուր պահվում էին եկեղեցական այնպիսի սպասներ, որոնք թե՛ տանկագին և թե՛ քիչ գործածական էին. ինչպես օրինակ, արծաթե բուրվառներ, խաչեր, սկիհներ, մեռոնի տուփեր, թագեր, սաղավարտներ, գավազաններ և այլն: Դրանց մեջ ո՛չ միայն թանգարանի վայել «հնություններ» չկային, այլև շատերը «յարմուկի» ապրանք էին՝ պատրաստի գնված նիժնիում կամ Մոսկվայում: Այդ ապացուցանում էին իրերից մի քանիսի շուրջը քանդակված ռուսերեն աղոթքներն ու մակագրությունները, որոնք հնի դեմ կազմում էին «նոր», խայտաբղետ հակադրություն և կարծես ծաղրում Սնանի անապատում «հին հիշատակներ» պտրողներին...

Այդ մասին Կամսարյանը մտածեց մի քանի վայրկյան «իբրև ճշմարիտ ուխտավոր» և նրա շրթունքներին խաղաց դառը ժպիտ:

— Ինչո՞ւ այս խուցին թանգարան անուն եք տալիս,— հարցրեց նա լուսարարին:

— Ի՞նչ կլինի որ, — նկատեց վերջինս:

— Ախար «թանգարան» այն տեղին են ասում, ուր շատ հին ու թանկագին բաներ են պահվում, ձեր ունեցածը միայն եկեղեցական սպասներ են:

— Մենք էլ ունենք շատ հին ու թանկագին բաներ, հիմա պիտի շանց տամ, որ համբուրես, քե հենց դրա համար եմ բիրել ըստեղ, — ասաց վարդապետը՝ մի առանձին վստահությամբ: Ապա մոտենալով թախտի վրա դրված մի սնդուկի, բացավ նրա խուփը և մի աղոթք մրմնջալով՝ սկսավ հետզհետե դուրս հանել այդտեղից մետաքսյա թաշկինակներում փաթաթած ոսկեզօծ ու ակնազարդ խաչեր, նշխարատուփեր, արծաթակազմ ավետարանիկներ և այլ կերտվածներ և շարել նրանց մի սկուտեղի վրա, ուր վաղօրոք դրված էր մի պղնձե ափսե՝ արծաթե փողերով ու թղթադրամներով:

— Սրա մեջ Հովհաննես Մկրտչի մասունքն ա դրած, — բացատրեց վարդապետը, ցույց տալով մի ակնազարդ խաչ, որ դրված էր արծաթյա երկփեղկ պահարանում, — սրա մեջ էլ՝ Պետրոս առաքյալի մասունքն ա, — ցույց էր տալիս մի ուրիշ, նույնպես ականակուռ խաչ, — սրա կազմի մեջ էլ սուրբ Գևորգ Զորավարի նշխարն ա դրած, — այդ էլ արծաթապատ մի ավետարան էր. — էս մասնատուփումն էլ ս. Կարապետի իրեք մանր նշխարներն են դրած: Իսկ էս ջիբթիշի փոքրիկ խաչումը Կենաց փայտի կտորն ա: Սրա մեջ էլ, — ցույց էր տալիս մի փոքրիկ արծաթե տուփ, — էլի ս. Գևորգի մասունքն ա: Դե հմի մեկ-մեկ համբուրիր և ուխտդ արա՛: Թող էս սուրբերը բարեխոս ըլին: Աստված էլ լսող ու կատարող:

Կամսարյանը լսեց վարդապետի բացատրությունները և մեքենաբար խոնարհելով համբուրեց մասունքները, առանց ներսում զգալու հավատո կամ ջերմեռանդության որևէ հուզում: Միայն ափսեի մեջ դրված դրամներից գուշակելով, որ այդ արարողության պիտի հաջորդե նաև դրամական տուրք, ծոցից հանեց քսակը և մի կարմիր տասնոց դրավ ափսեի մեջ:

Լուսարարը, որ երևի վաղուց էր ինչ չէր տեսել այդպիսի առատ նվեր, օրհնեց երիտասարդին սրտաբուխ խոսքերով և ապա մի զգացված «պահպանիչ» էլ ասելով՝ ճանապարհ դրավ նրան դեպի միջանցքը:

Եվ որովհետև հենց թանգարանի դիմաց, ընդհանուր

միջանցքի վրա բացվում էր մի դուռ, որ հանում էր դեպի ս. Աստվածածնի եկեղեցին, ուստի վարդապետը առաջարկեց Պետրոսին անցնել այդ դռնով, եթե կամենում էր «տաճարը» տեսնել: Իսկ ինքը յուր «ծառայությունը» կատարած համարելով, դարձավ նորեն դեպի թանգարանը, ցուցահանած մասունքներն ու ստացած նվերը իրենց տեղը ամփոփելու:

Ճաշու ժամն ավարտած, ժամերգուները դուրս էին գալիս, երբ երիտասարդը մութ միջանցքից ելնելով, մտավ եկեղեցու փայտաշեն գավիթը, իսկ այնտեղից՝ եկեղեցին, ուր, ի միջի այլոց, նա հանդիպեց նորեն երիտասարդ աբեղաներին: Վերջիններս դարձյալ մոտեցան նրան, հարցուփորձ արին տեսածների մասին և ապա սկսան բացատրություններ տալ նկատմամբ ս. Աստվածածնի եկեղեցու, որ, չնայելով յուր հազարամյա հնության, տակավին շեն էր և ամրակուռ: Գալով բարեզարդության՝ սա էլ աչքի ընկնող ոչինչ չուներ յուր մեջ-զարդերն ու սպասները աղքատ էին, պատկերները գռեհիկ և անարվեստ: Միակ արժանիք ունեցողը՝ սեղանի առաջ դրված Կոթա սուրբ նշանն էր, որ հայտնի էր յուր բազմադարյան հնությամբ: Դա պարզ երկաթից շինված մի խաչ էր, կես կանգուն երկարությամբ և թևերին ուներ մի- մի հատ ոչ մեծագին քարեր: Աբեղաները բացատրեցին, որ այդ խաչը, ըստ ավանդության, պահում է յուր մեջ մի կտորը այն երկաթե տաշտի, որի մեջ կույս Մարիամն լողացնում է եղել մանուկ Հիսուսին և թե դա համարվում է Սևանա անապատի ամենամեծ սրբությունը: Ապա երիտասարդ աբեղան Կամսարյանի ուշադրությունը հրավիրեց ս. Աստվածածնի մի փոքրիկ պատկերի վրա, որ կախված էր սեղանի աջ կողմը և որը, չնայելով յուր ծխից ու հնությունից սևացած լինելուն, երևում էր շնորհալի վրձինի արտադրություն:

— Սա այն պատկերն է, — ասաց աբեղան, — որի առաջ Մխիթար Սեբաստացին, Վենետիկյան միաբանության հիմնադիրը, աղոթում է եղել, երբ կույր աչքերով գտնվում է եղել Սևանում և որի առաջ նա յուր հայտնի ուխտն է արել... Շատ ժամանակ չէ, ինչ դիպվածով գտել են այս ս. Առաքելոց եկեղեցու խորշերից մինում, անխնամ ընկած ու փոշոտված...

Երիտասարդը սկսավ ուշադրությամբ դիտել պատկերը.

— Ի՞նչ մտքեր է սա զարթեցնում ձեր մեջ, — հարցրեց աբեղան, կարծես շտապելով մի նոր բան ասելու, քանի դեռ ոչ ոք չէր խանգարում իրենց:

— Մտածում եմ թե, եթե այսպիսի մի սիրուն գործ, որ դարերից ի վեր գտնվելով Սնանում, հոգածու խնամքի արժանանալու փոխարեն, ընկած է եղել անհայտ խորշերում և երևան է եկել միայն դիպվածով, ի՞նչ թանկագին հնություններ, ուրեմն, չէին կարող անհետանալ այստեղ հոգատար սրտի և խնամող ձեռքերի պակասությունից:

— Այդ էլ պատշաճ մտածություն է, բայց ես կարծում էի, թե այս պատկերը մի ուրիշ միտք կծնեցներ ձեր մեջ:

— Այսինքն, ի՞նչ:

— Այն թե՝ շուտով կլրանա երկու հարյուր տարին այն օրից, ինչ այս պատկերի առաջ աղոթողը Սնանից հեռացավ, հիմնեց օտար երկրում միաբանական մի ուխտ: Ձեզ հայտնի է, թե ի՛նչ ծառայություն արին այդ ուխտի անդամները հայ գրականությանը: Մի կողմը թողնենք նրանց՝ ազգի մեջ կաթոլիկություն տարածելու և պատմական գրքերում՝ հայ եկեղեցուն ու եկեղեցականներին վերաբերյալ փաստերն հեղաշրջելու տխուր ջանքն ու ձգտումը: Ամեն լույս ունի յուր ստվերը, ամեն մաքրություն՝ յուր բիծը: Բայց անհերքելի այն, որ Մխիթարյան միաբանությունը գնահատելի գործ կատարեց՝ հնության և անհայտության փոշիներից դուրս հանելով հայ լեզվի թանկագին արտադրությունները, նրա ոսկեղինիկ մատենագրությունը և նրա ընդհանրացնելովը սիրելի դարձրեց մեզ մեր նախնյաց լեզուն ու անցյալը, ընդնմին սովորեցնելով մեզ, ապրել և ոգևորվիլ նրանցով... Սա, արդարև, մեծ գործ էր; արժանի հարգանքի և երախտագիտության: Այսպիսի մտածության, բնականաբար, հաջորդում է մի ուրիշը. — մի՞թե Սնանը ևս չէր կարող դառնալ մի ս. Ղազարու կղզի: Մի՞թե Սնանը չէր կարող արտադրել մի նոր Մխիթարյան ուխտ: Սա, իհարկե, չէր ունենալ ս. Ղազարի առավելությունները, որովհետև չէր գտնվում Եվրոպայի սրտում, զարգացած ու բարեկիրթ ազգերի մեջ: Բայց մենք էլ Սնանից չէինք պահանջիլ այն, ինչ որ տվավ Վենետիկը, այլ գոնե նրա կեսը, թեկուզ կեսի կեսը: Սնանը մի կողմից էլ այն առավելությունը կունենար, որ տվածը կլիներ անխառն, հարազատ... Ճշմարիտ է, այն ժամանակ, երբ ս. Ղազարու հայրերը իրենց խուցերում խաղաղ նստած, հանգիստ աշխատում էին, ո՛չ հարձակման սպասելով, ո՛չ կողոպտվելուց վախենալով, Սնանը գտնվում էր բարբարոս խաների դժոխային լծի տակ, միշտ ահի ու սարսափի մեջ, սեփականության իրավունքից զուրկ և կեղեքիչների քմահաճության ենթակա, բայց չէ՞ որ, ահա, յոթանասուն տարի է, ինչ ռուսաց տիրապետության շնորհիվ այս երկիրը խաղաղել, արհավիրքները վերացել են և այս վանքի միաբանությունը ստացել է հանգիստ ու ապահով վիճակ: Արդ, մի՞թե չէր կարելի այս յոթանասուն տարվա ընթացքում ստեղծել այստեղ մի գործ, որ յուր արժանիքով հավասար լիներ Վենետիկցիների գեթ հիսունամյա գործունեության: Մի՞թե չէր կարելի հիմնել այստեղ ժառանգավորաց մի բարեկարգ դպրոց, որի սաները աշխարհային աղմուկից ու ապականությունից հեռու, այս առողջարար օդում, այս պայծառ երկնքի տակ ապրելով և ուսանելով՝ պատրաստվեին հասարակաց ծառայության համար... Մի՞թե չէր կարելի ժողովել այստեղ հմուտ, բանիբուն. գիտությամբ ու առաքինությամբ հայտնի հոգևորականներ և կազմել նրանցից մի գիտական կաճառ, որ պարապեր հին գրականությունը մշակելով և նորը զարգացնելով: Դուք հո ձեր աչքով տեսաք մեր այստեղի գրադարանը: Որքա՛ն աղքատ, խղճո՛ւկ... մինչև իսկ ամոթ է գրադարան անունը տա, նրան. մի քանի տասնյակ կիսամաշ ձեռագիրներ, մի երկու հարյուր հնատիպ գրյանք... քաղաքներում տիրացուներ կան, որոնք դրանցից ավելին ունին: Բայց չէ՞ որ Սևանը հնումն հայտնի էր յուր բազմահարուստ մատենադարանով, չէ՞ որ շատ տեղերի գրական գանձերը այստեղ էին ամբարվում, կամ ավանդ դրվում: Այժմ ո՞ւր են նրանք: Բարբարոս թշնամիների ավերը, այո՛ շատ բան է կորզել Սևանից. նույնիսկ նրա գրագետ միաբանությունը անխիղճ կերպով է նրա գրական հարստությունը վատնել: Բայց որքան ավելի զրկանք են պատճառել նրանք, որոնք այս յոթանասուն խաղաղ տարիների ընթացքում ձեռքերնին ծալած նստել են այստեղ և բավականացել միայն աղոթելով, կամ հսկումներ կատարելով... Ինչո՞ւ արդյոք Սևանը, որ գտնվում է հայրենի հողի վրա, նրա սրտի ու հոգու մեջ, ինքը չէ տալիս Վենետկին՝ այս հողին ու ջրին, սրա անցյալին ու ներկային վերաբերող ուսումնասիրությունները, սրա սրտին ու հոգուն հարազատ հուշերը և, ընդհակառակն, ինքն է նրանից մուրում: Ինչո՞ւ... բայց այդ «ինչու»-ները անթիվ են և դրանց բոլորի պատասխանը մեկ. այսինքն այն՝ որ այսքան տարիների ընթացքում, չի գտնվել մեր երկրում մի մարդ, աշխարհական լիներ նա թե՛ հոգևորական, որ ոգևորվեր Մխիթարի զգացած ոգևորությամբ և վառեր Սևանում լույս այն ճրագը, որ առաջին նվազ վառեց Լուսավորիչը և որն ապա տգիտությունն ու խավարը հանգցրին... Այո, եթե այդ մի հատ մարդը գտնված լիներ այստեղ, ապա դուք այսօր Սևանը չէիք տեսնիլ այսքան անշուք, անփառունակ, չէիք տեսնիլ նրա կյանքը այս աստիճան անշարժ, ոգին՝ մահամերձ... Իբրև նյութական ապացույց այստեղ ապրողների անշարժության, ահա այն կացարանները, որ դուք տեսել եք, որոնց մեջ ապրել են նախկին միաբանությունները և որոնց մեջ, ահա, ապրում ենք նաև մենք: Այդ շինությունների կառուցումից մինչև այսօր՝ անցել են հազար երկար տարիներ: Եվ սակայն նրանք մինչև այսօր էլ նույն խոնավ, բորբոսնած, հողածածկ կտուրով խցերն ու խցիկներն են, որոնք ամենից առողջ մարմիններն իսկ մաշելով, մաշել ու ծյուրել են նաև նրանց հոգին և անընդունակ դարձրել մի ճշմարիտ ու էական բարիք ստեղծելու... Անշուշտ դուք անցաք այդ կացարանները իրար հետ միացնող բավղաձև անցքերից. տեսա՞ք թե ինչպիսի՛ խավար է տիրում նրանց մեջ... Հարկավոր չէր ոչ մեծ խելք, ոչ էլ ճարտարապետական տաղանդ, որ մարդ իմանար, թե այդ միջանցքների վրայի կտուրը ծակելով և մի քանի տեղ, եթե ոչ ապակե պատուհաններ, այլ գեթ հասարակ երդիկներ դնելով, կարելի էր բոլոր անցքերը միանգամից լուսավորել: Սակայն հազար տարի այս խավարում խարխափող միաբանությունների մեջ չի գտնվել մի գլուխ, որ այդ հասարակ ճանապարհով աստուծո տված լույսն այդ անցքերը մտցնե և նրանց անթափանցելի խավարը փարատե: Ճիշտ այդ ձևով էլ խավար են մնացել այդ խուցերում ապրող մարդկանց ոգիները. արդյունքը եղել է այն, ինչ որ տեսնում եք այսօր...

Երիտասարդ աբեղան երևի դեռ երկար կճառախոսեր, եթե խմբին չմոտենար վանքի տնտեսը և վանահոր կողմից չհրավիրեր հյուրին ճաշի:

Այդ հրավերը զգաստացրեց թե՛ խոսողին և թե՛ լսողներին. ուստի ամենքը միասին ելնելով եկեղեցու գավթից, առաջացան դեպի բակի սիզավետ կողմը, ուր հովանավոր ուռիների տակ բացված էր ընդհանուր սեղան, որը և բոլորեցին նրանք, իրենց գլուխ ունենալով վանահորը:

Վերջինս սեղանն օրհնելով առաջարկեց հյուրին վայելել վանական «անպաճույճ» ճաշը, որի ակրատը բաղկացած էր պանրից, եփած ձուերից և աղած կողակից, իսկ խորտիկը, որ հետո բերին, թանապուրից, նոր խաշած իշխաններից և ձավարով ու յուղով պատրաստած «քաշովի»-ից: Սեղանի վրա պակաս էր միայն միսը, կամ նրանից պատրաստած կերակուրը: Վանահայրը բացատրեց, որ վանական խստակեցության օրենքը արգելում է իրենց՝ զոհի մսից զատ, ուրիշ միս ուտել, կամ գործածել այն կերակուրի մեջ:

Մի քիչ հետո, սակայն, Կամսարյանը նկատեց, որ վանահայրը երևի համեստություն էր անում «անպաճույճ» անվանելով առաջարկված ճաշը, ապա թե ոչ վերջինս ո՛չ միայն հեռի էր անպաճույճ լինելուց, այլև չէր կրում խստակեցության կնիք:

— Ես «անպաճույճ» անվանեցի ձեր տեսակետից, իսկ մեզ համար սա մինչև անգամ փարթամ ճաշ ա, — բացատրեց վանահայրը ծիծաղելով: Ապա կամենալով մի գաղափար տա հյուրին իրենց խոսակցության մասին, ծանոթացրեց նրան Սնանա անապատում ընդունված պահեցողական կարգերին որից երևաց, որ նրանք տարվա մեծագույն մասը անցնում են պահքով: Որովհետև բացի հասարակ ու շաբաթական պասերը, նրանք պահում էին նաև երեք «մեծ պասեր»: Դրանցից առաջինը սովորական մեծ պասն էր, որ բուն բարեկենդանից սկսվելով, վերջանում էր զատկին, երկրորդը՝ հոգեգալուստից մինչև վարդավառ, որ տևում էր ութ շաբաթ, երրորդը՝ Վարագա խաչի տոնից՝ մինչև հիսնակի պասը, որ դարձյալ ուներ ութ շաբաթ. — էդ բոլոր կարճ ու էրկան պասերին, — շարունակեց վանահայրը, — մեր միաբանության կերածն լինում ա ձեթ, լոբի, սխտո, ոսպ ու կանաչի: Միայն ուտիքին ա որ յուղ, կաթ ու ձու կարող ենք ուտել, կամ բրինձ ու ձավար: Ծովից հանած ձկներից էլ ի՞հարկե, անուշ ենք անում, որքան պատահում ա:

— Հեր օրհնած, էլ ուրիշ ի՞նչ ես ուզում, — կամացուկ շշնջաց երիտասարդ աբեղան, որ նստած էր Կամսարյանի կողքին:

Վերջինս ծիծաղեց:

— Ընչի՞ ես ծիծաղում, — հարցրեց վանահայրը ժպտալով:

— Ոչինչ, մտածում եմ թե ի՞նչ կանեի ես, եթե ձեր միաբանը լինեի:

— Ի՞նչ պըտի անեիր. կապրեիր էնենց, ոնց որ մենք ենք ապրում: Ըստոնք էլ քեզ պես տղերք են ըլել, հո վարդապետ չեն ծնվել: Այ, տեսնո՞ւմ ես, — ցույց էր տալիս վանահայրը աբեղաներին, — ամեն բան սովորել են, կարգի ու կանոնի վարժվել. հմի սիրով ապրում ու ըսկի դժգոհում չեն:

Ճաշը վերջանալուց՝ Կամսարյանն շտապեց յուր շնորհակալությունը հայտնելու վանահորը և բոլոր միաբանությանը՝ իրեն ցույց տված սիրալիր ընդունելության համար և ապա պատրաստվեց հեռանալ կղզուց: Բայց որովհետև հենց այդ միջոցին հիշեց, որ բացի «թանգարանին» տված նվերը, անհրաժեշտ է նաև միաբանության օգտին նվիրաբերել մի բան, ուստի խնդրեց վանահորը բերել տալ նվիրատվության մատյանը, որպեսզի յուր տուրքն արձանագրե այնտեղ:

Վանահայրը սկզբում չհասկացավ նրա ասածը, ապա երբ երիտասարդը յուր խնդիրը կրկնեց, նա ժպտալով նկատեց.

— Էհ, որդի, մեր վանքումն ի՞նչ ա շինում մատյանը... մենք նահապետական մարդիկ ենք, ուխտավորը գալիս ա, իրա ուխտն անում, եղո վանահոր աջն առնում, մի աջահամբույր տալիս, գնում: Նրանից եղը էլ ո՞վ ա հարցնում թե ի՞նչ տվավ, ի՞նչ չտվավ, յա չէ մեզանից ո՞վ պտի հաշիվ ուզի: Էդ որ աջահամբույրի համար էլ գիր ու կիրակոս պահենք, ծե՞րն ուր կերթա:

— Բայց ես կարծում եմ, որ եթե այդպիսի մի կարգ սահմանեիք, այսինքն ամեն տուրք մատյանի մեջ արձանագրվեր, վատ չէր լինիլ: Դա, մինչև անգամ, օգուտ կբերեր վանքին: Նախ՝ որ այդ մատյանը կարելի կլիներ առաջարկել ամեն այցելուի, երկրորդ, որ վերջինս հաստատ գիտենալով թե յուր տվածը արձանագրվում է մի տեղ, և այն էլ ի տես ուրիշ այցելուների, կնվիրաբերեր ավելի առատորեն:

— Էդ հու էս ջահիլների խոսքն ա. էրևում ա դու էլ ըսդոնցից ես լսել, — նկատեց վանահայրը, կարծես վիրավորվելով:

— Դա ի՞նչ մի նոր բան է, որ ես սրանցից լսեմ, բոլոր աշխարհում ընդունված, ամեն տեղ գործադրվող մի սովորական բան է:

— Չէ, որդի, ես մատյան բան չեմ գիտում: Միշտ ասել եմ, էսօր էլ կասեմ. վանքի մատյանը նրա վանահայրն ա. ով նրան հավատում ա, նրա վրեն վստահ ա, թող տա, ինչ ուզում ա. ով չի հավատում, տերը նրա հետ. էղենց մարդու տուրքն էլ ըսկի վանքին պետք չի:

Կամսարյանին այլևս առարկելիք չէր մնում, նա շտապեց յուր սխալը ուղղել նրանով, որ ջերմությամբ համբուրեց վանահոր աջը և մի տասնոց դրավ նրա ձախում:

Վանահայրն, իհարկե, հաշտվեց յուր սրտում երիտասարդի

հետ և քաղցր խոսքերով օրհնելով նրան, մաղթեց նաև բարի ճանապարհ։

Պետրոսը նորից յուր շնորհակալությունը հայտնեց միաբանության բոլոր անդամներին և բարեկամաբար նրանց ձեռքը սեղմելով, մնաք բարև ասաց և հեռացավ։ Աբեղաներից մի քանիսը, նույնպես և լուսարարը, ուղեկցեցին նրան մինչև լճափը։

Այստեղ նրանք հանդիպեցին վանքի ելևմտից կառավարիչ սարկավագին, որ հենց նոր էր վերադարձել Ցամաքաբերդից, ուր գտնվում էր վանքի «Դրսի տունը», այն է՝ նրա տնտեսության արտաքին բաժանմունքը և ուր սա հաճախ երթևեկում էր գործով։

Լուսաբարը երիտասարդին ծանոթացնելով նորեկի հետ, ցավ հայտնեց, որ վերջինս վաղ չէր վերադարձել, ապա թե ոչ, ասաց — նա ընենց պատիվ կտար քեզ, որ քո օրում Սևանը ըսկի չէիր մոռանա։

— Շնորհակալ եմ դուք էլ լավ պատվեցիք, Սևանը դարձյալ չպիտի մոռանամ, — հարեց երիտասարդը։

— Չէ, մեր բանն ուրիշ ա, սարկավագինն ուրիշ. սա բանի դայդան լավ ա գիտում, — կրկնեց լուսարարը ծիծաղելով։

Սարկավագի աստիճանում Կամսարյանը տեսել էր միշտ մի երիտասարդ, հաճախ աշխարհականի շորերով, բայց նորեկը վաթսունն անց մարդ էր, բարձրկեկ հասակով, առողջակազմ, միայն մի քիչ դալկադեմ։ Ուներ շեկ, ալեխառն մորուք և ծովի խորահայաց աչքեր։ Հագուստը ոչնչով չէր զանազանվում վարդապետների հագուստից, որովհետև բաղկանում էր նույն մույգ կապույտ կտավի կապայից, շալե գոտուց, կոշտ բրդե փարաջայից և խայտաբղետ գուլպաներից ու քոշերից։ Միայն թե վեղարի փոխարեն գլխին ծածկած էր գառան մորթու տափակ գդակ, որ զարիբալդի կոչվածի ձևն ուներ և որի մեջ այնպես խոր էր մտցրել գլուխը, որ ծածկել էր ճակատը՝ մինչև թավամազ հոնքերը։

Ժպիտը, որ նա խաղացրեց շրթունքներին, հյուրին ողջունելու ժամանակ, բնազբոսիկ էր և չէր հարմարում դեմքին, որ կարծես ստեղծված էր միշտ խիստ ու մտախոհ երևալու համար։ Առաջին տպավորությունը, որ նա արավ երիտասարդի վրա, այն էր թե՝ նա բանի տեղ չէր դնում միաբանության անդամներին։ Որովհետև մոտենալուց, նա ոչ միայն չնայեց վերջինների վրա, այլև մինչև իսկ չտեսնելուն տվավ, իբրև այնպիսի մարդկանց, որոնց հետ չուներ որևէ առնչություն, կամ որոնց գոյությունը չէր հետաքրքրում իրեն, լոկ այն պատճառով, որ գիտեր թե նրանցից ոչ մեկը չէ կարող յուր հայտնի վիճակի վրա ունենալ լավ կամ վատ ազդեցություն:

Սովորական քաղաքավարությամբ երիտասարդի «քեֆը» հարցնելուց հետո, նա ցանկացավ իմանալ թե ինչո՞ւ վերջինս չէ մնում իրանց մոտ մի քիչ ավելի:

— Ուրախությամբ կմնայի, բայց իմ ձիապանն, ահա, նստած լճափին սպասում է ինձ, — առարկեց երիտասարդը:

— Վնաս չունի, նրանք սովոր են սպասել, — նկատեց սարկավագը այնպիսի եղանակով, որ կարծես այդ «նրանքը» իսկի մարդիկ չէին:

— Բայց միևնույն է, ես արդեն ձեր վանքում ամեն ինչ տեսա, ամեն բանի ծանոթացա, ավելի մնալն այլևս միտք չունի:

— Հա՞, դե որ էդպես ա, լավ ա: Ասենք շատ տեսնելու էլ բան չունենք, մի դարտակ վանք ա, մին էլ մի քանի սևագլուխներ. եկողն ուրիշ ի՞նչ պտի տեսնալ, — նկատեց սարկավագը ժպտալով, ապա նայեց աբեղաներին այնպիսի մի հայացքով, որով կարծես կամենում էր ասել՝ «չլինի թե սխալվիք ուրիշ կարծիք հայտնել»:

Նրա դիտողությունը, սակայն, ոչ ոք առավ ուշադրության, իսկ Պետրոսը շտապեց նավակը, որ սպասում էր իրեն:

Ծովակն անհանգիստ էր, թեպետ ոչ անսաստ հուզված: Ալիքները դեռևս խաղում էին իրար հետ և կարծես զգուշանում միմյանց ընդհարվելուց, որպեսզի ծովակի ժպտուն դեմքը չխռովեն:

Կամսարյանի հարցին թե՝ արդյոք ջրի անհանգստությունը վտանգ չէ՞ սպառնում, սարկավագը պատասխանեց.

— Էդ տեսակ անհանգստությունից հեչ վտանգ չկա. ուրիշ ա, որ քիչ հետո քամին սաստկանա, բայց մինչև էն վախտը դու կլինես Չիբուխլուում:

Մինչդեռ ուղեկցող աբեղաներից մինը, որ մեր ծանոթ բողոքարկուն էր, երիտասարդին ավելի միամտացնելու համար, պատրաստակամություն հայտնեց ուղեկցել նրան մինչև դիմացի ափը:

Կամսարյանը սիրով ընդունեց այդ առաջարկությունը և նրանք միասին մտան նավակը, որ իսկույն էլ առաջացավ դեպի խորքը:

Սակայն այստեղ ալիքները թվում էին հետզհետե ավելի անհանգիստ և, հետևապես, ավելի ահարկու: Թեպետ թիավարների հուժկու բազուկների շնորհիվ հնատարազ նավակը սուրում էր արագ, այսուամենայնիվ ծփանքը նրան այնպես էր տատանում, որ թվում էր թե ահա, ուր որ է, մի հորձանք կխուժե նավակի խորը և լցնելով այն՝ ուղևորների հետ միասին կիջեցնե հատակը:

Երիտասարդ աբեղան տեսնելով, որ Կամսարյանը երկյուղ է կրում, սկսավ նախ նրան հանգստացնել, ասելով որ ծովակի ավելի հուզված ժամանակն իսկ ամենքը նրա վրա երթևեկում են աներկյուղ, ըստ որում մինչև այսօր դեռ ոչ ոք այդտեղ վտանգի չէ հանդիպել: Իսկ հապա նրա ուշադրությունը ուրիշ բանի վրա դարձնելու համար, սկսավ նորեն խոսել վանքի ցավերից.

— Գիտե՞ք, բարեկա՛մ, ես շատ ուրախացա, երբ դուք վանահորից նվիրատվության մատյան պահանջեցիք: Թեպետ ցավալի էր, որ նա կարծեց թե դուք մեր խոսքն եք կրկնում և ոչ թե ձեր սեփական ցանկությունը հայտնում, այսուամենայնիվ, լավ եղավ, որ այդ բանն արիք, որովհետև դրանով մեր դատին ուժ տվիք: Երանի թե ամեն այցելու այդպիսի մի պահանջ անե նրանից: Այն ժամանակ նա կիմանա, որ համեստության պակասությունը կամ ըմբոստությունը չէ պատճառը, որ մենք ևս հաճախ նման պահանջներ ենք անում, այլ մեր գիտակից պարտաճանաչությունը, որին իրավունք չունինք դավաճանելու՝ լռելով այնտեղ, ուր պետք է խոսել: Դուք նվիրատվության մատյանն եք ասում, մի հարցրեք թե ուրիշ որևէ մատյան ունի՞ մեր վանքը: Տեսա՞ք դուք այդ սարկավագին, որ նոր վերադարձավ: Ուշադրության արժանի անձնավորություն է դա: Ով որ կամենում է մեր մի կարգ գործերի անհաջողության գաղտնիքը լուծել, նա պետք է ուսումնասիրե այդ տեսակ անձանց, որոնք չնայելով իրենց ոչնչության, այսուամենայնիվ մեծ դեր են խաղում մեր բախտը տնօրինելու կարևոր գործում: Սնանում, օրինակ, այդ մարդը վայելում է մեծ իրավունքներ: Չեմ սխալի, եթե ասեմ, թե դա է մինչև անգամ մեր ամենի գլխավորը և ոչ թե վանահայրը, որ ոչ այլ ինչ է, եթե ոչ մի խեղճ ու տգետ մարդ: Վերջինս, իսկապես, մեզ չի սիրում, նրա համար, որ իրեն հաճախ անում ենք այնպիսի պահանջներ, որոնց խորհուրդը նա չէ հասկանում: Մյուս կողմից էլ նրան լարում են մեզ դեմ յուր մտերիմները և մանավանդ սարկավագը, որին նա հավատում է միամտաբար, կամ, գուցե հարկից ստիպված: Ո՞վ է, սակայն, սարկավագը, որ այսքան ուժ ունի, — մի տգետ ու գռեհիկ մարդ, որ անհիշատակ ժամանակներից գտնվելով այս անապատում, յուր ժրության և ճարպկության շնորհիվ արժանացել է «աներևույթ կարգադրիչների» ուշադրության և նրանց ջանքերով էլ «վերևից» կարգվել վանահոր օգնական: Նրա պաշտոնն է, իբրև վանքի գործակատար, հսկել նրա կալվածներին, ժողովել եկամուտը, երբեմնապես գնալ մոտիկ քաղաքները, թե՛ այդ տեղերի կալվածոց արդյունքը գանձելու և թե՛ միաբանության համար հագուստ կամ այլ պիտույք հայթայթելու: Բայց նա յուր պաշտոնը կատարում է ոչ թե իբրև գործակատար, այլ իբրև վանքի տեր ու իշխեցող: Եկամուտ ձեռք բերելու դժվարին մասը նա, իհարկե, հանձնում է վարդապետներին սրանք են, օրինակ, հավաքում միաբանության հասանելիք «պտղի բաժին» — ոչխարը, պանիրը, ձեթը, ցորենը և այլն: Այս առիթով խեղճերը սարերն են բարձրանում, ձորերն են իջնում, դաշտերն ու գյուղերն են չափում և սակայն այդ ամենը վանքը մտնելուց հետո, ենթարկվում է սարկավագի միահեծան իշխանության: Ինչ վերաբերում է դրամական գործերին, դրանք արդեն նրա ձեռքումն են: Ի՞նչ մուտք ունի վանքը և ի՞նչ ելք, այդ մենք չգիտենք, բայց գիտե սարկավագը և եթե հարկ լինի որևէ հաշիվ տալ մեկին, այդ կտրվի այնպես, ինչպես որ սարկավագը կուզե, և ոչ թե այնպես, ինչպես որ իրոք կա: Այսօր կղզին մտնելուց դուք խոսեցիք գյուղացիների տրտունջի մասին, որը, սակայն, ընկերս համարեց զրախոսություն, բայց նա սխալվում էր: Գյուղացվոց տրտունջն էլ ունի յուր հիմքը: Մեր գործերն առհասարակ այնպես են ընթանում, որ հեռվից նայողը պիտի կարծե թե, այս անտեր հայոց ազգում ո՛չ մեծ կա, ո՛չ փոքր, ո՛չ տեր կա, ո՛չ տիրական, այլ կան մի-մի սարկավագներ, որոնք հենված իրենց պաշտպան «ուժերին», գործում են՝ ի՞նչ կամենում են, և ոչ ոք նրանց չէ իշխում խանգարել: Եվ հենց այդպես էլ է, եթե երբեմն մարդիկ համբերությունից ելնելով սկսում են տրտնջալ, կամ ուր հարկն է բողոքել, այդ ամենի արդյունքը լինում է այն, որ սարկավագը կատարում է մի փոքրիկ ճանապարհորդություն, համբուրում է «աներևույթ կարգադրիչների» ձեռքը և վերադառնում դարձյալ յուր պաշտոնով ու իրավունքներով: Այնուհետև ջուրը դարձյալ հոսում է յուր հին ճամփով և մարդիկ հոգնած հաշտվում են այդ դրության հետ: Այս է իսկապես պատճառը, որ վանահայրն ամեն բանում համակերպվում է սարկավագին: Նրա մեջ այլևս մեռել է տրտնջող ու բողոքող հոգին և մնացել է միայն մի փոքրիկ փառասիրություն, որ զոհ է, գեթ նրանով, որ ինքն աշխարհի առաջ համարվում է «վանահայր»: Իսկ թե այնուհետև ի՞նչ է կատարվում շուրջը, այդ ամենի համար նա կարող է աչք գոցել, որպեսզի «աներևույթ» պաշտպանները չզրգռվին: Այս կերպով են վարվում մեր գործերը շատ տեղ և «խոհեմ» մարդիկ չեն վրդովվում այդ դրությամբ, որովհետև հավատացած են թե ոչինչ այլևս չէ կարելի փոխել: Բայց մի՞թե այդպես է: Մի՞թե այդ ձևով պիտի մտածենք նաև մենք, որ մտել ենք հոգևոր զինվորության մեջ գաղափարով ոգևորված... Ի՞նչպես թե մի տզետ ու գռեհիկ գեղջուկ միահեծան տեր լինի այս հինավուրց անապատին... Ի՞նչպես թե այդ պաշտոնը նա զնե այնպիսիներից, որոնց մի փութ աղած կողակի նվերը ավելի է զբաղեցնում, քան թե Սևանի շուրջն ապրող ժողովրդի ցավերն ու կարիքները... Եվ երբ այս մասին մտածում ես, երբ երևակայում ես թե ի՞նչ կարող էր լինել պատմական Սևանը, ինչե՞ր կարող էին լինել հռչակավոր Տաթևը, Սանահինն ու Հաղբատը, Գանձասարն ու Ամարասը և ուրիշ շատերը, որոնք, սակայն, այսօր ոչ այլ ինչ են, եթե ոչ ավերանոցներ, զայրույթից քիչ է մնում որ խելագարվես... Ահա, այսպիսի դեպքերումն է, պարո՛ն Կամսարյան, որ մենք հիշում ենք ձեզ, զարգացած ու կարող երիտասարդներին և կարոտում ձեր օգնության...

Վերջին բացականչությունը նեղը պիտի լծեր Կամսարյանին, եթե նրա բախտից նավակը չհասներ ափին: Բայց նա ոչ միայն հասել, այլև կողն արդեն դեմ էր արել ժայռին: Պետք էր ուրեմն ելնել: Այս դեպքում, իհարկե, պատշաճից դեմ չէր, որ երիտասարդը, իրեն ուղղված սրտառուչ դիմումին հարմար և վայել պատասխան չտալով, շատացավ միայն աբեղայի եռանդը մի քանի խոսքով գովելով: Հետո բարեկամաբար նրա ձեռքը սեղմելով, շնորհակալություն հայտնեց սիրալիր ուղեկցության համար և հատկապես խնդրեց, որ հայր-սուրբը համի վստահորեն դիմել իրեն, երբ հարկ լինի հանձնել իրեն որևէ պատվեր կատարելու:

— Պատվերներ տալ ձեզ՝ չեմ համարձակվի, բայց գուցե խնդրեմ, որ երբեմն ինձ համար նոր գրքեր ղրկեք, դրանով դուք ինձ շատ շնորհապարտ կկացուցանեք, — ասաց աբեղան:

— Ամենայն սիրով և ուրախությամբ, — հարեց երիտասարդը և մակուկավարներին առատորեն վարձատրելով, դուրս ելավ ափը:

Մի քանի րոպեից հետո նավակը հեռանում էր առնելով յուր հետ բողոքարկու աբեղային, իսկ Կամսարյանն յուր ձին խրախուսելով, դիմում էր դեպի Չիբուխլու:

ԺԴ

Դեռ բավական օր կար, որ Պետրոսը հասավ գյուղ: Տանուտերը տանը չէր. նրան դիմավորեց տանտիրուհին, որի հետ խոսել նա չէր կարող: Ինչպե՞ս անցնել ուրեմն օրվա մնացորդը, կամ ուր գնալ, մտածեց երիտասարդը և իսկույն էլ մտաբերեց տիրացու Մոսուն: — «Այցելեմ նրա դպրոցը, այս կարող է ուրախացնել տիրացուին», խոսեց նա ինքնիրեն և դուրս գնաց:

Առաջին պատահող անցորդը ցույց տվավ նրան տիրացուի տեղը, դեպի ուր և ուղղեց յուր քայլերը:

Տնակն, ուր ապրում էր Մոսին, գտնվում էր գյուղի ծայրում և բաղկացած էր մի հատ երդիկավոր միադուռն օդայից և ցածուն, բայց լայնադիր սրահից, որի առաջ գտնվում էր նաև փոքրիկ բակ, կիսով չափ պարսպած գետաքարերի անշաղախ պատով: Հովանավոր սրահում, այլև բակի այն մասում, որի վրա հարևանի աթարի դեզը տարածել էր լայն ստվեր, անկարգ ու խառն ի խուռն նստոտած էին մոտ երկու տասնյակ տղաներ, ոմանք կտավի փոքրիկ մինդարների, կամ հին կապերտի կտորների, ոմանք պատերի տակ ընկած սալաքարերի, իսկ ուրիշներ՝ ուղղակի հողի վրա: Նրանք ձեռքերնին մի-մի գիրք առած կարդում էին, երբեմն կամացուկ, երբեմն մռմռալով, իսկ հաճախ բարձրաձայն, առանց մեկը մյուսին նայելու, որից և բակի ու սրահի մեջ բարձրացել էր աղմուկ ու ժխոր:

Տիրացուն, որ Կամսարյանին հանդիպած ժամանակ երևում էր կորաքամակ, այստեղ, աշակերտների առաջ ճեմում էր ձգված ու բարձրագլուխ: Մինչև անգամ մորթե գդակը, որ նա ճանապարհին քաշել էր գլխին մինչև ականջները, այժմ ոչ միայն բարձր էր՝ ճակատը երևալու չափ, այլ և քեշ (ծուռ) դրված, որով նրա դեմքը ստանում էր համարձակ ու ինքնավստահ արտահայտություն: Նա ձեռքին ուներ հասարակ փայտից շինած մի երկար քանոն, որ նմանում էր որմնադրի գազի և որը շարունակ աջ ու ձախ ճոճելով, մոտենում էք մերթ այս, մերթ այն աշակերտին և փոխանակ խոսքով դիտողություն անելու, նրա ծայրով բոթում էր կամ մեկի կրծքին՝ կամենալով ուղիղ նստեցնել նրան, կամ մյուսի գլխին՝ որպեսզի սա շատ չկորացնե այն, իսկ հաճախ զարկում սրա ու նրա գրքին, որպեսզի ծնկների վրա դնելու փոխարեն ձեռքերնին առնեն նրանց:

Հեռվում՝ ձայնը մի աշակերտի, որ կարդում էր կանգնած, հաղթում էր ընդհանուր ժխորին: Այդ նշանակում էր թե նա դաս է ասում:

— Ի՞նչ է պաճարը, որ դու... — կարդում էր աշակերտը մայրենի լեզվից:

— Պաճարը չի, ա լակոտ. պատճառն ասա, — ուղղում էր տիրացուն:

— Պատճառը, որ դու այդպես…:

— Ա հայվան, աղպեսը ո՞րն ա. մի շանց տու տենեմ,— ասում էր տիրացուն և քանոնը ճոճելով խոյանում դեպի աշակերտը:

Վերջինս, մեկ ճոճվող քանոնին, մեկ գրքին նայելով, շփոթված պտրտում էր այդպեսը:

— Ու՞ր ա, դե շանց տու տենեմ. շանց տու, շո՛ւտ,— կրկնում էր տիրացուն անհանգստությամբ:

Աշակերտը վերջապես գտավ աղպեսը և ցույց տվավ:

— Աղա, էշի ծեք, բա էդ ա՞դպես ա, էս «յ»-ին տենո՞ւմ չես. աչքդ քո՞ռ ա. հմի թխեմ դրուստ քոռացնե՞մ, — ասում էր վարժապետը և ապա ուղղում՝ — ասի՝ այդպես:

— Այդպես:

— Չո՛ռ... դե հմի միտդ պահի:

— Այդպես ուրախ ծիծաղում ես... շարունակեց աշակերտը:

Կամսարյանը, որ մի քանի վայրկյան ցանկապատի հետևը կանգնած տեսնում ու լսում էր այս ամենը, վերջապես մտավ բակը:

Տիրացուն հենց որ նշմարեց նրան, ձեռքը բնազդաբար դեպի գլուխը տարավ, և գդակի դիրքը ուղղելով շտապ-շտապ մոտեցավ երիտասարդին:

— Բարով ես եկել, աղա, հազար բարով, էս ո՞ր խաչից ա մեզ

միտդ ես զցել, — ասաց նա ժպտալով և սև ու կոշտ ձեռքը Կամսարյանին ուղղելով:

— Եկել եմ քո ուսումնարանը տեսնելու, — պատասխանեց վերջինս և թեթևակի ու կես անուշադիր սեղմեց Մոսու ձեռքը:

— Շնորհակալ եմ... Աստոծ էլ քե միալ զցի (ուշադիր լինի), ոնց որ դու մեզ միալ ես զցում... ամա դեմ կբաշխես, քու տենելու լայաղ հուսումարան չունեմ:

— Հոգ չէ, ինչ ունես՝ ա՛յն կտեսնենք:

— Լավ կըլի, — համաձայնեց տիրացուն և դառնալով աշակերտներին՝ կես բարձր ու կես խեղդված ձայնով, հրամայեց, — աղա, վե կացեք, ազին գլուխ տվեք:

Աշակերտները մեկը մյուսի հետևից վեր կացան տեղներից ու շվարած ու երկչոտ հայացքով սկսան դիտել «աղին»:

Նրանց արտաքինը չափազանց տխուր ազդեցություն էր անում: Մոտ երկու տասնյակ աշակերտների մեջ հազիվ մի երկուսը հագնված էին օրինավոր, այսինքն ունեին չմաշված շոր և կաշվե ոտնամաններ: Մյուսները զրեթե ցնցոտիների մեջ էին, ոմանք մինչև իսկ կիսամերկ և բոկոտն, կային և այնպիսիները, որոնք արխալուղի (բաճկոն) տակ շապիկ չունեին, կամ եթե ունեին, այնքան էր կեղտոտ, որ կտավի ի՞նչ գույն լինելը չէր որոշվում:

— Աղա, ձեզ ասըմ չե՞մ գլուխ տվեք, — կրկնեց տիրացուն յուր հրամանը:

Աշակերտներից մի քանիսը գլուխ իջեցրին. ավելի փոքրերը դեռ նայում էին. ապա ընկերներին հետևելով, նրանք էլ գլուխ տվին, առանց իմանալու թե ինչո՞ւ են այդպես անում:

Մի փոքրիկ դալկադեմ տղա, որ դեռ քարի վրա նստած յուր մեծ-մեծ սիրուն աչքերը հառել էր «աղին» և չէր մտածում ոտքի ելնել, զգաց տիրացուի զայրույթը:

— Ա լակոտ, խի՞ չես վե կենում, — խուլ ձայնով ճչաց նա և յուր բարկացայտ աչքերը սևեռեց երեխայի վրա:

Վերջինս վեր թռավ, իբրև օձահար և երկչոտ հայացքը սկսավ պտտեցնել մերթ «աղի», մերթ վարժապետի վրա:

Հին պատառոտուն հազուստը, որ շատ տեղ նույնիսկ չէր ծածկում տղայի նիհար մերկությունը, անմեղ ու տխուր հայացքը, որ մի առանձին գրավչություն էր ստացել զգացած երկյուղի ազդեցության շնորհիվ, այնպես հուզեցին Կամսարյանի սիրտը, որ նա չկարողանալով յուր դժգոհությունը զսպել, ծանր դիտողություն արավ վարժապետին, որ նա կոպտաբար է վարվում երեխաների հետ:

— Որ դիե չանես, սրանք մարդ չեն դառնալ: Դու գի տում չես թե ինչ թաիր թայփա (ցեղ) են: Ափսո՞ս չեն մերոնք (ղազախեցիք), ընդոնցում խելք կա, շնորիք կա, ըստոնք ջլիզ (բոլորովին) հայվան են, — առարկեց տիրացուն:

— Դեհ լավ, բավական է, աշակերտներին չեն հայհոյիլ, — կամացուկ նկատեց Կամսարյանը և ապա մոտենալով տղաներին, սկսավ նրանց խոսեցնել, հացուփոձել, մեկին կամ մյուսին կարդացնել, կամ նրանց գրքերն ու տետրակները նայել:

Տղաներից ոչ մեկը, նույնիսկ մեծերից, որոնք ձեռքերնին ավետարան ունեին, կանոնավոր կարդալ չէր իմանում:

Գրելու մեջ, մանավանդ, ետ էին մնացած բոլորը: Մի երեխայի տետրակի վրա նա տեսավ վարժապետի գրած մի քանի տող օրինակը, որ անկանոն ձևով գրված լինելուց զատ, լի էր նաև տառասխալներով:

«Եթե սա է վարժապետը, ի՞նչ կլինի աշակերտը», մտածեց Կամսարյանը և գլուխը շարժեց:

— Տենում եմ, որ հավանում չես իմ հուսումարանին, — ժպտալով և միևնույն ժամանակ, քաշվելով նկատեց տիրացուն, երբ Կամսարյանը յուր հարցուփորձը ավարտելով, կամենում էր հեռանալ:

— Ի՞նչ ասեմ, Մոսի, լավ կլիներ, որ դու այս ուսումնարանը փակեիր, — ասաց երիտասարդը:

— Ընչի՞ հմար, — զարմացավ տիրացուն:

— Նրա համար, որ դու ոչինչ չես սովորեցնում այս երեխաներին:

— Ցանի ո՞նց չեմ սովորեցնում: Բա դու քու աչքով տեհա՞ր ոչ՝ ո՞նց են կարդում, յա անգիր ասո՞ւմ:

— Տեսա, բայց թե՛ կարդացածները և թե անգիր ասածները, բոլորն էլ սխալ էին ու անկանոն:

— Դե որ դրանից լավ կարում չենք սովորեցնե՞նք...

— Այն ժամանակ ավելի լավ է, որ իսկի չսովորեցնես: Այս դիտողությունը տիրացուի ինքնասիրությանը դիպավ, ուստի նա համարձակություն առավ խոսելու.

— Գիտե՞ս ի՞նչ կա, աղա, օրինակի հմար ասենք, մի մարդ կա, որ քաղցած ա, ընենց քաղցած, որ ուզում ա թիլանա, ի՞նչ արած, ցրեն հաց չկա, որ տանք իրան ուտի: Ես ասըմ եմ ըստի մի կտոր ճաթ (կորեկահաց) կա, բերե՛ք տանք իրան. դու ասըմ ես՝ չէ, ճաթը դժար կմարսի: Հեր օրհնած, մարդը սոված թիլանում ա, ցորեն հացը որ չկա, ճաթն էլ ա տանք, որ ուտի, չմեռնի, է՞ ... Հմի մեր էս րեխեքն են: Լավ, օսալ, մի բան սովորցնում ենք: Ասում չեմ՝ քերականութին յա ճարտասանութին եմ սովորցնում, ըդոնք ես էլ չեմ կարդացել: Ամա դե մի քիչ գրաճանաչ ենք անում, որ թղթի սև ու սպիտակը ջոկեն, այ հարկավոր վախտը՝ մի բարովագիր, յա սանադ (մուրհակ) գրեն, յա չէ, սուդը (դատարան) կանչած վախտը՝ իրանց անումն ու փամիլան կարան ձեռք քաշի:

— Ախար եթե դու այս ուսումնարանը չունենաս, գյուղացիք կտեսնեն, որ իրենց երեխաները մնում են անուսում, կհավաքվեն, կմտածեն և իրենց համար մի կանոնավոր ուսումնարան կհիմնեն:

Տիրացուն ծիծաղեց:

— Ինչո՞ւ ես ծիծաղում, — հարցրեց Կամսարյանը:

— Բա ո՞նց չծիծաղեմ, խաչն իմն ա, զորութինը ես եմ գիտում: Մեր ժողովուրդը ընե՞նց ժողովուրդ ա, որ իրանից մի բան անի՞: Հրեն ամեն մի րեխին ամսեկան իրեք շահի, յա մին աբասի փող դեն տալ, սկի էն էլ տալիս չեն, պահում, զցում են կալավախտին, թե ի՞նչ ա, փողի տեղ ցորեն, յա գարի տան: Էն էլ թե տարին առատ ա ըլում, տալիս են, թե չէ, ասում են գյալաջախ (գալ տարի) կտանք: Ընենց մարդ էլ կա փողի տեղ ձու, ճուտ, յա հավ ա բերում. շատ վախտ էլ բերում չի: Այ, տեսնում ես էն պուճուր տղան, որ հմի քարիցը վե չէր կենում, նա եթիմ (որբ) ա, մի ըրբևերի (այրի) մեր ունի: Ասավ՝ րեխիս կարդացու, ամսեկան մի ջուխտ գուլպա կտամ: Ես էլ էս ա օխտն ամիս ա կարդացնում եմ: Ամա դե մի ամսվա հմար մի ջուխտ բերել ա ու ընդուցը եդը էլ բերում չի: Ասում եմ. — ա՛ նան (մայրիկ), բա խի՞ պարտքըդ տալիս չես. ասում ա. — վարժապետ, դուրբան ըլեմ քե, բուրդ չունեմ թե մանեմ, մի քիչ մոհլաթ տուր, էս ա գնալ դեմ Նորադուզ, իմ քվոր տունը. ընտեղից բուրդ կբերեմ, թել կմանեմ ու գուլպեքդ կգործեմ, կըտամ: Ես էլ տեսնում եմ, որ խեղճ կնիկ ա, ըսկի հաց չունի թե րեխին կուշտ փորով ուտացնի, բուրդ ո՞րդիան դի գտնիլ որ թել մանի: Ըսենցով սիրտս ցավում ա. ասում եմ նանի ջան, փիքր մի՛ անիլ (մի՛ մտածիլ), ես քու րեխին մուֆտա (ձրի) կկարդացնեմ: Էն ա, նա էլ ուրախանում ու օրհնում ա ինձ: Սրանով բանը քութահ ա ըլում (վերջանում է):

«Հմի քե եմ հարցնում. ամիսը իրեք շահի, յա մին աբասի

տալով, կալափայ, ձու, ճուտ, յա փողի տեղ՝ օրհնութին հվաքելով ժողովուրդը կարա՞ հուսումարան բանա՞լ...

Ա՛յ, ուրիշ բաժե էր էն, որ գալիս վախտը ճամպին ասում իր ինձ թե, եթե մի մարդ իրա ծախքովը ուզի հուսումարան բանալ, գեղացիք հո չե՞ն հկառակիլ: Ես էլ ասեցի՝ բա խի՞ են հկառակում. մարդ իրա աչքը քո՞ռ կուզի: Հմի թե որ ըդենց մի բարի մարդ գտնվի, էն չախը հա՛, կհավատամ, որ մի բան կըլի. թե չէ ժողովրդին որ թողնես, ինքն իրանից բան չի շինիլ:

Կամսարյանը զարմացավ, տեսնելով որ այնքան գռեհիկ երևացող այդ տիրացուն կարողանում է յուր (Կամսարյանի) առարկությունները հիմնավոր կերպով ջրել. ուստի հանցանքի մեջ բռնված մարդու նման չիմացավ ի՞նչ պատասխանել: Մի քանի վայրկյան լուռ մտածելուց հետո, ասաց.

— Դու էլ իրավունք ունիս:

— Հարկ է որ ունիմ. ինչ կըլի բանը չիմանամ, ես սկի կխոսե՞մ, — սրտավորվեց տիրացուն:

Երիտասարդն ուրիշ առարկություն չարավ և մնաս բարև ասելով, հեռացավ:

Ճանապարհին, սակայն, նա մտածում էր: Գաղափարական «ես»-ը դարձյալ շշնջաց նրա ականջին: Նա հիշեցնում էր տիրացուի խոսքերը, բացատրությունները, նրա կարեկից վարմունքը աղքատ այրիի հետ: «Այս չքավոր ու կիսակիրթ տիրացուն, յուր ողորմելի պատրաստությամբ, ավելի շատ է գործում և ավելի շատ օգնում խեղճ ժողովրդին, քան թե մենք, զարգացածներս, մեր բարձր գիտությամբ, մեր ունեցած հարստությամբ, — ասում էր այդ «ես»-ը և երիտասարդը լսելով նրան, թե՛ համոզվում և թե՛ զայրանում էր:

— Ցած ու ստոր արարածներ ենք և ուրիշ ոչինչ,— բացականչեց նա հանկարծ և քայլերն արագացրեց:

Ճանապարհի կիսում նա հանդիպեց ուստա Պետոսին, որ շտապ-շտապ գալիս էր իրեն գտնելու:

— Աղա՛. ախր ես քե եմ ման գալի (պտրտում): Էսօր էրկու հետ (անգամ) գնացել եմ տանուտերի տունը՝ Սալբուն հարցրել. ասել ա՝ հլա Սնանից եկել չի: Քե մատաղ, աղա, թե կարաս, ջափա (նեղություն) քաշի, ե՛կ էն մարգին մի բանով օգնի, խեղճ ա, տունը քանդվում ա:

— Ի՞նչ մարդ, չեմ հասկանում, — հարցրեց Կամսարյանը, սկզբում չիմանալով թե ո՞րի մասին է խոսքը:

— Մեր էն խեղճ Սային...բա էրեկ չասի՞ թե՝ Խոջան հրաման ա բիրել, որ նրա էլած չէլածը ծախի՞: Այ, հմի պրիստավը վե կալած էկել ա, խեղճի դուռը կտրել: Քանի մարդիկ մեջ ընկան, խնդրեցին, աղաչեցին թե մի քիչ էլ ա մոհլաթ տա, ասավ՝ տալ չեմ. փողս բիրեք տվեք, պրիստավին վեր ունեմ գնամ, թե չէ ինչ ունի չունի, պտի վեր գրեմ, ինչ կըլի կնկանը շորերն էլ... Դե, մենք փող ո՞րդիան գտնենք էս սհաթին, գեղականի ջանումը հա՞լ ա մնացել որ հվաքի տա:

— Գնանք, գնանք, ուրախությամբ կօգնեմ, եթե հնար լինի, — ասաց Կամսարյանը, գոհ լինելով, որ քիչ առաջ հուզված յուր խիղճը պիտի հանգստացնե մի բարի գործով:

— Հնա, կըլի, խի՞ չի ըլիլ: Հենց որ դու ռուսևար պրիստավին հասկացնես, թե ախար էս մարդը Խոջին պարտ ա լէլ քսան մանեթ, էդ խի՞ քսանը հարիր էրսուն ա դառել, էն ա նա էլ Սայուն զոռիլ չի:

— Ուրեմն Սայու պարտքը 20 մանեթ է եղել և հիմա ետ 130 է ուզո՞ւմ, — հարցրեց երիտասարդը:

— Բա՛:

— Քանի՞ տարի է:

— Չորս:

— Ճշմարի՞տ:

— Սաղ գեղին ա հայտնի:

— Գնանք, գնանք, դա հետաքրքրական է, — ասաց երիտասարդը և շտապեց:

Գյուղերում արտաքո կարգի մի դեպք պատահած ժամանակ, ուրախության առիթով լինի այդ, թե տխրության, գյուղացիք սովոր են խռնվիլ այն տան բակը, ուր դեպքն է պատահել և հետաքրքրվիլ նրանով՝ իբրև սեփական գործով: Սայու բակն էլ այդ վայրկենին լիքն էր ժողովրդով:

Պրիստավը, որ մոտ քառասնամյա, բարձրահասակ, շիկահեր և բարեդեմ մարդ էր, կանգնած խոսում էր մի քանիսի հետ, իսկ Խոջա Միրզան, որ պարտատեր լինելուց զատ թարգմանչի դեր էր կատարում, ձեռքերին ու ոտքերին անելով բացատրում էր պրիստավի խոսքերը:

Խոջան արտաքինով, անշուշտ և ներքինով, պրիստավի հակապատկերն էր: Դա մի գիրուկ, կարճահասակ մարդ էր, արևահար դեմքով, մանր ու շարժուն աչքերով, որոնց կոպերը՝ արտևունքներից զուրկ լինելուց զատ, խիստ կարմիր էին և նրա հայացքին տալիս էին ոչ միայն խորամանկ, այլև լպիրշ արտահայտություն: Կարճ, քիչ ցարդված քիթը, որ անշուշտ յուր անցյալ պատմությունն ուներ, և սուր կզակի վրա, տեղ-տեղ միայն բուսած, նոսր ու գորշ մորուքը, լրացնում էին նրա դեմքի տգեղությունը, որ յուր մեջ ուներ նաև մի ժանտ գիծ, որից ռամիկը կամա ակամա պիտի վախենար:

Պրիստավը խոսում էր այնպիսի մարդկանց հետ, որոնք եկել էին Սայու համար նրա օգնությունը հայցելու, դրանց թվումն էր և տանուտերը:

Մինչդեռ պարտապան Սային, որ աղքատ հագնված, նիհար, և ինչպես ասում են, մազն երեսին չորացած մի ծերուկ էր, մորթե գդակը կռան տակն առած և մեջքը սրահի սյունին հենած խեղճ ու կրակ նայում էր մեկ պաշտոնյային, մեկ խոսող մարդկանց, առանց մի բառ արտասանել կարողոնալու և ապա հայացքը ձգում յուր վերջին հույս ու ապավեն ձիուն ու մի հատ կովին, որ գոմից դուրս հանած, պատրաստվում էին առաջինը վեր գրել, իբրև արժեքավոր իրեր:

Սայու կինը ցնցոտիների մեջ փաթաթված, ձեռքերը խաչած, կանգնած էր կովի մոտ, իսկ նորա կողքին գտնվում էին յուր մեռած որդու երկու մանկահասակ, նիհար, կիսամերկ և բոկոտն որբուկները, մի տղա և մի աղջիկ, որոնք վախեցած աչքերով և մանկական հուսահատությամբ նայում էին մերթ խոսող պաշտոնյային, մերթ պարտատեր Խոջին, որ յուր ժանտ դեմքով, սրածայր գդակով և մահուդից կարած երկար կապայով նրանց աչքին, այդ րոպեին, թվում էր իբրև մինն այն դևերից, որոնց մասին իրենք լսել էին հեքիաթներ՝ պապից կամ տատից:

Մտնելով Սայու բակը, Կամսարյանն ուղղակի դիմեց պրիստավին և հայտնելով նրան յուր անունն ու ազգանունը, խնդրեց ծանոթանալ:

Վերջինս սիրով ընդունեց այդ ծանոթությունը և ուրախություն հայտնեց, որ Չիբուխլուի նման մի հետ ընկած անկյունում պատահում է պարոնի նման մի երիտասարդի, ուստի խոսակիցներից հեռանալով, սկսավ զրուցել վերջինի հետ:

Պետրոսն առանց ուշացնելու, հայտնեց պաշտոնյային յուր նպատակը, որ էր օգնել գյուղացուն, դժար կացությունից ելնելու:

— Դուք, երևի, կամենում եք նրա պարտքն առնել ձեր վրա՞, — հարցրեց պաշտոնյան, լավ չըմբռնելով Կամսարյանի խոսածը:

— Ոչ, ես իմացա, որ պարտատիրոջ պահանջն անարդար է, այդ պատճառով կամենում եմ, որ մասնավոր կարգով քննության առնենք այդ խնդիրը:

— Այդպիսի քննության ես, դժբախտաբար, չեմ կարող մասնակցել և դա գործնական հետևանք էլ չի ունենալ: Որովհետև պարտատերը ներկայացրել է ինձ դատարանից առած օրինավոր հրամանագիր (կատարողական թերթ) և հայտնելով, որ պարտապանը հոժարությամբ չէ վճարում յուր պարտքը, պահանջում է վեր գրել նրա ստացվածքը և աճուրդով վաճառել. ես չեմ կարող օրենքի հրամանը չկատարել:

— Ես ինքս իրավաբան եմ, և այդ ամենը գիտեմ: Օրենքի հակառակ ոչինչ չեմ առաջարկիլ: Այս մեկն եմ միայն խնդրում, որ ժամանակ տաք ինձ այս մարդու հետ խոսելու: Սրա պահանջը հիմնված է հայտնի խարդախության վրա, որի համար քրեական պատժական օրենքը սպառնում է հանցավորին իրավունքների զրկանք և բանտարկություն:

— Ի՞նչ խարդախություն կարող է լինել, նա դատարանին ներկայացրել է 131 ռուբլու օրինավոր մուրհակ և այդքան գումարի էլ հրամանագիր առել:

— Բայց գյուղացին պարտ չէ նրան այդքան:

— Գուցե, այսուամենայնիվ, ես իրավունք չունեմ այդ իմանալու:

— Բայց ես խոսում եմ ձեզ հետ ոչ իբրև պաշտոնական անձի, այլ իբրև ճշմարտության նախանձախնդիր բարեկամի հետ:

— Համեցեք, ես ձեզ լսում եմ:

— Գյուղացին այս մարդուց չորս տարի առաջ ստացել է միայն 20 ռուբլի: Այդ քան ռուբլին այսօր դարձել է 131: Այս հանելուկը չէ՞ հետաքրքրում ձեզ:

— Չափազանց: 20 ռուբլին ինչպե՞ս կարող է չորս տարվա ընթացքում դառնալ 131:

— Այ, հենց ես էլ այդ եմ ուզում հարցնել պարտատերից:

— Հարցրեք, իմացեք, դա հետաքրքրական է:

Խոջան, որ մի փոքր հեռու կանգնած դիտում էր խոսակիցներին և վատ բան գուշակում վարժ ռուսերեն խոսող երիտասարդի ներկայությունից, իբրև իրավատեր շտապեց միջամտել, ձայնը բարձրացնելով դիմեց պաշտոնյային և յուր աղճատած ռուսերենով ասաց.

— Գասպատին պրիստավ, դեն կոնչիլսա, իդի, պիշի, դա՛:

Ուզում էր ասել, պարոն պրիստավ, օրը մթնում է, արի', վեր գրի, վերջացրու:

Պաշտոնյան չպատասխանեց և նրա փոխարեն Կամսարյանն առաջանալով հարցրեց.

— Ի՞նչ է քո պահանջը այս մարդուց:

— Իմ պահանջն ինչ որ ա, էն ա գրած ա սպոլնի լիստումը,— պատասխանեց Խոջան փորձառու դատախազի հավակնությամբ:

— Այնտեղ գրված է, որ սա պարտ է քեզ 131 ռուբլի: Բայց մի՞թե ճիշտ է այդ:

— Բա որ ճիշտ չըլի, կգրե՞ն, քո ասիլով դատարանը սո՞ւտ ա խոսում, — նկատեց Խոջան, չարախնդիր մարդու նենգամտությամբ:

— Դատարանը սուտ չի խոսիլ, բայց դու ա՛յն ասա, այս մարդուն 131 ռուբլի՞ ես տվել:

— Բա չե՞մ տվել:

Խոջա, քե ղուրբան, իմա՞լ դյուզը չես ասելի. տյուն ինձի մինակ քսան մանեթ ես տվե, — միջամտեց Սային հուսահատ ձայնով:

— Բա շահ չըկա՞, մյուղաթ չըկա՞, — բարկացավ Խոջան:

— Հա, իղենց ասա՛, մյուտաթ հալբաթ որ կա... համաձայնեց Սային՝ ձայնը ցածրացնելով:

— Քանի՞ տարի է, որ քսան մանեթ ես տվել սրան, — հարցրեց Կամսարյանը:

— Ի՞նչ գիտամ, շա՛տ...

— Էլի՛. մի ասա՛:

— Չորս տարի ա, ա՛ղա, — պատասխանեց Սային:

— Այնպե՞ս է, չորս տարի՞ է, — հարցրեց Պետրոսը Խոջին, բայց նա չպատասխանեց:

— Չորս տարի ա, չորս, — հաստատեցին գյուղացիներն ամեն կողմից:

— Քանիսո՞վ ես շահ հաշվել, որ 20 մանեթը չորս տարումը դարձել է 131 մանեթ:

— Էդ իմ բանն ա, քե ի՞նչ, յա դու ո՞վ ես, որ իմ գործումը խառնվում ես, — նկատեց Խոջան կոշտ կերպով, կամենալով, այդպիսով վիրավորել և հեռացնել անսպաս միջամտողին: Ապա դառնալով պրիստավին ասաց. — ղասպատին պրիստավ, պաժալուստա, իդի կոնչի, մինե վաժնի դելը եստ, դոլգի նե մազու իզդես սիդեթ: Կամենում էր ասել՝ պարոն պրիստավ խնդրում եմ, ե՛կ վերջացրու, կարևոր գործ ունիմ, չեմ կարող այստեղ երկար մնալ:

Պրիստավը մոտեցավ:

— Գիտե՞ք ինչ կա, Վասիլ Իվանիչ, — դարձավ Պետրոսը վերջինիս. — այս մարդը չորս տարի առաջ 20 ռուբլի է տվել յուր պարտապանին և այժմ նրանից պահանջում է 131 ռուբլի: Ես հետաքրքրվում եմ իմանալ թե՝ քանիսո՞վ է տոկոս հաշվել, բայց նա չի ուզում պատասխանել:

— Сколько процентов считали? — հարցրեց պրիստավը ծիծաղելով:

— Կակոյ տեբե դելը. իսպոլնի լիստ շտո՞ գավարիտ տակ նադը դելայտ, — պատասխանեց Խոջան, կամենալով ասել՝ «Քեզ ի՞նչ, հրամանագիրն ինչ ասում է, դու այն պետք է անես»:

— Հիմա դո՞ւք պատասխանեցեք, — ասաց պրիստավը Կամսարյանին և ժպտալով հեռացավ:

— Այդպես կանե, մի՛ վախենար. միայն թե ասա՛, քանիսո՞վ ես տոկոս հաշվել, — հարցրեց երիտասարդը:

— Ախպեր, քե ի՞նչ. ես հո քեզանից չեմ փող ուզում:

— Ինձ ի՞նչ. ա՛յ ասեմ քեզ: Ես փաստաբան մարդ եմ: Փաստաբանը գիտե՞ս ինչ է. — ադվակատ: Ա՛յն դատավորը, որ քեզ իսպոլնիտելնի լիստ է տվել, ինձանից ավել չէ օրենք իմանում: Իսկ իմ իմացած օրենքների մեջ գրված է թե՝ ով որ իրա պարտապանից հարյուրին 12 տոկոսից ավելով ջահ առնե, նրան պետք է պատժել՝ զրկելով ամեն իրավունքներից և բանտ նստեցնելով: Ա՛յ, հիմի դու այսքան մարդկանց մեջ այս խեղճ Սայուց 20 մանեթի համար 111 ռուբլի շահ ես առնում: Ես կարող եմ Սայու գործն հանձն առնել, այս մարդկանց էլ վկա գրել ու քեզ քաշ տալ դատարան, իսկ այնտեղից ուղղակի ղրկել էշի դրախտը, հասկանո՞ւմ ես:

Այս խոսքերն ասվեցան այնպիսի մի խիստ եղանակով, որ Խոջան երկյուղից քաջությունը կորցրեց:

— Աղբեր, ախար դու լավ մարդ ես էրևում, ի՞նչ ունես ղալմաղալում. ինձանից դու հո առնելիք, տալիք չունիս. էս մարդը փող ա պարտ, ի՛մ փողն ուզում եմ, դու խի՞ ես մեջ ընկնում:

— Չէ, պիտի ասես, քանի՞ տոկոս ես հաշվել:

— Մանեթին մի շահի, — ասաց Խոջան, տեսնելով որ «ատվակատից» պրծնում չըկա:

— Ռուբլուն 5 կոպե՞կ, — զարմացավ Կամսարյանը:

— Հա:

— Ինենց ա, մանեթին մի շահի ենք խոսե, — հաստատեց Սային:

— Տեսնո՞ւմ ես, հենց գիտաս, սուտ եմ ասո՞ւմ, — նկատեց Խոջան:

— Սպասիր, սպասիր: Դու ռուբլուն 5 կոպեկ ես ասում, չէ, դե ես 10 կոպեկ կհաշվեմ, տեսնենք ո՞րքան է լինում:

Այս ասելով Կամսարյանը հանեց հուշատետրը, որն այժմ յուր աչքին ատելի չէր երևում և նրա մի ազատ երեսի վրա սկսավ մատիտով հաշվել.

— 20 ռուբլին հարյուրին 10-ով՝ մի տարումը կտա 2 ռուբլի: Այս 22 ռուբլին երկրորդ տարումը կբերի 2 ռ. 20 կոպեկ, ուրեմն բոլորը 24 ռ. 20 կոպեկ: Սա էլ երրորդ տարումը տոկոս կբերի 2 ռ. 42 կոպ., միասին կանե՝ 26 ռ. 62 կոպ.: Այս 26 ռ. 62 կոպեկն էլ չորրորդ տարում կտա 2ռ. 66 կոպ.: Ուրեմն չորս տարուց հետո քո տված 20 ռուբլին կդառնա 28 ռ. 28 կոպեկ, որից 8 ռուբլի 28 կոպեկը յուր արդար շահն է: Եթե մինչև անգամ հարյուրին 12 տոկոս հաշվենք, բոլոր գումարը կլինի 31 ռուբլի և մի քանի կոպեկ: Հապա մնացած հարյուրը ո՞րտեղից ես դուրս բերել:

Պարտապան Սային, որ սկզբում մեծ հավատ ուներ երիտասարդի հմտության վրա և հույս էր տածում թե նա մի բանով կթեթևացնե յուր ծանր դրությունը, տեսնելով այժմ որ նա տոկոսը չափազանց շատ պակասեցրեց, եկավ այն եզրակացության, թե այդ տղան ուրեմն բան չէ հասկանում, ուստի սկսավ վհատվիլ: Նույն կարծիքին էին ուստա Պետին ու տանուտերը:

Հենց այդ պատճառով էլ Խոջան կարծես ոգի առավ:

— Էդ դու ո՞նց ես հաշվում, որ իմ առնելիքը ջուր ես կտրացնում... Հաշիվ անելը, որ մանում չես, խի՞ ես բանի մեջ խառնվում, — նկատեց նա մեծ սրտով:

— Ինչպե՞ս չեմ իմանում: Դու չե՞ս ասում թե մանեթին 5 կոպեկ:

— Դե ես 10, 12 եմ հաշվում և այդպես է դուրս գալիս: Ուրիշ կերպ լինել չէ կարող:

— Ո՞նց չի կարող. դե հիմի ես հաշվեմ, դու մտիկ արա:

Այս ասելով Խոջան հանեց ծոցից մի փոքրիկ, խաղալիքի պես

համարիչ և հաստ ու սև մատներով նրա հատիկները դեսուդեն անելով, սկսավ հաշվել.

— Մի մանեթին, որ 5 կոպեկ ըլի ամսումը, մի տարումը կըլի 12 հետ 5 կոպեկ, չուն տարին 12 ամիս ա: էս քե 60 կոպեկ: Հմի դու ես իմ աղեն, մանեթը, որ մի տարումը 60 կոպեկ բերի, 10 մանեթը կբերի 6 մանեթ. 20 մանեթն էլ կբերի 12 մանեթ: է, հմի իմ 20 մանեթը, մի տարուց եդը դառավ 32 մանեթ...

— Սպասիր, սպասիր, ուրեմն դու ռուբլուն 5 կոպեկ հաշվում ես միայն մի՞ ամսումը, — հարցրեց Կամսարյանը զարմանալով:

— Բա մի՞ տարումը: Խի՞, փող եմ գտել, թե՞ գլխիս ձի ա քացի տվել... Հրեն ուրիշները մի ամսումը մանեթին 10, յա 12 կոպեկ են առնում. ես 5 եմ հաշվել. սրանե էվել խղճմտանքով բան կըլի՞:

Կամսարյանն ապշած նայում էր Խոջայի կարմիր կապիճներում պլպլացող աչքերին և մի քանի վայրկյան ոչինչ չէր խոսում: Ապա դառնալով պրիստավին, ժպտալով ասաց.

— Վասիլ Իվանիչ, գիտե՞ք այս մարդը քանիսով է հաշվել տոկոսը:

— Քանիսո՞վ, — հետաքրքրվեց պաշտոնյան:

— Հապա գուշակեցեք:

— Քսանո՞վ, քսանհինգո՞վ...

— Ի՞նչ քսան, ի՞նչ երեսուն, ո՛չ ավելի և ո՛չ պակաս՝ հարյուրին վաթսուն:

— Անկարելի է:

— Հավատացեք:

— Օ՛, օ՛... բացականչեց պրիստավը:

— Ըշտո, պետ կապեկ մնոգո՞ (ի՞նչ, հինգ կոպեկ շա՞տ է): — շփոթված հարցրեց Խոջան:

— Պյոտր Կիրիլիչ, սա հինգ կոպեկ է ասում, — դարձավ պրիստավը երիտասարդին:

— Այո՛, 5 կոպեկ. բայց ռուբլուն 5 կոպեկ մի ամսումը: Ուրեմն մի տարում 12 անգամ 5 կոպեկ, որ կանե 60:

— Այդպե՞ս է, — հարցրեց պաշտոնյան Խոջային:

— Դա, դա, վեռնը (այո՛, այո՛, ճիշտ է), — հաստատեց Խոջան:

— О, это уж черезчур! — բացականչեց Վասիլի Իվանիչը:

— Դուք, պարոն պրիստավ, խնդրեմ իբրև դատարանի պաշտոնյա, վկա լինիք, որ այս մարդը, ձեր և ժողովրդի ներկայությամբ ասաց և հաստատեց, որ ինքը հարյուրին ստանում է վաթսուն տոկոս:

— Ուրախությամբ, ուրախությամբ, — համաձայնեց պաշտոնյան:

— Էդ ի՞նչ ա է՞, խի՞ չեք թողնում, որ էդ մարդը իրա գործը վերջացնի, հարցրեց Խոջան, գուշակելով, որ մի ինչ-որ վատ բան է պատրաստվում իրա համար:

— Ի՞նչ է, այ իսկույն կասեմ: Բայց թող մի ես էլ քո ասած ձևով հաշվեմ ու տեսնեմ թե արդյո՞ք մանեթին հինգ կոպեկ է գալի՞ թե ավել...

— Դրուստ ա, աղբեր, դրուստ. ես խաբող մարդ չեմ. էս սաղ միալը գիտա թե Խոջա Միրզան ի՞նչ մարդ ա:

— Հա, ո՞վ ինչ է ասում. բայց թող մի հաշվենք... Այս ասելով Կամսարյանն սկսավ հաշվել: 20 ռուբլին 60 կոպեկով մի տարումը կբերի 12 ռուբլի: Ճիշտ է: 12 և 20 կլինի 32: Այդ 32 ռուբլին մյուս տարումը կբերի 19 ռ. 20 կոպեկ: Ուրեմն երկու տարումը քո փողը կդառնա 51 ռ. 20 կոպ.: Ճիշտ է: Այդ 51 ռ. 20 կոպեկն էլ երրորդ տարումը կբերի շահ 30 ռ. 72 կ., երկուսը միասին՝ կլինին 81 ռ. 72 կ.: Բարի: Այդ 81 ռ. 72 կոպեկը չորրորդ տարում կտան տոկոս 49 ռ. 15 կոպեկ: Ուրեմն բոլորը միասին 131 ռ. 7 կոպեկ: Շատ ճիշտ է, Խոջա, — ասաց Կամսարյանը հեգնելով:

— Բա որ ասում եմ, — պարծեցավ Խոջան յուր ճշտությամբ և մեջքն ուղղելով հանգիստ շունչ առավ:

Սայու և յուր պաշտպանների վրա կարծես ջուր մաղվեց:

— Բայց գիտե՞ս ի՞նչ կա, — նորեն խոսեց Կամսարյանը:

— Ի՞նչ:

— Ահա պրիստավի և բոլոր ժողովրդի ներկայությամբ հաստատվեց, որ դու պարապում ես անխիղճ վաշխառությամբ, այսինքն ժողովրդից առնում ես այնպիսի մեծ տոկոս, որն օրենքը արգիլելով արգելում է: 100-ին 60 կոպեկ շահ առնելը այնպիսի հանցանք է, որ օրենքը դրա համար կպատժի քեզ զրկելով որոշ իրավունքներից և բանտարկելով մեկից մինչև երկու տարի: Հիմի դու կարող ես, եթե ուզում ես, վեր գրել տալ այս մարդու կովն ու ձին, բայց ես թույլ չեմ տալ, որ դու նրանց ծախես: Ահա՛, հենց այսօր ես խնդիր կգրեմ Սայու կողմից և իմ ձեռքով կհասցնեմ պրոկուրորին: Գործը կերթա դատարան: Ես այնտեղ կպաշտպանեմ Սայու իրավունքը, իսկ պրոկուրորը կմեղադրե քեզ: Սային յուր կովն ու ձին հետ կստանա, իսկ դու կնստես բանտում: Այնուհետև հազարներ էլ որ ծախսես, չես կարող ազատվել: Այդպե՞ս է, թե ոչ, Վասիլ Իվանիչ, — դարձավ պաշտոնյային:

Վերջինս, որ ոչինչ չէր հասկացել Պետրոսի հայերեն խոսածներից, հարցրեց.

— Ի՞նչն է այդպես:

— Կամսարյանը կրկնեց յուր խոսածները ռուսերեն:

— Այո՛, այդպես է. օրենքը ծանր պատիժ է տալի վաշխառուներին, իսկ ձերը նույնպես վաշխառություն է, — հաստատեց պաշտոնյան:

Խոջայի գույնը երկյուղից թռավ: Նա ձայնը ցածրացնելով ասաց.

— Աղբեր, ընչի՞ եք ուզում ինձ վնաս տալ: Ախար ես լավություն եմ արել, վատություն հո չե՞մ արել: Մարդը սոված ա էլել, փող եմ տվել, սերմացու ա առել, ցանել ա, հնձել ա, չորս տարի ապրել ա...

— Սերմացուի փող ես տվել, որ հիմա զաս կովն ու ձին հափշտակե՞ս, — ընդհատեց Պետրոսը զայրացած. — ախար քո տվածից ու նրա տոկոսից ավելի արժե հենց միայն այս կովը, հապա ձի՞ն ուր ես տանում:

— Դե ո՞ւր ա, որ տանում եմ, ասում եք, ես էլ թողիլ չեմ որ վեր գրի. բերեք իմ փողը տվեք, անց կենամ գնամ:

— Չէ, դու փող չես ստանալ: Քոնն այս կովն ու ձին են, վեր գրել տուր, տար, եթե կարող ես: Մենք էլ հետո մեր գիտցածը կանենք:

— Չեմ ուզում, աղբեր, երեսուն մանեթը բաշխում եմ, իմ հարյուր մանեթը տվեք, վեր կենամ, գնամ:

Քեզ հասանելիքը 28 ռուբլի է, եթե ուզում ես, ստացիր և գործը վերջացրու, եթե ոչ, պատրաստվիր, որ տարի ու կես բերդումը նստես:

— Աղբեր, խի՞ եք տունս քանդում, բա ես մեղք չե՞մ... ախար ես էլ մարդ եմ, տուն ունեմ, տեղ ունեմ, օղլուշաղ ու էրեխեք ունեմ... Աստոծ վեր չունիլ, որ իմ հալալ աշխատած փողը ձեռքիցս խլում եք... — աղաչավոր ձայնով խոսում էր Խոջան և պատրաստվում կարծես լաց լինելու:

— Ի՞նչ է պատահել, — հարցրեց պրիստավը, տեսնելով, որ Խոջան խոսում է լալաձայն:

— Ոչինչ, վաշխառուն այժմ դերասանություն է անում, — բացատրեց Կամսարյանը:

— Հա, հիմա ի՞նչ ես ասում, վե՞ր գրեմ թե ոչ, ուշանում ենք, — դիմեց պրիստավը Խոջային:

— Ո՛չ, ո՛չ, ես հաշտությամբ եմ ուզում վերջացնել, ուզում եմ լավություն անել, — շտապով հայտարարեց Խոջան, համոզված լինելով որ բացված խարդախությունը կարող է ցավ բերել յուր գլխին:

Մի թաքուն ուրախություն, որից դեռ անբաժան էր երկյուղի զգացմունքը, պաշարեց Սայուն: Մինչդեռ ուստա Պետին ու տանուտերը Խոջայի նվաղած ձայնից արդեն գուշակելով, որ նրա բանը փթռուկ է, սկսան շտապեցնել վախճանը, ամեն կողմից համոզելով, որ Խոջան յուր ասած լավությունն անե, վերջացնե:

Բայց Կամսարյանը թույլ չտվավ, որ վերջինս մինչև իսկ «լավություն անելու» պատրվակով գործն ավարտելու մխիթարությունն ունենա:

— Այդպես մի՛ խոսեք և մի՛ սխալեցնեք ձեր լսողներին, — սաստեց նա Պետուն և մյուսներին: — Այս մարդը լավություն չէ անում: Եթե մենք համաձայնենք, որ սա 28 ռուբլին ստանալով գործը խաղաղությամբ վերջացնե, այն ժամանակ մենք ենք լավություն անում սրան և ոչ թե ինքը մեզ: Այդ պետք է սա իմանա, շնորհակալ լինի և խոստանա, որ այսուհետև ձեռք պիտի վերցնե յուր այս անպիտան ու վնասակար արհեստից: Հակառակ դեպքում, ես հենց այս երեկո կգրեմ իմ բողոքը և կուղարկեմ պրոկուրորին:

Մի քանի թեր և դեմ խոսքերից հետո, վերջապես Խոջան համաձայնեց ստանալ 28 ռուբլին, որից տասն ուներ Սային, ութը Պետին պարտք տվավ, իսկ մնացորդ տասը նվիրեց Կամսարյանը:

Երբ Խոջան ու պրիստավը հեռացան, իսկ տանուտերը գնաց ճանապարհ դնելու նրանց, Սայու կինը վազեց, ընկավ Պետրոսի ոտքերը և ուրախության արտասուքն աչքերին, սկսավ համբուրել նրա ծնկները և օրհնել նրան սրտաշարժ խոսքերով:

Հազիվ երիտասարդը բարձրացրեց կնոջը, մոտեցավ ծերուկ Սային, որ ուրախությունից համրացած չէր կարողանում խոսել, բայց դողդոջուն ձեռքերը բարձրացնելով աշխատում էր երիտասարդի գլուխը բռնել և համբուրել:

Կովի մոտ կանգնած Փոքրիկ աղջիկը, մեծերի աղմուկին չմասնակցելով, գրկել էր հեզիկ կենդանու գլուխը և շարունակ նրա աչքերն ու դունչը համբուրելով, ասում էր ուրախ-ուրախ.

— Հիշկա, մարալ ջան, էլ քե չեն տանելում, տյուն կացիր մեր կուշտ, քո հորթն էլ քո կուշտ... օխա՛յ, ինչ լավ է...

Իսկ եղբայրը, որ մինչ այն, ձիու կապը ձեռքին, կանգնած էր այդտեղ, այժմ ուրախությունից մյուս մարդկանց չտեսնելով, ճչում էր անընդհատ.

— Ճոճ պապ, ճոճ պապ, ձին իմա՞լ անեմ, իստեղ պախե՞մ, թե՞ թորգեմ էթա խոտին...

Կամսարյանին մյուս կողմից շրջապատել էին գյուղացիները և շնորհակալության տարափ էր, որ այս ու այն կողմից տեղում էին նրա գլխին: Երիտասարդը շտապեց հեռանալ, փախչելով, համարյա, անվերջ շնորհակալիքներից:

Սակայն կատարված իրողության լուրը տարածվել էր գյուղում կայծակի արագությամբ. ուստի ո՞ր կողմից էլ անցնում էր երիտասարդը, կանայք ու տղամարդիկ, կտուրների վրայից թե ցանկերի հետևից, օրհնում ու գովում էին նրան:

Արդեն մութ էր, երբ Պետրոսը տանուտերին պատահելով, նրա հետ միասին վերադարձավ տուն: Վերջինս ամենից շատ էր ուրախ, որովհետև յուր տան հյուրն էր, որ գյուղացիներից մինին այդպիսի մեծ բարիք էր արել այսօր: Անկարելի էր, որ այդ դեպքը չշոյեր նրա պատվասիրությունը: Այդ էր պատճառը, որ նա այսօր մի առանձին հոգածությամբ էր թախանձում, որ երիտասարդը հրաման տա Սալբիին՝ ընթրիք պատրաստելու: Բայց Պետրոսը մերժեց և բավականանալով միայն երկու բաժակ թեյով, խնդրեց, որ յուր համար անկողին պատրաստեն, ըստ որում հոգնած էր և ցանկանում էր վաղ քնել:

Եվ սակայն, մինչև որ անկողինը կպատրաստեին, նա բարձրացավ տան կտուրը, մի քանի վայրկյան ինքն յուր հետ այնտեղ առանձին մնալու և օրվա ընթացքում պատահածների մասին խորհելու համար: — Արդեն պարտապան գյուղացուն ծանր պատուհասից ազատելն ու նրան հետևող անվերջ օրհնություններն ու շնորհակալությունները լսելը այնքան էր հուզել ու ցնցել նրա հոգին, որ նա չէր կարող հանգիստ քնել, եթե այդ ամենի առիթով հետզհետե յուր գլխում ծագող հարցերին պատշաճ լուծում ու պատասխան չգտներ:

Ինչպես ամբողջ օրը, նույնպես և այժմ ամպերը շարունակ բացխփուկ էին անում երկնքի երեսին, որից լուսինը մերթ պայծառ բացվում, լուսավորում էր աղքատիկ գյուղն ու նրա խղճուկ տները և ծովակն ու կղզին՝ շրջապատող դաշտերով, թմբերով ու լեռներով, մերթ լողում, սուզվում էր ամպերի հետևը և հրապուրիչ տեսարանները խավարով ծածկում: Սակայն հորիզոնի արևելյան հյուսիսը ծածկված էր թանձր, կապարի պես սև և միապաղաղ թուխպերով, որոնք, թվում էր, թե պիտի վրդովեին գիշերվա խաղաղությունը:

Բայց Կամսարյանը չէր հետաքրքրվում այժմ բնության երևույթներով: Որքա՛ն շատ բան էր տեսել նա այսօր, որքա՛ն նորություններ իմացել. դրանց մասին էր մտածում:

Նա դեռ երեկ այն կարծիքին էր, թե ոչինչ չէ կարելի անել գյուղում, թե ամեն բան այնպես սառած ու քարացած է այստեղ, որ յուր նման մարդկանց ձեռքերը, որքան էլ նրանք զինված լինեին զորեղ գործիքներով, չեն կարող ոչ հին սառույցը հալել, ոչ էլ քարացած կոշտերը մաղել: Բայց այսօր, ահա՛, նա կատարեց մի գործ, որն յուրմով լուծեց մահու և կյանքի խնդիր: Նա վերահաս կործանումից ազատեց մի տուն, վերջնական անկումից փրկեց մի ընտանիք և դրա համար շատ քիչ, կամ գրեթե ոչինչ աշխատություն գործ դրավ...

Եվ սակայն որքա՛ն շատ կային այդպիսի թողված ու լքված տներ և ընտանիքներ. որքա՛ն շատ բան կարելի էր անել դրանց համար: Եվ նա երևակայեց, թե ի՞նչ կլիներ այսօր խեղճ Սայու դրությունը, եթե ինքը, բախտի բերմամբ, չհանդիպեր այստեղ, չգպեր Խոջայի ավարառության տենչը, չպաշտպաներ անզոր, անօգնական գյուղացուն... Ապա նա հիշեց տիրացուի դպրոցը, երեխաներ կրթելու և ուսուցանելու վայրենի եղանակը և միևնույն ժամանակ, Մոսու իրավացի դիտողությունը թե՝ «երբ ցորեն հաց չկա, պետք էր քաղցածին տալ գոնե ճաթ, որպեսզի նա սովից չմեռնի»: Վերջը նա մտքով փոխադրվեց Սևան, հիշեց նրա անշարժ ու քարացած դրությունը, աբեղայի բողոքը, նրա երկար զրույցները, հայտնած ցանկությունները և անապատը վերակազմելու ու պայծառացնելու նկատմամբ նրա առաջարկած միջոցները:

Այս ամենը հիշելուց և դրանց վերաբերմամբ երկար մտածելուց հետո, երիտասարդը եկավ այն եզրակացության, թե անհրաժեշտ է աշխատել հնարավոր դարձնել գյուղում ապրելն ու գործելը...

Այդ վայրկենին նորեն լուսինը բացվեցավ և պայծառ լուսով

երկիրը ողողելով, երևան հանեց գեղեցիկ ծովակն ու շրջակա լեռները և դրանց հետ միասին... Չիբուխլուի չոր, գծուծ պատկերը, յուր գետնին կպած տներով, յուր աթարի դեզերով...

Երիտասարդը նայեց յուր շուրջը, զգաց դարձյալ մի անհաճո անհանգստություն և չկամենալով, այլևս դրա մասին մտածել. իջավ ներքև:

Մի քառորդ ժամից նա Մորփեոսի գրկումն էր:

ԺԵ

Կես գիշեր էր: Խոր ու քաղցր քնի մեջ Պետրոսն իհարկե չէր տեսել թե ի՛նչպես հորիզոնը փակող սև ամպերը բարդ-բարդ վերանալով լուսինը ծածկեցին և ապա հետզհետե թանձր մառախուղը երկրի երեսը պատեց: Քիչ հետո սկսավ շաղել թեթև անձրև, որն ապա զնալով սաստկացավ ու հորդացավ և մեծ աղմուկով սկսավ բաց գետինն ու տան կտուրը ծեծել: Հովը, որ երեկոյան մեղմ էր ու քնաբեր, այժմ զորացել, փոխվել էր քամու և ուժգին շառաչելով փոթորկում էր անձրևը և հաճախ նրա հոսանքն ուղղում դեպի սրահին, ուր թախտի վրա, քաղցր քնի մեջ հանգչում էր այդ վայրկենին քաղաքացի հյուրը:

Երկա՛ր անձրևը ծեծում էր դուրսը, երկա՛ր օդի մեջ շառաչում քամին, և սակայն Պետրոսը քնած էր հանգիստ և չէր զգում նույնիսկ ցրտությունը ցողի, որ քամին հաճախ շաղում էր յուր դեմքին: Բայց, ահա, հանկարծ ճայթեց մի որոտ. Մարալինջի և Ահմանկան բարձունքը դողդողացին և անձրևի շառաչը, կարծես, կրկնապատկվեց: Երիտասարդը վեր թռավ և սարսափով տեսավ ոչ միայն օդի մեջ մրրկող հեղեղը, այլև այն, որ յուր անկողնի երեսը թրջված է բոլորովին: Բացի այդ, նրա վրա տեղ-տեղ կտուրից ծորում է անձրևաջուր:

Անակնկալ պատահարից շփոթված Պետրոսը վեր կացավ տեղից և կամենում էր տան դուռը ծեծել ներս մտնելու համար, բայց մտածելով, թե այդտեղ տանուտերը քնած է կնոջ և երեխայոց հետ, անհարմար տեսավ զարթեցնել նրանց: Բայց ի՞նչ անել, չէ՞ որ անհնար էր գիշերն անցնել անձրևի տակ: Իսկույն նա մտաբերեց փոքրիկ սենյակը, որ կից էր ախոռին, և առանց երկար մտածելու, բացավ դուռը և անկողինը հավաքելով մտավ ներս:

Ախոռի սուր, անախորժ հոտը, տոգորված ավելի ևս անախորժ ջերմությամբ, դիպավ նրա քթին, բայց այժմ արդեն ժամանակը չէր թերություններ քննելու: Պետրոսին հարկավոր էր մի ծածկարան անձրևից պատսպարվելու համար և նա, ահա, գտել էր այն: Շտապ-շտապ փռելով անկողինը այդտեղ գտնվող թախտի վրա, նա դուռը փակեց ու պառկեց, կարծելով թե պիտի քնե: Բայց չանցավ քառորդ ժամ և ախոռից փչող հոտը սկսավ անհանգստացնել նրան: Նա բացավ սենյակի դուռը և նորեն պառկեց: Այժմ որովհետև դրսից եկող թարմ օդը շոյում էր նրա դեմքը, ուրեմն, կարող էր քնել: Երիտասարդը փակեց աչքերը և աշխատեց մտածությունները հեռացնել իրանից, լավ իմանալով, որ քնել կարողանալու համար, ամենից առաջ ուղեղը պետք է քնացնել: Բայց այդ էլ չօգնեց: Որովհետև չէր անցել դեռ կես ժամ, որ նրան սկսան անհանգստացնել լվաները, որոնք հողե հատակ ունեցող և, մանավանդ փակ պահվող այդպիսի տեղերում վխտում են ամառը: Երիտասարդն սկսավ շուռ ու մուռ գալ, աջ կողմի վրա պառկել, ձախի վրա փոխել, երբեմն էլ անկողնից ելնելով՝ շապիկը հանել ու թափ տալ, բայց իզուր: Արյան ծարավի այդ լվաները, որոնք տավարը գոմից հեռացնելուց հետո զրկված էին բավարար կերակրից, վաղո՛ւց, շատ վաղո՛ւց սպասում էին այսպիսի մի համեղ որսի, այն էլ ի՛նչ որս... քաղաքացի, մաքրակենցաղ... Լվաներն, իհարկե, չգիտեին, օր Կամսարյանը համալսարանական է և իրավաբան, այդ պատճառով ծծում էին նրա արյունը անգթաբար, առանց դատավորից կամ դատաստանից վախենալու:

Այսպես անցան մի երկու ժամեր, բայց ի՛նչ ժամեր... պետք էր Կամսարյանի տեղը լինել՝ հասկանալ կարենալու համար թե, որպիսի՛ տանջանքի ու նահատակության ժամեր էին դրանք: Եվ եթե դուք, ո՛վ համալսարանական ընկերներ, որոնք ոգևորվող Կամսարյանի խոստումը լսելուց նրան ծափահարել և ձեռքերի վրա օդն էիք բարձրացրել, գտնվում լինեիք այդ վայրկենին նույն հոտած ախոռին կից սենյակում և տեսնեիք նրա անլուր տանջանքը, անպատճառ կասեիք,— թո՛ղ եղբայր, ի՞նչ ես տանջում քեզ... վեր կաց, հավաքիր իրերդ, գնա այնտեղ, ուր մարդիկ ապրում են իսկական մարդո՛ւ և ոչ անասունի նման:

Բայց թե ի՞նչ էր խոսում ու մտածում այդ միջոցին ինքը Կամսարյանը, այդ մասին լավ է լռել, որպեսզի եթե երբևիցե նման ոգևորությամբ վառվին ուրիշ երիտասարդներ, նրանց անձանոթ մնա առաջին ոգևորվողի հուսահատ տրտունջը:

Անտանելի ժամերի հետ միասին, վերջապես անցավ և անձրևը, դադարեց քամին և աղոթարանն սկսավ հետզհետե պարզվիլ ու բացվիլ:

Կամսարյանը որոշեց դուրս գալ յուր տանջարանից: Բայց որովհետև սրահի առաստաղից դեռ կաթկթում էր ջուրը և, հետևապես, նրա տակ պառկել անհնարին էր ուստի կիսով չափ հագնվելով, նա դուրս եկավ սրահը և այդտեղ դրված թախտը մի կերպ քաշելով տարավ բակը, ուր օդը թարմ և մաքուր էր: Ապա անկողինն էլ ներսից հավաքելով մի լավ թափ տվավ, որպեսզի անամոթ լուերին հալածե և նորեն փռելով թախտի վրա, մեջը մտավ ու պառկեց: Դրսի թարմ օդն ու կրած նեղություններից զգացած հոգնությունը շուտով քուն բերին երիտասարդի աչքերին:

Խաղաղության հրեշտակը շատ անգամ անգործությունի՞ց, թե որոշ նպատակով, յուր խնամքին հանձնված մահկանացուների հետ կատակներ է անում: Նա ծանր ու զարհուրելի երազներ է տալիս նրանց, որոնք արթնության ժամանակ շրջապատված են լինում կյանքի դյուրություններով և ընդհակառակն, հեշտալի ու քաղցր երազներով զգվում է նրանց, որոնք արթնության միջոցին գտնվում են ծանր ու անհամբույր վիճակում:

Մեր Կամսարյանին էլ նա անուշ քուն տալուց հետո, տարավ հանկարծ Բորժոմ:

Օ՛հ, ի՛նչ երջանիկ հակադրություն: Առավոտ է: Փառաշեն վիլլայի պատուհանները ողողված են արևի պայծառ շողերով, բայց բաց կանաչ մետաքսյա վարագույրը չէ թողնում, որ նրանք թափանցեն ննջարանը, ուր այդ վայրկենին Պետրոս Կամսարյանը՝ անկողնու մեջ նստած, առավոտյան թեյն է վայելում: Նա այդպես սիրում էր անել, երբ օրը կյուրակի էր և յուր գործը ոչ այլ ինչ, եթե ոչ հագնվել և ժամը 12-ի մոտ ելնել այցելության: Կանաչ վարագույրի ստեղծած փափուկ ու քնքուշ լույսը զգվում է ննջարանի հարուստ զարդարանքը այնպիսի գույներով, որ կարծես թե նրանց վրա նայում ես երփներանգ ծիածանի միջից: Ամեն տեղ պերճություն, թավիշ ու կերպաս. ամեն տեղ ընտիր ճաշակի նրբություն... Իսկ երիտասարդի անկողի՞նը. դա կոմֆորտի վերջին խոսքն է: Մահճակալն ամբողջովին ձուլված է բրոնզից և զարդարված ոսկեքանդակ փղոսկրով: Նրա հատակն ուռցրել են փափուկ, փետրալից օթոցներ, որոնք ծածկված են ձյունի պես սպիտակ սավանով, իսկ գեղեցիկ վանդակազարդ սնարը՝ կիսով չափ փակում են աղվափետրով լի բարձեր՝ ծածկված նուրբ կտավով և զարդարված ծակոտկեն ժանյակներով (կրուժևա): Թեթև բեհեզից կարած և շքեղ մետաքսով երեսած վերմակը, որ այժմ կիսածալ ընկած է մի կողմ, լրացնում է կազմածքը հարուստ անկողնի, որի մեջ նստած է երիտասարդը՝ ճենապակյա ոսկեզօծ գավաթը ձեռին: Մահճի առաջ դրված փոքրիկ նգույրի վրա գտնվում են սեր, կարագ, ընտիր շաքարահացեր: Երիտասարդը վայելում է, և միևնույն ժամանակ, խոսում յուր մոր հետ այն մասին, թե ինչպե՛ս ինքը հիմարություն էր արել «կռների» երկիրը գնալով և այնտեղ անլուր տանջանքների ենթարկվելով: Լիդիա Պավլովնան կարեկցում էր որդուն և, միևնույն ժամանակ, աշխատում, որ յուր քնքուշ հոգատարությամբ մոռացնել տա նրան կրած նեղությունները:

Բայց տեսարանը փոխվում է: Բնության ու արհեստի շքեղություններով զարդարված «Հանքային» պարկում, կարկաչահոս Բորժոմկայի ափին, ծառերով հովանավոր մարմանդի վրա խմբված է ամառանոցաբնակ տիկնանց, երիտասարդների ու երիտասարդուհիների մի փայլուն բազմություն, որի մի մասը կրոկետ է խաղում, մյուսը զվարճախոսում է, իսկ իրեն՝ Կամսարյանին շրջապատողները ճառում են բարձրի, գեղեցկի և վսեմի մասին... Հանկարծ մի սիրուն, արծաթահնչյուն ձայն առաջարկում է բազմությանը՝ թողնել խաղերն ու զրույցը և կատարել մի զբոսանք, անցնելով Բորժոմկայի յոթ կամուրջները: Ամենքն համաձայնում են, որովհետև առաջարկողը գեղանի Ադելինան է, փայլո՛ւն բազմության այդ վայրկենի թագուհին... Եվ խմբակն իսկույն բաժանվում է զույգ-զույգ, եռյակ կամ քառյակ մասերի, որպեսզի ալլեաներով ու նեղ կամուրջներով անցնելու ժամանակ իրար չխանգարեն:

Կամսարյանն, ի հարկե, յուր թևն է առել չքնաղ Ադելինային, որ այդ վայրկենին քնքուշ էր ավելի, քան գարնան վարդը, գրավիչ ու քաղցրաբույր, քան ծաղկոցի շուշանը և սիրախոս ու գեղաձայն, քան այգածին սոխակը:

Խմբակի մասերը դիմում էին առաջ խոսելով, ճչալով, կամ

ուրախ կարկաչելով, երբեմն իրար միանալով, իսկ հաճախ անջատ քայլերով: Չորրո՞րդ թե հինգերորդ կամուրջն էին անցնում, երիտասարդը չէր հիշում, և ահա խիտ ծառերի մի սիրուն պուրակ շրջապատեց նրանց: Մի վայրկյան նրանք տեսան իրենց միայնակ և կանգ առին հովանավոր ծածկարանի մեջ:

Գեղանի կույսի լուսավառ հայացքը սևեռվեց երիտասարդի սիրահույզ աչերին և վարդագույն շուրթերը ժպտի աննման ծիածանի միջից, շշնջացին կիսաձայն.

— Ինչո՞ւ այդքան ուշացար... Եթե գիտենայիր թե որքա՛ն անձկությամբ էի սպասում քեզ... որպիսի՛ կարոտով, իմ օրերն անցնում...

Եվ շուշան բաղուկները պատեցին իսկույն պարանոցը երիտասարդի, որ գրկեց նրան քնքշաբար և սեղմեց կրծքին մեղմով... Հրատապ շուրթերը հանդիպեցին իրար և արքայությունը մի վայրկյան իջավ երկրի վրա...

Հանկարծ մի ահավոր գոռոց շրջապատը թնդացրեց: Երիտասարդը վեր թռավ: Առաջին բանը, որ աչքին զարկավ, աթարի դեղն էր, որի շուրջն անձրևը գոյացրել էր տիղմի ընդարձակ ճահիճ... Սա ուրեմն դարձյալ չարաբաստիկ Չիբուխլուն էր: Բայց ի՞նչ գոռոց էր այն, որ զարթեցրեց երիտասարդին յուր անուշ քնից ու երազի արքայությունը փոխեց իրական դժոխքի: Դա խանդակաթ բառաչն էր տանուտերի այն կովի, որին Սալբին կթելուց հետո բաց էր թողել յուր հորթին մոտենալու համար, իսկ անմիտ անասունը չհամբերելով այնքան, որ հասնի հորթուկին, շտապել էր ճամփի կիսից յուր զվարթ ձայնով ավետել նրան յուր գալուստը, առանց մտածելու, թե այդտեղ քնած է Կամսարյանը, որ անուշ երազ է տեսնում:

— Фу, что за безобразие,— բացականչեց երիտասարդը, այս անգամ արդեն ռուսերեն, և բարձրանալով տեղից, սկսավ շուտ-շուտ հագնվիլ: Երբեք գյուղն ու գյուղացին այնքան զզվելի չէին երևացել Պետրոսի աչքում, որքան այս վայրկենին: Այդ պատաճռով հենց որ տանուտերը երևաց, նա դիմեց նրան դժգոհությամբ.

— Ի սեր աստուծո, տանուտեր, մարդ ղրկիր Սեմյոնովկա, որ շուտ տրոյկա բերեն (սայլակ), ես մինչև երկու ժամը պիտի ճանապարհվեմ անպատճառ:

— Տրոյկը ուր որ ա, էս ա կխասնի, ես իրիկվան եմ ապպրե...

— ասաց տանուտերը և սկսավ հարցուփորձել, թե ինչպե՞ս է պատահել, որ նա քնելու թախտը դուրս է բերել բակը, կամ անձրևի ժամանակ ո՞րտեղ է պատսպարվել:

Պետրոսը պատմեց յուր գլխին եկածը դժգոհությամբ լի խոսքերով, որոնք ծանր ազդեցություն արին տանուտերի վրա: Սա անկեղծ ցավ հայտնեց, որ չէ իմացել անձրևի գալը, ապա թե ոչ կարող էր հենց ներսի տանը քնելու տեղ պատրաստել երիտասարդի համար: Շատ բարկացավ նաև Մալբիի վրա, որ բաց էր թողել «անիծուկ կովը», իսկ սա յուր բառաչով խանգարել էր «աղի» անուշիկ քունը:

Հենց այս զրույցի և բացատրության ժամանակ լսվեցավ հեռվում փոստային սայլակի զանգի ղողանջը:

— Հրեն տրոյկը գալում ա, — ավետեց տանուտերը:

— Այդպես շո՞ւտ, — զարմացավ Կամսարյանը և ուրախանալով, որ վերջապես ազատվում է նեղություններից, յուր սրտում հաշտվեցավ բոլոր անցածի հետ, մոռանալով թե՛ անձրևը, թե՛ լվաները և թե՛ կովի բառաչը:

Շուտով հասավ սայլակը՝ եռալուծ ձիաներով:

— Տնակա՛ն, դո՞ւ ես էկե, — հարցրեց տանուտերը ծանոթ կառապանին:

— Ես եմ եկել, բա ըսկի կթողա՞մ, որ իմ աղին ուրիշ մարդ տանի՞, — ասաց կառապանը վստահությամբ, չնայելով որ տանելիք աղին առաջին անգամն էր տեսնում յուր կյանքում:

— Ինչպե՞ս է, որ այդպես վաղ ես եկել, — հարցրեց երիտասարդը:

— Բա ըսկի կը եղանա՞մ: Խոջա Միրզեն 6 շահի բաշխեց, ասավ՝ Տո՛նական քե տենեմ, ռավոտը ծեգը ծեգին Չըբըխլվում:

— Խոջան ի՞նչ ունի այս գործում, — զարմացավ Պետրոսը:

— Ինենց ա, իրիգվան Խոջի խետն եմ ապսպրե, — բացատրեց տանուտերը:

— Եվ նա քեզ վեց շահի բաշխե՞ց, — հետաքրքրվեցավ երիտասարդը:

— Բաշխեց, բա՛: Ասավ, Տո՛նական, ընենց արա, որ էսօր ճաշի վախտը աղին հասցնես Դիլի: Ըևում ա լավ բարեկամդ ա, քե համար հոգում ա:

Երիտասարդը չպատասխանեց: Նա մտածում էր այն մասին, թե ինչպե՞ս ժլատ ու գծուծ վաշխառուն սիրով զրկվել է յուր 30 կոպեկից, միայն այն պատճառով, որ իրեն (Կամսարյանին) իբրև վնասակար մարդու, մի փոքր ավելի վաղ հեռացնե գյուղից: Այս մտածմունքը, սակայն, փոփոխություն չառաջացրեց երիտասարդի որոշման մեջ: Նա սիրով սկսավ յուր իրեղենները կապկպել, որի ժամանակ մի փոքր տարակուսեց միայն բերած գրքերի մասին, չիմանալով թե՝ ինչ անե նրանց, որովհետև տեսնում էր թե անօգուտ է այլևս այդ ծանրոցքը տանել Թիֆլիս, և այս գուցե այն պատճառով, որ չէր ուզում այնտեղ, յուր աչքի առաջ ունենալ այնպիսի իրեր, որոնք հիշեցնեին նրան յուր «առաքելության» պատմությունը:

Շուտով մի գեղեցիկ միտք փարատեց նաև այդ մտմտուքը: Նա հիշեց, որ բողոքարկու աբեղան գրքեր էր խնդրել իրենից: — Արի՛ այս կապոցը ղրկեմ նրան, և սա կլինի մի գեղեցիկ նվեր, — մտածեց երիտասարդը և գրքերի կապոցն առանձնացնելով, խնդրեց տանուտերին, հավատարիմ գնացողի ձեռքով հասցնել այն աբեղային: Թե ի՞նչ օգուտ պիտի քաղեր վերջինս Маркс-ի «Полный курс охоты» և Освальд-ի «Ляговая собака» գրքերից Սնանի տկլոր կղզում, դրա համար Պետրոսը ավելորդ համարեց մտածել:

Մի ժամից արդեն ամեն ինչ պատրաստ էր: Երիտասարդը կամեցավ վարձատրել մի քանով հյուրասեր տանուտերին, բայց վերջինս բացե իբաց մերժեց ընդունել որևէ վարձատրություն, ասելով թե՝ յուր պարտքն էր պատվել աստուծո հյուրին, եթե նույնիսկ ամիսներով նա ապրեր յուր տանը: Միայն շատ երկար թախանձելուց հետո, Պետրոսը կարողացա՛վ մի թղթադրամ խրել հյուրընկալի ձեռքը, իբրև հագուստի նվեր Սալբիի և երեխայոց համար:

Արևը մի չվան բարձրացել էր Մարալինջից, երբ Կամսարյանն յուր սրտագին շնորհակալությունը հայտնելով տանուտերին և նրա կնոջը, ողջունեց նրանց վերջին անգամ և բարձրացավ սայլակը: Տնականը մի զորավոր բացականչությամբ խրախուսեց ձիերին և նրանք աշխույժով սլացան դեպի խճուղին:

Այստեղից Սեմյոնովկա և այնտեղից Դիլիջան ուղևորությունն անցավ հաջող և առանց պատահարների: Գիշերվա հորդ անձրևից հետո եղանակը հրաշալի էր, օդը թեթև ու կազդուրիչ, իսկ բուսականությունը՝ զվարթ և փայլուն: Կամսարյանին թվում էր թե Սեմյոնովկայից մինչև Դիլիջան տանող ճանապարհը, անշուշտ, յուր կյանքի վրա պիտի ավելացնե մի ավելորդ տարի: Վասնզի այդ հովաշունչ ժամերին Մայմեխի թավշապատ լանջերի վրա, նրա թավուտների և անտառների մեջ խաղում էին այնպիսի հովեր ու սղոխներ, տոգորված կանաչի և ծաղկանց բուրմունքով, որ ամեն անգամ շունչ քաշելիս, նրան թվում էր թե շունչի հետ միասին մտնում է յուր թոքերը ոչ թե օդի ալիք, այլ կենսատու պալասան...

Դեռ կեսօր չէր, որ Կամսարյանը հասավ Դիլիջան: Մինչև այստեղ նա շարունակ աշխատել էր չմտածել այն ամենի մասին, ինչ որ կարող էր յուր տրամադրությունը խանգարել: Նա ջանացել էր մանավանդ, որ գաղափարական «ես»-ը չարթնանա և հիմար բաներ չշշնջա յուր ականջին, — «Այսպես պիտի լիներ... ուրիշ կերպ չէր լինի... որովհետև հնար չկա...» — այս դարձվածներով էր օրորել նա այդ «ես»-ին և նրա խիղճը քնացրել: Բայց Դիլիջանում նա հիշեց հանկարծ Թարսաչայի կայարանի վերակացուին, հայոց նախկին «գյուղական ուսուցչին» և արդի «չորքոտանիների վարժապետին»:

«Ի՛նչ պատասխան պիտի տամ նրան, եթե հարցնե թե ինչո՞ւ վերադարձա»... — մտածեց Կամսարյանը և տեսավ, որ հարցը բավական լուրջ է:

Ավելի լավ է թողնել փոստի սայլակը և գնալ, մասնավոր կառքով... մտածեց նա և այդպես էլ արավ: Փոստի կայարանում ճանապարհորդներին դյուրություն տալու համար հարմարեցված էր ճաշարանի նման մի բան: Այդտեղ երիտասարդը կուշտ նախաճաշ արավ և ապա մասնավոր մի կառք վարձելով, շարունակեց յուր ուղին:

Այժմ նա դարձյալ ոչինչի մասին չէր մտածում և զբաղված էր դիտելով ճանապարհի նոր հանդիպող տեղերը, կամ լեռների ու ձորերի այն տեսարանները, որ կարծում էր թե գալիս ժամանակը չէր նկատած: Միայն թե Աղստևի կամուրջին մոտեցած ժամանակ նա մի վայրկյան մտածեց այն մասին, թե երբ կառքը կմոտենա Թարսաչային, ինքը կհրամայե կառապանին, այնպես արագ անցնել կայարանի առջևից, որ «չորքոտանիների վարժապետը» մինչև իսկ չի որոշիլ թե՝ ո՞վ է նստած կառքում: Եվ այս մտածմունքի մեջ նա ձեռքը տարավ ծոցը, որպեսզի պորտսիգարը հանե. սակայն նրա փոխարեն դուրս ելավ դրաձյալ չարաբաստ Note-երի տետրը, որն այս անգամ արդեն ատելի լինելու չափ անհաճո երևաց նրան: Առանց երկար մտածելու՝ երիտասարդը շպրտեց այն կամուրջի վրայից դեպի շառաչող գետը:

Ոսկեզօծ տետրակը փայլեց մի վայրկյան արևի առաջ և անհետացավ Աղստևի տխրակարկաչ ալիքներում...

ԺՁ

Թիֆլիս հասնելով Կամսարյանը զարմացավ, երբ ծառան հայտնեց թե Կիրիլ Կարպիչը մի օր առաջ գնացել էր Բորժոմ: Իբրև սկզբունքի տեր վաճառական, նա յուր օրերը չէր զոհում զվարճության: Ի՞նչն էր ուրեմն պատճառը, որ նա այս անգամ բացառություն էր արել.— «Մի գուցե մերոնցից մեկը հիվանդացել է» մտածեց Պետրոսը անհանգստությամբ: Բայց երբ ծառան հայտնեց թե՝ «աղան գնացել է նրա համար, որ էգուց, աղջիկ պարոնի ծնունդին էնտեղ լինի», երիտասարդը թե՛ ուրախացավ և թե՛ շփոթվեց:

— Իրա՛վ, վաղը մայրիկի ծնունդն է... ի՞նչպես էի մոռացել... Բայց էլի լավ եմ հասել... մտածեց նա ինքն իրեն և շտապելով դեպի յուր սենյակը, հանեց զգրոցից ու պահարանից յուր նոր շորերը, արդուզարդի պատկանելիքը և այն ամենը, ինչ որ կարող էր պետք գալ ամառանոցում թե՛ զբոսանքի և թե՛ հանդեսների ժամանակ: Եվ այս ամենը զգուշությամբ ու կարգով ճամպրուկում տեղավորելուց հետո շտապեց առաջնակարգ վարսավիրայի մոտ յուր գլխի արտաքինը կանոնավորելու, այն է՝ խուզվելու և ածիլվելու:

Երեկոյան վեց ժամից մի քանի րոպե անց Բաթում ճանապարհվող գնացքը առավ յուր հետ նաև Կամսարյանին, յուր ճամպրուկով ու կապոցներով մի քանի ժամից հասցրեց նրան Միխայլովո: Այստեղից մինչև Բորժոմ պետք էր ճանապարհը շարունակել կառքով, վասնզի այդ ժամանակ դեռ չէր շինված երկաթուղու Բորժոմ տանող գիծը:

Պայծառ լուսնկա գիշեր էր: Հարթ ու ողորկ խճուղին, որի նմանը չկար Կովկասի ոչ մի կողմը, ախորժելի դարձնում նաև այս ուղևորությունը:

Կես գիշերից անցած, երիտասարդը հասավ անտառապատ ձորի մեջ փակված Բորժոմը և փոխանակ ուղղակի իրենց վիլլան գնալու, դիմեց հյուրանոց, ա՛յն պատճառով, որ նախ գիշեր ժամանակ տուն մտնելով անհանգիստ չանէ յուրայիններին և երկրորդ, որ հետևյալ առավոտ մաքուր հագնված ու վայելուչ կերպով գնա մայրիկին շնորհավորելու և նրան այդպիսով մի հաճելի անակնկալ (սյուրպրիզ) անելու: Այս նպատակով նա խնդրեց նաև հյուրանոցի տիրոջը՝ կանխավ պատրաստել տալ մատակարարին՝ ամենաընտիր ծաղիկներից մի թանկագին փունջ, «սիրելի մայրիկին» տանելու համար:

Հետևյալ օրը վաղ՝ Լիդիա Պավլովնան զբաղված էր գալիք հյուրերի համար սուրճ ու շոկոլադ պատրաստելով, կամ սեղանատանը՝ շաքարահացերի և այլ ուտելիքների սեղանն ու սպասը կարգավորելով: Նա թեպետ ուրախ էր, որ յուր ծննդյան հիսուներկուերորդ տարեդարձը կատարում է հարուստ ու բախտավոր, շրջապատված դեռևս սիրելի ամուսնով, առողջ զավակներով, բայց մի մեծ պակաս ուներ յուր ուրախության մեջ, դա սիրելի Պետյայի բացակայությունն էր, որը հնար չկար ոչնչով փոխարինելու... Օ՛, ինչպե՛ս կատարյալ կլիներ նրա ուրախությունը, եթե այսօր Պետյան գտնվում լիներ այն փայլուն հյուրերի հետ, որոնք շնորհավորության գալուց հետո, պիտի հրավիրվեին ճաշի Վարանցովի պարկում...

Դեռ այս մտածմունքների հետ էր Լիդիա Պավլովնան, երբ երեխաները մի շշուկ բարձրացրին վիլլայի ծաղկանոցում, որ գտնվում էր գետափնյա փողոցի վրա: Նա դուրս թռավ իսկույն վարագույրներով զարդարուն փոքրիկ պատշգամը և այդտեղից իմացավ անակնկալ նորությունը:

— Իմ սիրելի Պետյան, իմ աննման որդին չի մոռացել յուր մոր ծննդյան օրը. նա գործը թողել, շտապել եկել է մայրիկին շնորհավորելու... — մտածեց իսկույն Լիդիա Պավլովնան և ուրախության արցունքը նրա աչքերը թրջեցին:

Պետրոսը դիմեց դեպի մայրը ուրախության ու գոհության ժպիտը երեսին և գրկելով ու համբուրելով նրան, շնորհավորեց ծննդյան տարեդարձը: Լիդիա Պավլովնան որդու բերած փունջը գտավ հրաշալի և գուշակեց, որ ոչ ոք ապագա շնորհավորողներից կարող է նմանը նվիրաբերել իրեն:

Պետրոսի գալով Կամսարյանների վիլլան նոր փայլ ու շուք ստացավ: Մեծ գոհունակությամբ լսեց այդ լուրը նաև Կիրիլ Կարպիչը, որ դահլիճի մի կողմը նստած՝ նարդ էր խաղում յուր հին բարեկամ Մարկ Իվանովիչ Մարկոզովի հետ: Վերջինս, որ ծաղրում էր էտիկետի օրենքները, վաղ առավոտից էր եկել տիկնոջը շնորհավորելու և տեսնելով նրան դեռևս պենյուարի մեջ, ասել էր, որ այդ շորը նրան ավելի է սազում, որովհետև նրա մեջ տիկինը ավելի է «թմփլիկ, կլորիկ»:

— Կուզեր, բաս չէ՞ր գա... կռոների մոտ հո չէր մնա, — նկատեց նա Լիդիա Պավլովնային, որ եկել էր ամուսնուն որդու գալուստն ավետելու:

— Եվ տես թե՝ ի՞նչ օր եկել է՛, հենց իմ ծննդյան օրը...

— Բանիդ կաց... ծնունդդ էլ որ չէր էլել, էլի կուզեր... — շեշ ու չհար, Կիրիլ Կարպիչ, քարդ դիր... — շարունակեց խաղը Մարկ Իվանիչը, որ ուրախ բնության տեր ու կատակասեր մեկն էր:

Մի երկու ժամից արդեն բարեկամներն ու բարեկամուհիները գալիս էին շնորհավորելու: Կանայք ու տղամարդիկ, օրիորդներ ու երիտասարդներ, ոմանք զատ-զատ, ոմանք խմբովին, հետզհետե լցնում էին վիլլայի դահլիճն ու նրան կից վերանդան, որ զարդարված էր շքեղ վարագույրներով: Հաճելի աղմուկով ներս ու դուրս էին անում մանավանդ երիտասարդուհիները, որոնց զրույցի մեծ մասն, առհասարակ, բաղկացած էր լինում ձայնարկություններից ու բացականչություններից:

Լիդիա Պավլովնան յուր գլուխը կկորցներ, եթե երիտասարդ որդին, որ քաջ կենցաղագետ էր, կարգով կանոնով ամենքին չընդուներ, հարկ եղած տեղը սիրով չժպտար, կամ ուր որ պետք էր, հաճոյախոսություն չաներ:

Ճիշտ հարմար ժամին, այսինքն ընդունելության տաք միջոցին, վիլլայի առաջ կանգ առավ Մարկոսյանների կառքը, որից տիկինն իջավ նազելով և, անպատճառ, սպասավորի օգնությամբ, մինչդեռ Ադելինան ներքև թռավ թեթև թռչունի պես:

Տեսնելով Պետրոսին դահլիճի դռան առաջ, ուր նա եկել էր իրենց դիմավորելու, օրիորդը բացականչեց.

— Դուք այստե՞ղ... այս հրաշք է, — և նրա ձայնի արծաթյա հնչյունը ալիքներ տալով՝ անցավ դահլիճի մի ծայրից մյուսը:

— Հրաշքեմեն քիչ պակաս է... էն էլ էսօր կու թամամինք... նկատեց հայրը բարձրաձայն ծիծաղելով:

— Աստուծով, — հարեց Կիրիլ Կարպիչը, բայց այնպես ցած, որ միայն ինքը և խաղընկերը լսեցին:

— Ուրեմն դուք այստե՞ղ եք, — նորեն կրկնեց օրիորդը, սեղմելով երիտասարդի ձեռքը:

— Ինչպես տեսնում եք, — պատասխանեց վերջինս, ժպտող հայացքը Ադելինի սիրուն աչքերին ուղղելով:

— Չէի կարող հավատալ, ոչ ոք չէր սպասում...

— Ես սպասում էի... Ինչպե՞ս կարող է մարդ յուր մոր ծննդյան օրը մոռանալ, — նկատեց տիկին Մարկոսյանը, իբր թե աղջկա սխալն ուղղելով:

— Աբա մի ասա, թե աստուծդ կու սիրիս, քու մերը ե՞րբ է ծնվել, — հարցրեց Մարկ Իվանիչը կնոջը այնպիսի մի եղանակով, որ ամբողջ դահլիճը ծիծաղից թուլացավ:

— Երանի իմանամ քեզ ո՞վ է խոսեցնում, — նկատեց տիկինը նույնպես ծիծաղով և դեպի Լիդիա Պավլովնան առաջանալով:

— Այստեղ համեցեք, այստեղ, — խնդրեց վերջինս,— ցույց տալով թավշյա փափուկ բազմոցը:

— Հա, ես այդտեղ կնստեմ. սիրում եմ, երբ իմ տեղը չայն է լինում ու արձակ:

— Մետեխցիք էլ դրուստ էղենց ին ասում, ամա որ խեղճերուն ոչ ով չի լսում, — հարեց Մարկ Իվանիչը:

— Տո, շեշղ դիր, շեշղ, ի՞նչ ես մարդկանց խանգարում, նկատեց Կիրիլ Կարպիչը յուր խաղընկերին:

— Էս էլ իմ շեշը. եքը չունիմ:

— Չիար ու դու... — խաղը շարունակվում էր:

— Ասում եք որ ոչ ոք չէ՞ր սպասում ինձ, — խորհրդավոր ժպիտով հարցրեց Պետրոսը Ադելինային:

— Ոչ, այդ չէի ուզում ասել... Բայց... ի՞նչպես է հայերեն... Ուզում էի ասել, թե ոչ ոք հույս չուներ, թե կարող կլինեիք թողնել ձեր գործը և գալ, հասկանո՞ւմ եք,ուղղեց օրիորդն յուր սխալը, որից, սակայն, նրա այտերը թեթև շառագունեցան:

— Հասկանում եմ, ոչ ոք հույս չուներ: Բայց ես ահա եկա:

— Ինչպե՛ս լավ է, որ եկաք. եթե գիտենաք, թե որքա՛ն պետք ունինք ձեզ:

— Եթե կարող եմ մի բանով ծառայել օրիորդին...

— Ոչ, հասարակությանը:

— Հարկավ՝ ձեր հրամանով:

— Այդպես ընդունեցեք, եթե կամենում եք, — ասաց օրիորդը քնքշաբար ժպտալով:

— Այդպես եմ ընդունում, հաճեցեք հրամայել:

— Այսօր ճաշին մենք ձեզ հետ ենք, Վարանցովի պարկում... Այնպե՞ս է, Լի՛դիա Պավլովնա, — դարձավ օրիորդը տիկնոջը:

— Այո, սիրելիս, բոլոր հյուրերին հայտնված է:

— Իսկ երեկոյան մենք կունենանք նվագահանդես:

— Բարեգործական նպատակո՞վ:

— Այո, և հարուստ ծրագրով:

— Եվ մենք ուրեմն պատիվ կունենանք ձեր հրաշալի ձայնն ու դաշնամուրի նվագը լսելու:

— Այսինքն պատիվ կանեք մեզ լսելու:

— Եվ ի՞նչ կտորներ կերգեք կամ կնվագեք:

— Այդ կիմանաք աֆիշայից, բայց բանն այդ չէ:

— Հապա՞:

— Նվագահանդեսից հետո, մենք կունենանք պարահանդես:

— Կոտիլիո՛ն... — ճչաց դահլիճի մյուս կողմից Ադելինայի ընկերուհիներից մինը:

— Այդ էլ լավ է:

— Լավ է ա՛յն պատճառով, որ դուք այստեղ եք:

— Այդ ի՞նչ է նշանակում, — ժպտաց երիտասարդը:

— Երևակայեցեք, որ մինչև այժմ մենք դեռ չգիտենք թե ո՞վ պիտի լինի մեր dirigeur-ը, որովհետև չենք ընտրած:

Այստեղի երիտասարդների մեջ, ճշմարիտը խոստովանած, շնորհքով մեկը չկա:

— Ինձ կու ջոկեիք էլի՛, — կատակեց դարձյալ Մարկ Իվանիչը, որ այժմ տարած քարերն էր համարում:

Դահլիճում նորեն ծիծաղ բարձրացավ:

— Չեք կարող երևակայել թե ո՛րքան ուրախ եմ: Դուք, իհարկե, կկառավարեք մեր պարերը: Այժմ արդեն պարահանդեսը կլինի իսկական պարահանդես:

— Իսկ եթե ես խնդրեի, որ ինձ ազատեք այդ պաշտոնից:

— Եվ ոչ մի խոսք այդ մասին, — հարեց օրիորդը վճռաբար:

— Այո՛, այո՛, ոչ մի խոսք. դուք հրաշալի dirigeur եք, դուք չի պիտի մերժեք, — խոսեցին այս ու այն կողմից Ադելինայի ընկերուհիները:

— Բան է, թե վուր Պիոտր Կիրիլիչը իրիկվան ատկազ արավ, ես հազիր եմ, ձիզ էնենց լազաթով պար ածիմ, որ ասիք — մաշալլա, Մարկ Իվանիչ... — զվարճախոսեց Ադելինայի հայրը և ծիծաղը նորից ընդհանրացավ:

Ցերեկվա երրորդ ժամին Կամսարյանների հյուրերը հետզհետե հավաքվում էին Վարանցովի պարկը, որ գտնվում էր

Բորժոմի գեղեցկությունը կազմող անտառապատ բարձունքներից մեկի վրա: Գեղուղեշ ծառերի հաճելի հովանու տակ բացված էր ընդարձակ սեղան՝ զարդարված կանաչով, ծաղկեփնջերով և հարուստ ակրատի բազմատեսակությամբ:

Ճաշը նշանակված էր սովորականից վաղ, որպեսզի երեկույթ կազմող օրիորդները թե՛ հացկերույթին մասնակցեին և թե՛ ժամանակ ունենային հանդեսի համար պատրաստվելու:

Ընտիր խորտիկները և ընտրելագույն գինին, միացած ընտիր երաժշտության հետ, որի արձագանքը թնդում էր անտառի հեռավոր ծմակներում, շուտով ստեղծեցին Վարանցովի պարկում էպիկուրյան հայացքների երկրպագու մի ամբոխ, հարած երկու զատ, բայց միմյանց հետ սերտ կապ ունեցող տեսության: Տարիքավորները համակերպելով մեր ծանոթ տեր-Վանու կարծիքին, ընդունում էին որ, այս անցավոր աշխարհում կա միայն մի բան, որի համար արժե ապրել. այն է՝ լավ ուտել: Մինչդեռ երիտասարդները այդ միակ բանը գտնում էին լավ սիրելու մեջ: Այս պատճառով էլ, եթե առաջինները իրենց տվել էին համեղ խորտիկներն ու անուշ գինին ուշադիր ջանքով և գիտակցաբար վայելելու դժվարին աշխատության, վերջիններն, ընդհակառակն, զբաղված էին քնքուշ ժպիտների, կրակոտ հայացքների և խորհրդավոր ակնարկների փոխանակությամբ: Սիրո և մտերմության այդ հրապուրիչ տուրևառում՝ գերազանցում էին բոլորին Պետրոսն ու Ադելինան, որոնք պատահաբար նստած էին իրար մոտ... Ճաշը վերջանալու վրա նրանք ասել վերջացրել էին այն ամենը, ինչ որ անհրաժեշտ էր երկու սիրող սրտերին՝ իրենց զգացածը միմյանց հասկացնելու համար — թեպետև այդ անելիս՝ նրանք չէին արտասանել և ոչ մի պարզ խոսք:

Հասավ երեկոն: Հանքային պարկի ռոտոնդոն լուսավորված էր շքեղորեն: Գույնզգույն լապտերները, որոնք կախված էին պատշգամի սյունաշարերն ու մոտակա ծառերը միմյանց հետ կապող կանաչահյուս ժապավեններից, մոգական խորհրդավորություն էին տալիս կյանքով ու լույսով ողողված այն կետին, որ ամփոփված էր անտառապատ բարձրավանդակներով պարսպված ձորակի մեջ: Կարգադրիչներն ամեն կերպ աշխատել էին գրավիչ ու հետաքրքրական դարձնելու պարկի այդ մասը, ուր ռոտոնդոն էր և ուր նվագահանդեսն ու պարերը պիտի տեղի ունենային, որպեսզի բարեգործական եկամուտը մեծացներ: Այդ պատճառով հանդեսի ընդարձակ դահլիճը, դեռ ութից առաջ, լցված էր երկսեռ բազմությամբ: Իսկ նվագահանդեսն սկսելուց, ոչ միայն չկար պարապ աթոռ, այլև դռների ու պատուհանների առաջ խռնված էր մեծ բազմություն, որ փող էր վճարել, գեթ մոտիկ կանգնելու իրավունք ունենալու համար:

Գեղեցիկ վարագույրներով ու արևադարձային ծաղիկներով զարդարված բեմի վրա առաջին անգամ երևաց Աղելինան յուր ընկերուհու հետ: Նա հագած էր մետաքսյա նուրբ, ձյունափայլ շոր, հոլանի թևերով ու կրծքով, որ զարդարված էր մարգարտածաղկի և շուշանների հյուսերով: Կիսաբաց կրծքին, ուր հանգչում էր սպիտակ վարդի մի ոստ, այլև հարուստ մազերում, որոնք սանրված էին à la moderne, աստղերի պես փայլում էին հարուստ ադամանդներ: Անմեղության խորհուրդն ամփոփող սպիտակ հագուստներում և մանավանդ լամպի այլակերպող լույսի առաջ, գեղանի Աղելինան դարձել էր, գրեթե, երկնային:

Երբ ընդունելության ծափերը դադարեցին, օրիորդն ու ընկերուհին, որ նույնպես գրավիչ էր իյուզիայի շնորհիվ, սկսան դաշնամուրի ձայնակցությամբ երգել մի սրտաշարժ duo, որ հարուցեց դահլիճի մեջ ծափահարությունների և dis-երի որոտընդոստ աղմուկ, որից ստիպված՝ նրանք երգը կրկնեցին:

Հետևյալ համարը պատկանում էր մի երիտասարդի, որ ջութակի վրա նվագեց յուր բաժինը և ինչպես սիրող, արժանացավ դարձյալ ծափահարությունների:

Երրորդ համարը Մոցարտի VI սոնատն էր, որ Աղելինան և մի ուրիշ օրիորդ նվագեցին դաշնամուրի վրա:

Չորրորդին դուրս եկավ Աղելինան միայնակ և նվագեց նույն հեղինակի Roudoalla Turca-ն, որ յուր արևելյան ճաշակի նուրբ ու քնքուշ մելամաղձոտությամբ սրտաշարժ ազդեցություն ունեցավ հանդիսականների վրա:

Որոտալից ծափահարությունների աղմուկով փակվեցավ նվագահանդեսի առաջին բաժինը:

Երկրորդին և երրորդին մասնակցեցին նոր մարդիկ — մի վիոլոնչելիստ, մի սրնգահար, մի solo երգիչ, ապա երգչուհիներ, որոնց մի trio-ին միացավ դարձյալ Աղելինան: Բացի այդ նա երկրորդ ու երրորդ մասերում հանձն առավ լուրջ մասնակցություն՝ մեջ ընդ մեջ նվագելով դաշնամուրի վրա

Բեթհովենի Quasi una fantasia սոնատը, Շումանի Warum-ը, նրա կառնավալի խոստովանանքը և Շոպենի Nocturnus-ը, որով, համարյա, ներկայացավ նվագահանդեսի գլխավոր տիրապետուհին, ոչ միայն յուր գեղեցկությամբ ու շնորհաշուք շարժվածքով, այլև այլ արժանիքով, որ ցույց տվավ նա երաժշտական մասում ունեցած յուր հմտությամբ:

Կամսարյանը, որ բոլոր ժամանակ հոգիացած դիտում էր գեղանի օրիորդին ու լսում նրա շնորհալի երգը կամ դաշնամուրի նվագները և ընդմմին ականջում ժողովրդի գովասանություններին, հետզհետե սկսում էր զարմանալ յուր հիմարության վրա, որ մինչև իսկ մի վայրկյան թույլ էր ավել իրեն մտածել, թե կարելի էր երբևիցե ձեռքից թողնել այդ գանձը... Եվ այդ իսկ պատճառով, որպեսզի նորոգված մտերմությունը ոչնչով չթուլանա, նա յուրաքանչյուր խաղամիջոցին վազում էր բեմի հետևը և հիացած բացականչություններով Ադելինային դրվատում:

— Ձեր երգը, օրիորդ, դյութիչ էր և հրաշալի... ձեր սոնատն աննման էր... ձեր Rondo-ն ինձ լացացրեց... — ասում էր նա: Իսկ դահլիճ վերադառնալուց սկսում էր օրիորդին համեմատել իրեն հետ և գտնում, որ նա, արդարև, արժանի է յուր կենակիցը լինելու: Հենց այս պատճառով էլ տեսնելով, որ Ադելինան տիրում է հանդեսի վրա, ցանկացավ, որ ինքն ևս աչքի ընկնե մի բանով, ուստի որոշեց ընդունել դիրիժորի պաշտոնը, որ դեռ առավոտը կամենում էր մերժել:

Եվ որովհետև գիտեր թե ամեն մարդու բան չէ պարերը կառավարել այնպես, որ ընդհանուր գոհության և կենդանության հետ միասին դահլիճում տիրե նաև կատարյալ կարգ ու ներդաշնակություն, ուստի առաջուց հպարտանում էր, որ ինքը պիտի կարենա լիուլի ցույց տալ այդ բանում յուր հազվագյուտ շնորհքը: Այս պատճառով նա շտապեց օգտվել վերջին խաղամիջոցից և հենց նստած տեղը կազմել tour-երի ընդհանուր ծրագիրը, որ շատ էլ հեշտ բան չէր:

Նվագահանդեսը վերջացավ մի կվարտետով, որին մասնակցեցին ջութակահարը, վիոլոնչելիստը, սրնգահարը և trio երգող երեք օրիորդներ, որոնցից մինն էր Ադելինան:

Ծափահարությունները երկար դղրդացնում էին դահլիճը և երևի զարմացնում մոտակա անտառներում թառած թռչուններին, որոնք եթե խորհելու զեշ սովորություն ունենային, անշուշտ շատ աննպաստ բաներ կմտածեին մարդ արարածի մասին:

Շուտով ծառաները դահլիճի միջից դուրս հանեցին ավելորդ աթոռները, որպեսզի պարերի համար հրապարակ բացվի: Աղելինան և յուր ընկերուհիները, որոնք չէին կասկածում թե լավ dirigeur ունին, եկան մի անգամ էլ ստուգելու թե՝ արդյոք երիտասարդը հո չէ պնդում մերժման վրա: Եվ զոհ եղան տեսնելով, որ վերջինս արդեն յուր դերի մեջ է և հրամաններ է տալիս ոչ միայն ծառաներին՝ դահլիճը կարգավորելու, այլև երաժիշտներին, պարերգի եղանակները դասավորելու այնպես, ինչպես ինքը ծրագրել էր արդեն:

— Տեսնո՞ւմ եք, օրիորդներ, ա՛յն, ինչ որ նախօրոք ինքներդ պիտի կազմեիք, այն էլ պարոնն է շտապել կազմելու, — նկատեց նորատի մի տիկին, աչքի անցնելով tour-երի ցանկը, որ գծել էր Կամսարյանը յուր այցետոմսի վրա:

— Մի՞թե չգիտեինք թե՝ ինչո՞ւ ենք պարոնին dirigeur ընտրում, — վրա բերավ Աղելինան քաղցր ժպտալով:

— Ինձ թվում է, թե ով հանձն է առնում մի պաշտոն, նա ինքն էլ պիտի հոգա նրա անթերի կատարման համար,— պաշտպանեց օրիորդին Կամսարյանը, կարող մարդու հավակնությամբ:

— Այո՛, բայց աշխատանքի բաժանումը հեշտացնում է գործը, — ավելացրեց տիկինը:

— Օ՛, և մի՞թե սա գործ է. այսպիսի գործերում ես ինձ զգում եմ...

— Ինչպես ձուկը ջրում, այնպես չէ՞, — ընդհատեց Աղելինան, ծիծաղելով:

— Այո՛, միայն այն զանազանությամբ, որ ձուկը լողում է անխոս, մինչդեռ մեր դիրիժյորը պիտի լողա այսօր շարունակ բարբառելով, — կատակեց մի ուրիշը:

— Բայց դուք այստեղ ժամավաճառ եք լինում. առեք այս ցանկը և երկու թերթերի վրա օրինակելով՝ փակցրեք դահլիճի պատերին, որպեսզի պարողները ծանոթանան tour-երի կարգին,— խոսեց նորատի տիկինը, որ, ըստ երևույթին, շտապում էր վայրկյան առաջ սուրալ դաճլիճի փայլուն հատակի վրա:

— Անհանգիստ մի՛ լինիք, դրա մասին էլ ես կհոգամ, — ասաց Կամսարյանը և ներողություն խնդրելով հեռացավ խմբակից:

Քիչ ժամանակից հետո բոլոր պարող տիկիններն ու օրիորդները իրենց ձեռքում ունեին դիրիժորի այցետոմսը՝ tour-երի ցանկով:

Պարահանդեսն սկսվեց Valse générale-ով, որի ժամանակ հայտնվեցավ, որ նվագահանդեսի նախկին թագուհին այժմ պիտի դառնա դիրիժորի եռանդը վառող անբաժան ոգին: Եվ դրանք երկուսն, արդարև, այդ վայրկյանին արժանի էին իրար՝ իրենց գեղեցիկ արտաքինով, համաչափ հասակով, շնորհալի շարժմունքներով, երիտասարդական զվարթությամբ և, նամանավանդ, աշխույժի ու եռանդի բացարձակ զեղումով, որ վարակում էր նույնիսկ տարիքավորներին, մտցնելով նրանց մեջ կենդանության նոր զգիռ:

Որովհետև այդ ժամանակ դեռ ֆրանսիական կադրիլը իբրև հնություն չէր հանված ընդհանուր պարերի ցանկից. ուստի նա հետևեց Valse générale-ին: Դրանից էլ, իսկապես, սկսվեց Կամսարյանի տիրապետական փայլը:

Ասպետներն ու տիկիններն իրար ընտրելուց հետո, ընտրել էին նաև իրենց աթոռները և կապել նրանց թաշկինակներով, որպեսզի շուրջը խռնվող հասարակությունը չքաշե նրանց դեսուդեն:

— Avancez...passez... retournez à vos places...որոտաց դիրիժոր Կամսարյանի ձայնը, ինչպես զորապետի մի խրոխտ հրաման, և դահլիճի ազատ հրապարակը վայրկենապես ծածկվեցավ պարողների բազմությամբ: Սպիտակ կերպասը, փրփուր բատիստը, ծաղիկն ու ադամանդը խառնվելով իրար, ստեղծեցին այդտեղ զարնան թիթեռների խայտաբղետ մի պար, որի մեջ տղամարդիկ իրենց սև զգեստներով հիշեցնում էին բզեզների ու մեղուների խառնուրդը:

— Les dames, avancez... reculez... avancez et balancez vos cavaliers vis-à-vis... հնչում էր Պետրոսի ձայնը հետզհետե առույգանալով:

— Ինչպե՞ս եք հավանում մեր զորապետին... — հարցրեց Ադելինան vis-à-vis ասպետին՝ balance-ի ժամանակ:

— Հրաշալի է,— պատասխանեց վերջինս և ժպտալով անցավ:

— Avancez et balancez vos cavaliers premiers...

— Ձեզ համար ասում են, որ հրաշալի dirigeur եք,— շշնջաց Ադելինան Պետրոսի հետ պտտելիս:

— Բայց չե՞ն ասում, որ տիրուհուս արժանի երկրպագու չեմ,— նկատեց Կամսարյանը ինքնագոհ ժպիտով:

— Չափազանց համեստ եք:

— Ասացեք՝ ճշմարտախոս... Massieurs, avancer, reculez... avancez et balancez vos dames vis-à-vis:

— Ասացեք Աղելինային, որ շատ չքրքրվի, — ապսպրեց կատակով Կամսարյանի հետ պտտող vis-à-vis օրիորդը:

— Ձեր ընկերուհին պաշտելի է, մի՛ զրպարտեք նրան... — նկատեց դիրիժյորը և շարունակեց...— avancez et balancez vos dames premiers:

— Ի՞նչ էր ասում ձեզ Իդան, — հարցրեց Աղելինան Պետրոսին, երբ նա figure-ն ավարտելուց հետո նստեց յուր կողքին:

— Չեմ կարող ասել:

— Խնդրում եմ:

— Հարցրեք, հարցրեք, — հորդորեց օրիորդը դիմացի շարքից:

— Դեհ, այժմ ասացեք. ի՞նչ էր ասում նա, — ստիպեց Աղելինան զվարթ հետաքրքրությամբ:

— Ասում էր՝ իբր թե դուք շատ հետաքրքրվում եք:

Աղելինան նայեց յուր ընկերուհուն և ժպտալով ասաց.

— Ինքներդ դատեցեք, մի՞թե իրավունք չունիմ... Հապա, համեմատեցեք... Եվ այս ասելով՝ նա մատնացույց արավ ընկերուհուն նրա ասպետը, որ ճաղատ գլխով, ոչ գեղեցկադեմ մի գրող էր:

— Մի վիճեք, ելնենք: — Massieurs, avancez.Chainez les damas à la main... — գոչեց դիրիժյորը և պարը շարունակվեց:

Այս ձևով իրար հաջորդում էին figure-ները մինչև վեցերորդը, բոլոր այդ ժամանակ Կամսարյանը հանգիստ սիրախոսում էր Աղելինայի հետ: Բայց galop-ի ժամանակ նա արդեն դարձավ մարմնացյալ եռանդ, որովհետև հրամանները պետք է տար զգուշությամբ, որպեսզի grand rond-ի վախճանը լիներ թե՛ սահուն և թե՛ հաղթական:

Բարեբախտաբար այս լուրջ խնդիրն էլ լուծվեցավ հաջողությամբ: Երբ corbeille-ից հետո վերջին անգամ հնչեց դերիժյորի ձայնը՝ Remerciez vos dames! ամենքն արդեն գիտեին, որ կարգադրիչ պարոնի շնորհիվ սխալ քայլ չէին արած: Այդ պատճառով շնորհակալությունները երկուստեք էլ սրտագին էին:

Կաղրիլից հետո սկսվեցան ազատ պարերը, որոնց ժամանակ Աղելինան, հակառակ նույնիսկ bon-ton-ի պահանջեն, հաճախ անբաժան էր շնորհալի դիրիժորից: Գուցե և այս այն գիտակցությամբ, թե հյուրերից շատերն արդեն ծանոթ են յուր զգացմունքներին, հետևապես խստապահանջ չէին լինիլ գեթ այս անգամ: Եվ իրավ, նրանց երկուսի համաչափ ու ներդաշնակ շարժումներից արդեն դիտող աչքը կարող էր որոշել չափն այն համակրության, որ երիտասարդ սրտերը տածում էին դեպ իրար: Եթե պարից բան հասկացող հանդիսականը ծաղրում էր այնպիսիներին, որոնք պարելու փոխարեն քաշկռտվում էին կամ իրենց կոր մեջքով և գռեհիկ pas-րով տանջանք պատճառում իրենց dame-երին, ընդհակառակն, հոգեկան մեծ հաճույք էր զգում նայելով Կամսարյանի և Աղելինայի վրա, որոնք իրենց թեթև ու շնորհալի քայլերով և հանգիստ ու ճոճուն պտույտներով գրեթե միշտ իրենցից կազմում էին մի անձն, որ յուր շարժումներով միաժամանակ փայլեցնում էր որքան շնորհք, նույնչափ և արվեստ:

Պարերը, սակայն, շարունակվում էին երկար, վասնզի երիտասարդները չէին հոգնում, իսկ տիկիններն ու օրիորդները պատրաստ էին, նույնիսկ, առաջիկա ցերեկը փոխել գիշերի, միայն թե կարենային անվերջ պտտել ու սուրալ՝ երաժշտության հաճելի աղմուկով արբած...

Բայց հասակավոր հայրերն ու մայրերը սկսում էին հոգնել. շատերն էլ ստամոքսի տրտունջն էին լսում: Այդ պատճառով սկսան հիշեցնել «ջահիլներին» թե՝ ժամանակ է արդեն իրենց եռանդը չափավորելու: Այդ հուշարարների թվին պատկանում էին, նաև, Կամսարյան ու Մարկոսյան ամուսինները, որոնց խորհրդին, սակայն, հետևեց իսկույն ինքը դիրիժորը, սկսելով Cotillon-ը իբրև վերջապար:

Բայց որպեսզի տիկինների ու օրիորդների հաճույքը ևս կարողանար գրավել, նա Cotillon-ը փոխանակ կադրիլի ու մազուրկայի պարզ խառնուրդով վերջացնելու, աշխատեց բարդել վալսի ու յոլկայի երկարատև ton-երով: Եվ թեպետ նա խստությամբ հետևում էր արշավին և հարմոնիան ոչնչով չխանգարելու համար աշխատում, որ զույգերը ձեռքից չտան իրենց հերթը, այսուամենայնիվ, վերջում երևեցավ, որ բոլոր ասպետներից ավելի շքանշան ինքն է ստացել:

Երբ promenade-ն ու petit rond-ը ավարտելով դիրիժորը գոչեց՝— Voyagez a quatre coins à la isvostchik! նա ձեռքին ուներ մետաքսյա սանձերը երեք գեղեցկուհիների, որոնցից միջինը չքնաղ Ադելինան էր և՝ որոնք իրենց ջերմությունից շիկնած վարդագույն դեմքերով հիշեցնում էին Ապոլոնի հրաշունչ նժույգները Արշալույսի բացած դռներով ելնելիս...

Trois enavant! գոչում էր երիտասարդը և յուր նժույգներով պտտում ու սուրում դահլիճի շուրջը: Նրան հետևում էին ուրիշները, բայց հակառակ կազմվածքով. — շատ տիկիններ ու օրիորդներ լծել էին երիտասարդներին և վարում էին նրանց՝ ինչպես Դիանաներ՝ իրենց էրեներին:

— Այ, դրուստն էս ա, չուն հիմկվա վախտը՝ աղջկերքն են տղերանցը լծում: Ամա էն ինչի՞ քու տղեն իմ աղջկանն ա լծել, սաբաբն ի՞նչ ա, — հարցրեց ծիծաղելով հայր Մարկոսյանը՝ իրենից անբաժան Կիրիլ Կարպիչին:

— Մարկ Իվանիչ, էղենց էլ ա լինում. խան մեկն ա լծում, խան մեկելը. դու ասա ճամփեն դրուստ գնան, չվերննզնեն, թե չէ լծելուց ի՞նչ վնաս... — այլաբանական հարցին այլաբանորեն պատասխանեց հայր Կամսարյանը:

Երբ Պետրոսն ու Ադելինան թև թևի տված մոտեցան ծնողներին, Մարկ Իվանիչը կատակով նկատեց.

— Աբա մի ասա, Պյոտր Կիրիլիչ, կռոների երկրումը, որ մնացել էիր, քիզ ո՞վ կուտար էս դաղա մեղալնիր ու խաչիր... Տես է՛, իստակ պոլկովնիկ իս դառի:

Ադելինան ու շրջապատողները ուրախ ուրախ ծիծաղեցին, մինչդեռ Պետրոսը կեղծեց թե ծիծաղում է, որովհետև Մարկոսյանի արած դիտողությունը մի տեսակ ցուրտ փչեց յուր ջերմացած սրտին:

Այսուամենայնիվ, պարկի ծառազարդ մի անկյունում ընթրիքի համար բացված սեղանը, որի վրա դրված արծաթ ու քրուստալ սպասները փայլում էին առատ լույսի առաջ, իսկ տեսակ-տեսակ ակրատն ու գինին գրգռում նույնիսկ կուշտ մարդու ախորժակը, ցրեցին նաև երիտասարդ Կամսարյանի տխրության հովերը և հավատացրին նրան, թե ավելի լավ է վայելել քան թե մտածել...

Այդ բանին, մանավանդ, լավապես օգնեց Մարկ Իվանիչը, որ սեղանը բոլորող փոքրիկ հասարակության խնդրանոք դարձավ կառավարիչ: Առաջարկած կենացները նա համեմում էր զվարթ կատակներով և երբեմն, մինչև իսկ, հաջող սրախոսություններով, այնպես որ ընթրողներն ավելի ծիծաղում, քան ուտում էին:

Զարմանալի էլ չէր, որ այսպիսի ընդունակ կառավարչի շնորհիվ, դեռ երկրորդ կերակուրը չբերած՝ շիշերի գինին կիսից ցած լիներ, իսկ երրորդն սկսելուց՝ արդեն վերջացած: Այս կշռաչափը թեպետ մեծ բան չէր «լավ խմողի» համար, բայց Բորժոմի պարկում ընթրողին պատշաճ չէր դրանից ավելին վայելել, ուստի պետք է ընդունել, որ այդքանով էլ մեր հյուրերն արդեն զվարթացած էին:

Քաղցրեղենը բերելու ժամանակ ընթրողների տրամադրությունը այնքան էր քնքշացել, որ կարծես թե ահա՛, ուր որ է այդ բոլորը պիտի ձուլվին մի սրտի և մի հոգու մեջ: Այսպիսի հաջող տրամադրությունից օգտվելով, Լիդիա Պավլովնան, որ բոլոր ժամանակ զվարճանում էր Պետրոսի և Ադելինայի միմյանց հետ փոխանակող քաղցր ժպիտներն ու հայացքները դիտելով, կամ նրանց գողտրիկ սիրախոսությունը լսելով, իբրև թե արդեն համբերությունից ելած, ժպտալով բացականչեց.

— Դե վերջ տվեք, էլի...

— Դրուստ ա ասում, վերջ տվեք... — հարեց իսկույն Մարկ Իվանիչը և քահ-քահ ծիծաղեց:

Եվ որովհետև բոլորի համար պարզ էր թե ինչի՞ մասին է խոսքը, ուստի Կիրիլ Կարպիչը, որ ամեն բանի մեջ սիրում էր հանդիսավորություն, բարձրանալով տեղից՝ բռնեց որդու ձեռքը և տալով Մարկ Իվանիչին, ասաց.

— Ահա՛ քու փեսան:

Տիկին Մարկոսյանը հետևելով նրան, առավ աղջկա ձեռքը և տալով Կիրիլ Կարպիչին, հարեց.

— Էս էլ քու հարսը...

Թե՛ Պետրոսի և թե՛ Ադելինայի դեմքին խաղացին լուռ երանական ժպիտներ: Դրանով նրանք իրենց համաձայնությունն էին տալիս ծնողների արածին:

— Շնորհավոր, շնորհավոր,— գոչեցին այս ու այն կողմից:

— Մատանին տուր, խնամի, մատանին, — բացականչեց Մարկ Իվանիչը, իբրև գործնական հայր:

Լիդիա Պավլովնան ընտրեց յուր մատի մատանիներից ամենաընտիրն ու թանկագինը և հագցնելով Ադելինայի մատին, համբուրեց նրան և ասաց.

— Մա թող լինի մեր զաղատկան (առհավատչյան):

— Ես էլ հիմի իմ փեսին,— ասաց տիկին Մարկոսյանը և չիփ-չափ համբուրվեցավ Պետրոսի հետ:

— Շնորհավոր, շնորհավոր, — կրկնեցին ձայները:

— Շամպա՛յն, շո՛ւտ. էս գինիքը դուս տարեք, — հրամայեց Կիրիլ Կարպիչը և ծառաները մի ակնթարթում անհետացրին սեղանի վրայից նորոգված շիշերի մնացորդը (որ մի քիչ հետո իրենց պիտի հարկավորվեր) և նրանց փոխարեն շարեցին Roederer-ի շամպայնը:

Շնորհավորանքներն ու բարեմաղթություններն ընդհանրացան: Նույնիսկ հարևան սեղաններից բարեկամ մարդիկ մոտեցան և շնորհավորեցին հանպատրաստից տեղի ունեցած նշանադրությունը:

Եվ սակայն այս ամենը կատարվեց այնքան տարօրինակ կերպով, որ ոչ ոք մտածեց հարցնել տղի կամ աղջկա համաձայնությունը: Եվ երբ այս մասին մի հոռետես իր դիտողությունն արավ, Մարկ Իվանիչը հրամայեց, որ Պետրոսն ու Ադելինան պատասխանեն նրան իսկույն:

Երիտասարդն ու օրիորդը հասկացան տրված հրամանի նշանակությունը և քաղցրաժպիտ մոտենալով իրար՝ ջերմագին համբուրվեցան:

Ուրախության բացականչությունները սկսվեցան նոր ուժով և շամպայնը նորոգեց յուր շրջանառությունը:

Մինչև այստեղ որ հասանք, էլ հույս ունիմ իմ ընթերցողները չեն պահանջիլ, որ ես իմ պատմությունը շարունակեմ: Որովհետև լավ գիտեն թե այսպիսի մի նշանադրության ի՞նչ է հետևում. — հարկավ պսակադրություն, շքեղ հարսանիք և մեղրալուսնի ճանապարհորդություն... իսկ այնուհետև գալիս է ամուսնական խաղաղ ու քաղցր կենակցությունը, մինչև ցնոր կարգադրություն...

— Իսկ Չիբուխլո՞ւն... Սևա՞նը...

— Նրանք դարձյալ մնացին իրենց տեղն անշարժ, անփոփոխ, ինչպես հարազատ մասունք անփոփոխելի հավիտենականության...

ՆՈՅԻ ԱԳՌԱՎԸ

Ա

Օգոստոսի սիրուն առավոտներից մինն էր, երբ ես ու ընկերս, կանխավ արած մեր որոշման համաձայն, դուրս եկանք քաղաքից ձիով՝ հայրենի գավառակի գյուղերը պտտելու և մի քանի ավերակներ անձամբ տեսնելու:

Մենք պատկանում էինք «տուն վերադարձող» այն նորեկների թվին, որոնք ընտանիքի հացը հայթայթելու համար ստիպված են լինում տարիներով ապրել մեծ քաղաքում, ծծել միշտ նրա անառողջ օդը, սնվել ավելի փոշիով, քան թե կերակրով և հետևապես կարոտիլ այնպիսի բարիքների, որ բնության մեջ ապրող մարդը վայելում է առատորեն, առանց, սակայն, նրանց արժեքը գնահատել կարենալու:

Ի՞նչ բան է, օրինակ, մաքուր օդը, դաշտի կանաչը, հովտի առվակը, անտառի զովը... միթե կարելի է կարոտիլ դրանց, կամ ցանկացած ժամին չվայելել: Լեռնցի գեղջուկը, որ կարիք բառը հասկանում է միայն նյութականի վերաբերմամբ, անշուշտ կծիծաղեր, եթե իմանար թե՝ մեր զրկանքը կազմում է այդ չնչին, հազիվ երբեմն յուր կարիքը լցուցանող բաները:

Բայց ով տարիներով ապրել է մեծ քաղաքում, միշտ միևնույն նեղ փողոցի վրա, նույն ապականված մթնոլորտի մեջ և գործել շարունակ լույսից ու օդից զուրկ մի գրասենյակում, որի բոլոր հրապույրը կազմում են եղել չոր հաշվեմատյանները, երկաթե պահարանը և անմիտ համրիչը, իրեր, որոնք առնչություն ունին միայն փողի և հաշվի հետ, բայց որոնց անծանոթ է սիրտը և ավելի ևս զգայուն հոգին, իրեր, որոնք մարդու ուղեղը բթացնում, աշխույժը մարում և հոգին նվաստացնում են... այդպիսին, հարկավ, կարոտելով կկարոտի այն ամենին, ինչ որ անարժեք է բնության զավակի համար կկարոտի նրա դաշտին ու մարգին, նրա հովտին ու առվակին, նրա անտառի անուշ հովերին:

Մենք էլ, ահա, այդ կարոտյալներից էինք: Ընկերս վերադարձել էր Մոսկվայից, իսկ ես Թիֆլիսից: Երկուսս այժմ միացած՝ զնում էինք բնության քաղցրություններից մեր կարոտն առնելու:

Պետրոս Մինարյանը (այս էր ուղեկցիս անունը) հայոց հոգևոր դպրոցի սան էր, տակավին երիտասարդ, միջահասակ, փոքր-ինչ թուլակազմ, բայց աշխույժ և զրավչադեմ: Բնավորությամբ բավական անհամբեր և դյուրագրգիռ էր, երբեմն նույնիսկ հանդուգն ու անքաղաքավար, բայց սրտով բարի և անկեղծ: Ուներ տարօրինակ հայացքներ, որոնք յուր խոսակիցներին մերթ զայրույթ և հաճախ՝ զվարճություն էին պատճառում: Սիրում էր խառնվել ուրիշների գործին, կամ հաճախ ինքնակոչ դատավոր հանդիսանալ: Սիրում էր վիճաբանել, ազատ մտքեր հայտնել, բայց երբեմն ավելի հակառակելու, քան մի ճշմարտություն ասելու համար: Այսուամենայնիվ, այս բոլոր տարօրինակությունների հետ միասին, ճանապարհի լավ ընկեր էր, որովհետև սրտոտ էր, կամ արար և սակավապետ:

Բավական ժամեր էին անցել, ինչ ելել էինք քաղաքից, և թեպետ առավոտը զով էր ու հեշտալի, այսուամենայնիվ, քանի արևը բարձրանում էր, այնքան ավելի օդը ջերմանում և նեղացնում էր մեզ: Միջօրեի մոտ մենք գտնվում էինք արդեն բաց դաշտի վրա: Արևի ճառագայթները այրում էին. չկար ոչ հովի շունչ, ոչ ծառերի շքարան: Այդ պատճառով աշխատում էինք ժամ առաջ հասնել զյուղը, որ գտնվում էր մեր հանդեպ եղող լեռան գեղազիր լանջի վրա:

Չնայելով, որ քաղաքից ելածներս միջոցին ընկերս պատմում էր թե՝ մի օր հիացմունքով էր մտածում այն ժամի ու վայրկյանի մասին, երբ մայրաքաղաքից հեռացած գտնվում կլիներ հայրենիքում, նրա ազատ օդի ու դաշտերի մեջ և չնայելով, որ այդ ժամին նրա փափազն արդեն կատարված էր, այսուամենայնիվ, նկատում էի, որ երիտասարդի համբերությունը ենթարկվում է փորձության: Տոթից, ըստ երևույթին, նա շատ էր նեղանում, ուստի և հաճախ զանգատվում էր:

Երբ մի ձորակի գետակն անցնելով՝ սկսանք դեպի զյուղը տանող առապարը բարձրանալ, միջօրեի տապը ավելի ևս զգալի դարձավ, որովհետև արևի ճառագայթներից զատ՝ այրել սկսան մեզ նաև, կեծացած ժայռերը, որոնք եզերում էին առապարը երկու կողմից:

— Ա՛խ, մի հասնեինք այն սոսիներին, — բացականչեց

հանկարծ ընկերս այնպիսի մի կարոտով, որ կարծես գտնվում էր Սահարայի անապատում և ուր որ է խորշակը շնչասպառ պիտի աներ իրեն:

— Համբերություն, բարեկամ, սոսիներին էլ կհասնենք, — նկատեցի ես:

— Համբերություն... միշտ համբերություն, — շշնջաց Պետրոսը, դժգոհ իմ խոսքից և ապա դառնալով ինձ՝ հարցրեց. — ի՞նչ ես կարծում, ո՞վքեր են համբերում:

— Ինչպես թե ովքեր, համբերատարները, — պատասխանեցի ես:

— Իսկ ես չեմ կամենում համբերատար կոչվել:

— Ինչո՞ւ, — հարցրի նրան:

— Որովհետև համբերում են միայն թույլերն ու տկարները, այսինքն մարդիկ, որոնք այս կամ այն չարիքը սեփական ուժով իրենցից հեռացնել չկարենալով՝ տանում են սրա պատճառած նեղությունները ստրկաբար: Եվ որպեսզի այդ անարգանք չհամարվի իրենց՝ ասում են թե՝ «համբերում ենք»:

— Էհ, եթե չհամբերես, ի՞նչ պիտի անես, կարո՞ղ ես արևի հրավառ գունդը հեռացնել քո գլխից, կամ այս շիկացած ժայռերը հովանավոր ծառերի փոխել:

— Չեմ կարող:

— Ինչո՞ւ ուրեմն, իզուր աղմուկ ես հանում:

— Նրա համար, որ ցույց տամ թե՝ անզգա արարածին մեկը չեմ, թե իմ մեջ կյանք ու կենդանություն կա, թե հեշտությունն ինձ հաճույք, իսկ նեղությունը՝ դժգոհություն է պատճառում:

— Իսկ դրա օգո՞ւտը:

— Այն, որ մարդիկ ճանաչելով ինձ՝ զգաստ լինեն իմ վերաբերմամբ և զգուշությամբ վարվեն հետս: Ինքդ էլ հո գիտես, որ աշխույժ ու չսանձահարվող ձիուն մոտենում են երկյուղով ու փաղաքշանքով և հազիվ, ուրեմն, կարողանում հեծնել, մինչդեռ համբերատար իշին ականջներից քաշելով բարձում են միշտ որքան կամենում են, առանց նրա կամքն ու ցանկությունը հարցնելու:

Ես ծիծաղեցի:

— Դու այս կարծիքին չե՞ս, — հարցրեց ընկերս:

— Ոչ, — ասացի:

— Ինչո՞ւ:

— Որովհետև համբերել բառը ավելի բարձր նշանակություն ունի, քան ինչ որ դու տալիս ես նրան: Էշերի ու ձիաների ընկերության մեջ, հավանական է, որ համբերությունը համարվի անարգ ունակություն, բայց մարդկային հասարակության մեջ ճանաչվում է այն իբր առաքինություն:

— Միջնադարյան վարդապետների կարծիքով, — ընդհատեց Պետրոսը:

— Նույնիսկ դարավերջի փիլիսոփաների կարծիքով, — հարեցի ես:

— Պատճա՞ռը:

— Որովհետև համբերությունը բարիք է արտադրում, մինչդեռ անհամբերությունից միայն չարիք է առաջանում:

— Ինչպե՞ս:

— Աշխարհում համբերում են, առհասարակ, կամքի ուժ, հոգևո արիություն և սրտի կորով ունեցողները, հետևապես, մեծ գործերն էլ ստեղծում են դրանք: Կարդա պատմությունը և կտեսնես, որ աշխարհի բոլոր նշանավոր գյուտերը, բոլոր մեծամեծ գործերը արդյունք են եղել դժվարատար նեղության ու հերոսական համբերությանց: Անհամբերությունն, ընդհակառակը, նշան է թուլության և անզորության: Ուստի երբեք չէ տեսնված, որ անհամբերին մեկը կարողանար մարդկության համար ստեղծել մի մեծ բարիք: Այս է, ահա, պատճառը, որ համբերությունը համարվում է առաքինություն, և բարոյախոսներից մինը, մինչև անգամ, ավելի մեծ փառք է համարում մարդու համար մեծամեծ նեղությանց համբերելը, քան մեծ գործեր կատարելը:

— Այդ գուցե այդպես է, բայց երբ արևն այրում է, հո կարելի է նրա դեմ տրտնջալ: Չէ՞ որ տրտունջը թեթևացնում է մարդու նեղությունը:

— Ընդհակառակը, պետք է սովորել երբեք և ոչ մի բանի դեմ չտրտնջալ, այլ դրա փոխարեն աշխատել նեղության պատճառը մեջտեղից հեռացնել: Ծույլ ու անզոր մարդը ճանճի շիթելու դեմ էլ է տրտնջում, փոխանակ լռությամբ ձեռքը բարձրացնելու և նրան քշելու:

— Ճանճը կարելի է քշել, արևը ո՞րտեղ քշենք:

— Այդ դեպքում էլ արևը քշելու փոխարեն քո ձին պետք է քշես և մի կես ժամ առաջ հասնես տուն. համբերատար և գործունյա մարդու համար միշտ փրկության ճանապարհ կա:

Ընկերս լուռ էր: Չգիտեմ՝ համաձայնե՞ց ինձ հետ, թե չկամեցավ անզոր երևալ իմ աչքում: Այսուամենայնիվ, ոչ մի նոր առարկություն չանելով, շարունակեց ճանապարհը, առանց այլևս տրտնջալու արևի դեմ, որ այրում էր մեզ, արդարև, անողորմաբար:

Քիչ ժամանակից հետո մենք գյուղը հասանք և ուղղակի դիմեցինք ընկերոջս ազգական գյուղացու տունը: Վերջինի հովանավոր սրահը և հյուրընկալի քաղցր ընդունելությունը շուտով մոռացրին մեզ ճանապարհի շոգից կրած մեր նեղությունը:

Բ

Հետևյալ օրը, նախաճաշ անելուց հետո, դուրս եկանք տանից՝ գյուղն ու նրա շրջակաները դիտելու: Հարկ չկա ասել, որ ամենից առաջ այցելեցինք գյուղի եկեղեցին, որ գտնվում էր շինություններից դուրս, մի առանձնացած բլրակի լանջի վրա, որտեղից բացվում էր մեր առաջ թե գյուղի և թե շրջակաների տեսարանը: Եկեղեցին մի անպաճույճ շինություն էր՝ մամռապատ կտուրով և փայտե խարխուլ զանգակատնով: Տեսնելու արժանի ոչինչ չուներ յուր շուրջը, բացի փոքրիկ բանջարանոցը, որ գտնվում էր եկեղեցու առաջ և ոռոգվում բավական հորդ առվակով: Մեզ ուղեկցող հյուրընկալի ասելով այդ բանջարանոցը ծառայում էր տեղական քահանային և տալիս էր նրան ուտելու սոխ, կանաչեղեն, մի քանի տասնյակ վարունգ և ձմեռվա համար մի քանի հատ դդում:

— Այս ջրով կարելի էր դրախտ ստեղծել այստեղ, իսկ ձեր քահանան միայն սոխով ու վարունգո՞վ է բավականանում, — նկատեցի ես հյուրընկալիս:

— Էդ ջրով, հրամանք ես, շատ բան կշինվեր ըստի, ամա ինչ արած, որ դերը (քահանան) էշխ (աշխույժ) չունի, — պատասխանեց գյուղացին:

— Դուք շինեցեք, — վրա ընկավ ընկերս:

— Մենք ի՞նչ շինենք:

— Ծառեր տնկեցեք, վազեր շարեցեք, զբոսնելու ճանապարհ բացեք, եկեղեցին իռ դերինը չէ՞:

— Դերինը չի, գիդամ, ժողովրդինն ա, ամա որ դերը չթողնի, մենք ինչ կարանք անել:

— Ինչպես թե չթողնի, ի՞նչ իրավունք ունի արգիլելու, — բացականչեց Պետրոսը և տեսնելով, որ քահանան եկեղեցու կողմից իջնում է դեպի մեզ, ավելացրեց, — սա՞ է ձեր քահանան, թող մի գա այստեղ, տես ինչպե՞ս եմ հանդիմանում:

— Թո՛ղ, այ մարդ, ի՞նչ գործ ունիս, ի՞նչ հանդիմանության ժամանակ է. դեռ առաջ մի ծանոթացիր մարդուն, — նկատեցի ես:

— Ի՞նչ ծանոթություն, բան չունիս, — պատասխանեց ընկերս և կռվելու պատրաստվող աքաղաղի նման հարձակողական դիրք բռնեց:

— Թո՛ղ, քե մատաղ, խոսալ մի, դերն ինձանից կնեղանա, — խնդրեց հյուրընկալը:

Բայց Պետրոսն արդեն մի քայլ առաջացել էր դեպի քահանան, որը մոտենում էր:

Սա տարիքով հիսունի մոտ, առողջակազմ, հաստամարմին, ալեխառն մորուքով և բարի դեմքով մի մարդ էր: Հագած էր սև մահուդից կարած մի պարեգոտ, որը հնությունից արդեն մաշվել, գունատվել էր: Ծածկած էր գառան մորթուց պատրաստված գլխարկ, ոտքերին ուներ քոշեր, իսկ ձեռքին՝ դեղնափայտի գավազան:

Միջանկյալ ասենք, որ տարիներ առաջ, քանի դեռ լուսավորության ճառագայթները այսքան չէին մոտեցել մեր եկեղեցու շեմքերին, հայ քահանան հայր էր համարվում ամեն մի հայ քրիստոնեի. նրանք միմյանց պատահելուց սիրով ողջունում էին իրար, առանց նայելու թե՝ ծանո՞թ են միմյանց, թե՝ ոչ: Այժմ, իհարկե, այդ գեղեցիկ և բուն քրիստոնեական սովորությունը մոռացության է տրված՝ իբրև անպետք հնություն: Քաղաքներում, մանավանդ, անհրաժեշտ է, որ այսինչ հային անպատճառ մի երկրորդը ծանոթացնե պաշտոնապես այնինչ քահանային, որպեսզի այնուհետև առաջինը բարեհաճե ողջունել վերջինին, երբ պատահե նրան ճանապարհին, կամ որևէ հասարակության մեջ:

Տեր Մակույչը (գյուղի քահանայի անունն էր) անծանոթ էր, իհարկե, քաղաքներում ընդունված այս սովորության, ուստի հեռվից տեսած լինելով մեզ, իբրև հայ քահանա, շտապել էր մեզ ողջունելու և, իբրև նորեկների, բարի գալուստ մաղթելու:

Այդ իմանալով՝ ես շտապեցի Պետրոսից առաջ անցնել և գլխարկս հանելով՝ «օրհնյա՛, տեր» ասել:

— Աստված օրհնեսցե, բարի լինի գալներդ, — պատասխանեց

տեր հայրը և ձեռքը նախ ինձ, ապա՝ Պետրոսին տալով՝ ողջունեց մեզ սիրով և այնպիսի մտերմությամբ, որ կարծես թե հին բարեկամներ էինք:

Պետրոսը, որ անհամբերությամբ էր սպասում ողջույնի այս ծիսակատարության, հանկարծ, առանց որևէ առաջաբանի, հարցրեց.

— Տեր հայր, ի՞նչ է նշանակում ավետարանի այս խոսքը՝ «դուք ոչ մտանէք և որոց մտանեն՝ չտայք թոյլ մտանել»:

Քահանան, որ այսպիսի անակնկալ հարցի չէր սպասում, նախ շփոթվեց, ապա ինքն իրան գալով՝ ժպտաց և մեղմով հարցրեց.

— Ինչի՞ համար ես հարցնում:

— Ինչպես թե՝ ինչի համար, քահանա ես, շատ անգամ ժողովրդի առաջ կարդում ես ավետարանի այդ խոսքերը, այժմ կամենում եմ իմանալ թե՝ հասկանո՞ւմ ես դրանց նշանակությունը, թե՞ ոչ:

— Բաս, որ չհասկանանք, ո՞նց կարանք կարդալ, որդի, — պատասխանեց տեր հայրը:

— Դեհ, որ հասկանում ես, թարգմանիր տեսնեմ:

— Ո՞նց թարգմանեմ, ավետարանը ըստի պտի, որ կարդամ, թարգմանեմ, — առարկեց քահանան ժպտալով:

— Այ, ես բերան ասում եմ, էլի՝ «դուք ոչ մտանէք և որոց մտանենն՝ չտայք թոյլ», դեհ, թարգմանիր:

— Սաքի դու դրա միտքը իմանում չե՞ս:

— Իմանում եմ:

— Բա խի ես հարցնում:

— Հարցնում եմ տեսնեմ՝ դու էլ իմանո՞ւմ ես, թե՞ ոչ:

— Ա Մուքի (Միքայել), էս մեր Մինարանց Ակոբի տղան չի՞ — դարձավ քահանան մեր հյուրընկալին:

— Հա, ա դեր, Ակոբ աղի տղան ա, — պատասխանեց գյուղացին:

— Աստոծ պահի, լավ մեծացել ա, հորը քյոմակ կըլի (կօգնի), հարեց քահանան, աշխատելով այս միջանկյալ հաճոյախոսությամբ ազատվել Պետրոսի հետապնդությունից:

Բայց վերջինս անխիղճ պարտատիրոջ պես, տեր հոր օձիքը չթողեց:

— Այդ իմացանք, տեր հայր, դու իմ հարցին պատասխանիր, — կրկնեց նա, քահանայի թևից քաշելով:

Տեր հայրը կարծես բարկացավ և խոսակցի վրա մի քննական հայացք ձգելուց հետո դարձավ մեր հյուրընկալին:

— Ա Մուք, ղոնաղդ (հյուրդ) կռվարար մարդ ա ընում (երևում):

— Չէ, ա դեր, լավ տղա յա, ասենք մի քիչ հանաքչի ա, — պատասխանեց գյուղացին, աշխատելով արդարացնել Պետրոսին:

— Տո, տնածա՛կ, ըսենց հանաք կըլի՞. ինձ պատին դեմ ա արել թե՝ հենց դու ես որ պտի թարգմանես: Խի՞, ես Սողոմոն իմաստո՞ւնն եմ:

Մենք սկսանք ծիծաղել:

— Այ, տեսնո՞ւմ ես, տեր հայր, եթե մի փոքր առաջ խոստովանեիր, թե չգիտես, այն ժամանակ ինքս կթարգմանեի, — դարձավ Պետրոսը քահանային, — այժմ բացատրեմ, լսիր. «դուք ոչ մտանէք և որոց մտանենն՝ չտայք թոյլ» կնշանակե թե՝ դուք չեք մտնում, և ովքեր էլ որ մտնում են, նրանց չեք թողնում...

— Գիտում եմ, գիտում, — ընդհատեց հանկարծ քահանան, չկամենալով, այսուամենայնիվ, բոլորովին տգետ երևալ մեր աչքում, — Քրիստոս էդ խոսքերը մեր վարդապետներին ա ասում. յանի թե՝ (այսինքն) դուք ամուսնութենի մեջ չեք մտնում ու հով որ էլ ուզում ա մտնի, նրան թողում չեք:

–Վա՛յ, տունդ չծակվի, տերտեր, — բացականչեց Պետրոսը և բարձրաձայն ծիծաղեց, նրան հետևեցի և ես:

— Խի՞ եք ծիծաղում, բա ըսե՞նց չի, — հարցրեց քահանան մի առանձին հավակնությամբ:

— Չէ, չէ, տեր հայր, — մեջ մտա ես. — Քրիստոս արքայության համար է խոսում, և դպիրներին ու փարիսեցիներին է ասում թե՝ դուք արքայություն չեք մտնում և ովքեր էլ որ կամենում են մտնել, թույլ չեք տալիս նրանց:

— Դե, հեր օրհնած, ամուսնությունն էլ արքայության նման բան ա, ես ըսկի շատ չեմ յանղլիշ եկել (սխալվել), — ժպտալով ասաց քահանան և ապա դառնալով Պետրոսին՝ հարցրեց.

— Մի ասա տեսնեմ՝ ինձ խի՞ ես ըտենց հարցուփորձ անում:

— Ա՛յ, թե ինչու: Մենք եկել ենք ձեր եկեղեցին այցելելու և տեսնում ենք սրա առաջ այս ողորմելի բանջարանոցը, որի մեջ միայն մի քանի ածուներ ունիս դու: Միևնույն ժամանակ այստեղ հոսում է այս հորդ առվակը, որից դու կարող էիր օգտվել և եկեղեցու առաջ, այս ահագին տարածության վրա ծառեր տնկել, գրոսարան շինել, իսկ այդ ծառերը օգուտ կբերեին թե քեզ, թե եկեղեցուն և թե ժողովրդին: Բայց դու չես արել, որովհետև, ինչպես Մուքին ասում է, էշխ չունիս: Հարցնում ենք սրան թե՝ ինչու դուք՝ գյուղացիներդ, չեք անում, պատասխանում է թե՝ «տեր հայրը չի թողիլ»: Ա՛յ, հենց դրա համար էլ կամեցա հասկացնել քեզ թե՝ Քրիստոսի այն խոսքը, որ ասում է՝ «դուք չեք մտնում և ովքեր էլ որ մտնում են, չեք թողնում», հենց ձեզ նման հովիվների համար է ասված:

Տեր Մակուչը մի դժգոհ հայացք ձգեց մեր հյուրընկալի վրա և ապա դառնալով Պետրոսին ասաց.

— Հեր օրհնած, էս եղցումը (եկեղեցում), ինձանից առաջ, մինչև տասը, տասներկու քահանա ծառայել են, ծերացել ու մեռել: Դիփունանց գերեզմաններն էլ, հրես, ըստի, եղցու քամակին ա, ուզո՞ւմ եք, զնանք մի-մի շանց (ցույց) տամ: Ընդոնցից որն ա ըստի մի չոփ (ոստի կտոր) տնկել, որ ես տնկեմ:

— Նրանք չեն արել, դու արա, դո՛ւ բարի օրինակ եղիր քեզանից հետո եկողներին:

— Միթոմ էդ ի՞նչ օգուտ պտի բերի ինձ, յա (կամ), եղցուն:

— Նախ այն, որ այս չոր գետինը կծածկվի ծառերով, իսկ ծառաստանը ավելի լավ է, քան թե չոր տափաստանը: Երկրորդ՝ եկեղեցու շրջապատի օդը ավելի մաքուր և առողջարար կլինի, իսկ տեսարանը՝ դյուրական. երրորդ՝ տնկածդ ծառերը պտուղ կբերեն, որից թե դու կօգտվես և թե եկեղեցին: Չորրորդ…

— Դե, մի խրե (մի քիչ) սպասեիր, — ընդհատեց քահանան Պետրոսին, և ապա կռթնելով գավազանի վրա, մի առանձին, հեղինակավոր եղանակով շարունակեց, — որդի, գիտաս՝ ինչ կա, խոսիլը հեշտ ա, քանց անիլը: Մի բան պատմեմ՝ լսիր: Մի քսան օր սրանից առաջ մեր հաջորդը վանքն էր գնում, քաղաքից գալիս վեր գեղովն անցավ. շնորհակալ եմ, պատվեց, եկավ մեր տանը դինջացավ (հանգստացավ), հաց կերավ, վերջը ասաց.(«Տեր Մակուչ, զնանք մի ձեր եղցին տեսնենք» — ծառա եմ, ասացի, հայր սուրբ, զնանք: Վեր կացանք եկանք: Քյոխվեն էլ մեզ հետ էր, սուդիան էլ, մի երկու էլ գեղի իշխան (առաջավոր) մարդիկ: Վարդապետը հենց որ եղցին մտավ, աչքերը մի դեսուդեն զցեց, ինքն իրան փնթփնթաց ու ասեց. «Տեր Մակուչ, էս խի՞ եղցին անզարդ ես պահում»: — Ոնց եմ անզարդ պահում, հայր սուրբ, հարցրի ես. — «էնենց ես անզարդ պահում, ասեց, որ այ, էս սուրբ սկիհի տակը մի աբրեշում աղլուխ չես զցում. էս ավետարանը մի զառ շորում չես փաթաթում, էս ատենին կազմել չես տալիս, յա չէ էս ի՞նչ պատկեր ա, որ դրել ես սեղանի վրա, ընենց Քրիստոս կըլի՞, էս հու դուխաբոր մալական ա»: Ինչ մեղքս ծածկեմ, շատ նիկացա (վրդովվեցա), ամա ինչ կարի անիլ, իշխանավոր էր, ասում էր, պտի սուս կենայի: Վերջը երբ որ խոսքը կտրեց, ասեցի, — Հայր սուրբ, ծառա եմ կարգիդ, իրավունք կտա՞ս, որ խոսեմ, — հա՛, խոսիր, — ասեց, թե քեզ արդարացնելու բան ունիս, ասա, — էն ա ես էլ էս առակն ասեցի: — Մին անգամ, հայր սուրբ, ասեցի, մոլլա Նասրեդինի կնիկը զնում ա շահին գանգատվում, թե շահն ապրած կենա, իմ մարդը ինձ կուշտ փորով հաց չի տալի, ինձ համար շոր չի առնում, այ, տեսնում ես, տկլոր եմ, ասում ա, էս եմ, էն եմ. կնիկը հո զիտաս, որ խրսիլը կցեց էլ տազ չի անիլ (չի լռիլ): Շահը բարկանում ա ու էն սիաթին ֆարրաշ ղրրկում, մոլլա Նասրեդինին բերել տալիս: — Էյ, մոլլա, ասում ա, նե՞ յուչուն արվադնա խորակ ալմըրսան, — հրամանքդ թուրքերեն զիտաս, — խոսքն ընդհատելով հարցրեց քահանան Պետրոսին:

— Ոչ, լավ չեմ հասկանում, — պատասխանեց վերջինս:

— Լավ, քեզ հայերեն կասեմ, ամա հայր սուրբին թուրքերեն պատմեցի. — հա՛, ասում ա, ա՛յ մոլլա, խի կնկանդ համար կերակուր չես առնում, որ մի կուշտ ուտի, խի նրա համար մը քանի ձեռք շոր չես առնում, որ մինը մաշելուց մեկելը հագնի: Մոլլան պատասխանում ա, — Շահն ապրած կենա, ասում ա, դրա համար օխտը մանի (պատճառ) ունեմ: — Ո՞րն ա օխտը մանին, մեկ-մեկ ասա, — հրամայում ա շահը, առաջինն էն ա, ասում ա մոլլան, որ ջիբումս մի շահի փող չկա, երկրորդը… — Մնացած վեց մանին գլխիդ տված, — ասում ա շահը, — կորի գնա : Հմի դուն ես, ասեցի, հայր սուրբ, ախր փող որ չկա, ես ո՞րդիան աբրեշում աղլուխ առնեմ, որդիան զառ ճոթ զտնեմ, ոնց դուխաբոր մալականը վեր ունեմ, տեղն օրինավոր Քրիստոս դնեմ: — Խի՞, — ասում ա հայր սուրբը, — էսքան ժողովուրդ ունես, կարում չես մնին մի աղլուխ առնիլ տալ, մնին մի զառ ճոթ, յա խի՞ Վեդունց Սարգսի աղին զրում չես, հրեն Թիֆլիսս նստած ա, մին լավ Քրիստոս առնի դրկի: Ասում եմ, հայր սուրբ, ծառա եմ քե, ախր «էն վաղ էր, որ էշը կաղ էր», հմի էլ ով ա տերտերի խոսքին մտիկ տալի, էլ որդիան ա հավատ մնացել, բարեպաշտութին մնացել, առաջ դրուստ ա, քահանաներն ին ժողովրդին պլոկում, ամա հմի ժողովուրդն ա քահանի վրեն ընկել՝ ուզում ա հազի փարաջեն հանի, յա չէ, գլխի գդակը թռցնի: Մի կտոր հացը որ ուտում են, հենց գիտում են թե՝ հարամ ա, տեղից վեր կացողը մեր գլխին ա բոմփում (խփում), էլ ասում չեն, թե ինչ ենք տվել էս խեղճերին, որ էսքան պահանջում ենք: Հմի, ասում եմ, էս այամումը (ժամանակում), որ եղբայրն ուզում ա եղբորը խեղդի, որդին ուզում ա հորը ծախի, մարդ կարա՞ բարեգործութենի անուն տալ: Հայր սուրբը տեսավ, որ դրուստ եմ ասում, էն ա՝ սուս կացավ:

— Հմի դու ես, որդի, — դարձավ քահանան Պետրոսին, — ասում ես՝ ըստի բաղ շինի, բախչա շինի: Խոսք չունեմ, լավ, ես ասում, ապա պրտի էն էլ մտածես թե էս քյասիբ դերը ո՞րդիան ըտունք անի: Ախր ըստի հող փորիլու, ծառ տնկիլու, չափար (ցանկապակ) քաշիլու իմար փո՞ղ ա հարկավոր, թե ոչ: Տա ես փող ո՞րդիան գտնեմ, փող որ ունենամ, խի դիենց դարտակ բաների կտամ, հրեն, այ, Խոչա Մարութը թումանին իրեք շահի շահ ա տալիս, ասում ա՝ ա՛ դեր, թե որ հարյուր մանեթ բերես, քեզ տարին տասնութ մանեթ շահ կտամ: Տասնութ մանեթը գիտաս, մի տուն քյուլփաթ (ընտանիք) կկառավարի, ամա հարյուր, մանեթն ինձ ով ա տվել:

— Երեկ դու ինձ համբերություն էիր քարոզում, — դարձավ ընկերս ինձ՝ ռուսերեն լեզվով, — այժմ ասա, խնդրում եմ, ինչպես անեմ, որ չհայհոյեմ այս մարդուն:

— Հայհոյել, ինչո՞ւ, — հարցրի ես զարմանալով:

— Ինչպես, թե ինչո՞ւ. մի՞թե քեզ չեն զայրացնում սրա առարկությունները:

— Բնավ:

— Եվ ոչ էլ այն որ սա տոչորվում է հարյուր ռուբլի ունենալու և այն շահեցնելու տենչով:

— Եվ ոչ էլ այդ:

— Դու ինձ վրդովում ես:

— Եթե արդարությամբ մտածես, չես վրդովվիր: Քահանան մեղավոր չէ, որ տգետ է այդ աստիճան:

— Բայց հո մեղավո՞ր է, որ տգետ լինելով՝ դիմել է քահանայության:

— Ոչ էլ այդ դեպքումն է մեղավոր: Մարդուն հաց էր հարկավոր, և ահա այդ հացը ձեռք բերելու համար նա ընտրել է քահանայությունը:

— Բայց ախր նա իրավունք չուներ:

— Իրավունք ճանաչելու համար, մարդ, նախ և առաջ, տգետ չպետք է լինի: Միթե դու կարող ես իրավունքի տեսակետից մեղադրել քո եզին, եթե նա հարևանի բակում փափուկ խոտ տեսնելով մոտենա և ուտե: Այդ դեպքում հանցավորը ոչ թե եզը, այլ դու կլինիս, որ չես կապել անբանին, կամ թե քո հարևանը, որը չէ փակել յուր դուռը:

— Այդ ասելովդ մենք ովքե՞ր ենք:

— Դու եպիսկոպոսն ես, որ ձեռնադրել ես տեր Մակուչին, իսկ հարևանդ՝ ժողովուրդը, որ իրեն հանձնել է նրա ձեռքը:

— Էդ խոմ ինձանից եք խոսում, — յուր անունը լսելուն պես, մեջ մտավ քահանան, — դե հայեվար խոսեցեք, ես էլ հասկանամ:

— Այո՛, տեր հայր, քեզանից ենք խոսում, — պատասխանեց Պետրոսը:

— Բա ի՞նչ եք խոսում:

— Ասում ենք՝ վա՛յ էն ժողովրդին, որի քահանան տեր Մակուչն է:

— Խի եք ըդենց ասում, որդի, — հարցրեց քահանան այնպիսի մի ճնշված ձայնով, որ ես խղճահարվեցա:

— Որովհետև դու տգետ ես, — պատասխանեց Պետրոսը կոշտ սառնասրտությամբ:

— Այդ արդեն չափազանց է, պարոն, — նկատեցի կամացուկ և միևնույն ժամանակ վրդովվելով:

— Ընդհակառակը դեռ քիչ է, — հարեց Պետրոսը և ապա դառնալով քահանային հարցրեց. — Դու նեղանո՞ւմ ես, որ ես տգետ եմ ասում քեզ:

— Խի եմ նեղանում, որդի, ջահել ես, ասում ես, որ ահիլ (հասակավոր) լինիս, կմտածես, թե էս մարդն ինչ մեղավոր ա, որ աստոծ սրան անուսում ա ստեղծել:

— Ինչու, աստված ո՞րին է ուսումով ստեղծել:

— Ոնց թե որին, այ մինը հենց քեզ, մինն էլ քո ընկերին, հրեն քաղաքն էլ լիքն ա ձեզ նմաններով:

— Մենք էլ քեզ պես անուսում ենք ծնվել, բայց հետո մեծանալով, աշխատել ենք, չարչարվել և ուսում առել:

— Խի՞ ես ըտենց ասում, Պետրե ջան, — մեջ մտավ մեր հույրընկալը — թե որ քու հերը. Ակոբ աղան չըլեր, դու ոնց կարիր հուսում առնիլ:

— Այ, քու հորն օղորմի, ա Մուք, մի ըտենց խոսա է, տեսնում ես քու դերին նեղն են լծել, — քաջալերեց քահանան գյուղացուն և ինքն էլ, կարծես, սիրտ առնելով... դարձավ Պետրոսին.

— Հը՞ ըստուր ինչ պատասխան ունես, դե տուր:

— Ի՞նչ պատասխան պիտի ունենամ: Իմ հայրը, իհարկե, վճարել է իմ ուսման վարձը, բայց ես էլ հո աշխատել ու չարչարվել եմ, օրերս պարապ չե՞մ անցրել:

— Դե լավ, հմի լսիր: Քո հերը փող ա ունեցել, քեզ կարդացրել ա, բա իմ հերը, որ փող չուներ, որդիան կարդացներ: Ինքը մի խեղճ նախրապան ա լել. քարով, կարկուտով (մեծ դժվարությամբ) մի կտոր հաց ա ճարել, մեզ ուտացրել, մի զազ կտավ ա գտել, ծակել, մեր ճիտը զցել, վերջն էլ հանդումը շատ բաց պառկելուց, արևի ու անձրևի հետ կռվելուց ու հազար ու մի չարքաշութին անելուց հիվանդացել, մեռել ա ու մեզ էլ անտեր, անտիրական թողել: Աստոծ ա իմանում, թե մենք ու մեր խեղճ մերը ինչ օրեր ենք տեսել, ինչ նեղություններ ենք քաշել: Մեր ամեն մի թիքա հացը լեղի ու արտասուք ա լել: Դժար բան ա աղքատութինը, էն էլ գեղի միջումը, աստոծ ոչ շանց տա ձեզ... Հմի, ո՛րդի, ես որ էն խեղճ դրութենում էսքան էլ գրաճանաչ եմ դառել, գրել կարդալ եմ սովրել, քանի տարի վանքումը տիրացութին արել ու վերջը էս մենծ գեղի վրա քահանա դառել, էս քիչ բան ա: Թե որ մինը քեզ վրա խարջած փողն ինձ վրա խարջեր, ո՞վ գիդա՝ հմի փիլիսովա կլեի դառած: Ամա դու, տեսնո՞ւմ ես, ըսկի մարիփաթին (քաղաքավարությամբ) խոսալն էլ չես սովրել: Կբաշխես, որ էս խոսքը երեսիդ ասում եմ. ամա ես քու հոր տեղն եմ. հախկ (իրավունք) ունեմ: Ընչի հմար եմ ասում, գիտա՞ս. այ, դու դարիբ (օտար) տղա ես, եկել ես մեր գեղը, ես էլ ըստեղի քահանան եմ. շնորհակալ եմ, մենծ ու պստիկ պատվում են: Բայց ես, ոնց որ Քրիստոս ասում ա, որ խոնարհեցցե զանձն, բարձրացցե, ես էլ խոնարհվեցի, եկա, որ բարի զալուստ ասեմ ձեզ, ու օրհնեմ, ամա դու իմ գեղականի առաջ ինձ անպատիվ արիր: Ասում ես՝ վայ էն գեղին, որ դու նրա քահանան ես, ասում ես՝ դու տգետ ես. քիչ ա մնում, որ ասես, թե հայվան ես: Ախր ըսենց չեն խոսիլ, որդի, աշխարհումը մինը տգետ կըլի, մինը՝ հուսումնական, մինը աղքատ կըլի, մինը՝ հարուստ, ամա, բոլորի աստոծը մեկ ա. ոչ հարուստն ու հուսումնականը պիտի հմպարտանան, ոչ էլ տգետն ու աղքատը ոտի տակ ընկնեն: Ինչ մեղքս ծածկեմ, որդի, առաջ մի քիչ դարդ էի անում, որ Վեդունց Սարգսի խոսքին լսեցի ու որդիքս հուսման չղրկեցի: Ամա հմի փառք եմ տալիս աստծուն, որ ղրկել չեմ. չուն (որովհետև) տեսնում եմ, որ հուսումը մարդին հրեշտակ շինելու տեղ՝ սատանա ա շինում: Դե որ ըտենց ա, ախպեր, խի եմ հուսման ղրկում, որ վերջը փոշմանեմ:

Տեր հոր վերջին խոսքերը տպավորություն արին Պետրոսի վրա, և նա լռեց: Բայց ես քահանայի սիրտը ամոքելու համար, կամեցա խոսակցությունը մեղմով վերջավորել, ուստի հարցրի.

— Դու, ուրեմն, որդինե՞ր ունիս:

— Ոնց չէ, չորս հատ, — պատասխանեց երեցը, կարծես, պարծենալով:

— Հասակավո՞ր են նրանք:

— Մենծը քսանութ տարեկան ա, մնացած երեքը մինը մնից երկու տարով պակաս են: Չորսն էլ աժդահա (հսկա) տղամարդիկ են: Երկուսին պսակել եմ. երկուսին էլ, թե որ աստոծ հաջողի, գյալաջաղ (գալ տարի) պիտի պսակեմ:

— Չորսին էլ, ուրեմն, անուսում ես թողե՞լ:

— Չէ, վանահոր մոտ քիչ ու միչ կարդացել են, ընենց որ իրանց բանը յոլա կտանեն:

— Դու, ուրեմն, չէի՞ր կարող, գոնե, քաղաքի դպրանոցը ուղարկել նրանց, — կրկին մեջ մտավ Պետրոսը և այս անգամ արդեն գրգռված:

— Խի՞ չէի կարող:

— Բա ինչո՞ւ չուղարկեցիր, մեղք չէ, որ չորս աժդահա տղամարդ, ինչպես որ դու ես անվանում նրանց, անուսում ես թողել:

— Ընդուր որ... ամա չէ՛, ըտուր մասին էլ Վեդունց Սարգիսը կասի:

Տեր հայրը դիտմամբ խույս տվավ Պետրոսին պատասխանելուց, որպեսզի նորեն վեճի չբռնվի նրա հետ:

— Ո՞վ է Վեդունց Սարգիսը, — հարցրի ես:

— Հրեն, ա՛յ, տունն ընդի ա, էն մենծ-մենծ չընարուցը տակին, — ասաց քահանան, ցույց տալով գյուղի հարավակողմը, ուր մի ընդարձակ դարևանդի վրա բարձրանում էին մի խումբ գեղուշեղ սոսիներ:

— Որդիքը քոնն են, ինչու դու չես բացատրում թե՝ ինչու ես նրանց անուսում թողել, — հարցրեց Պետրոսը:

— Որդիքն իմն են, ըտենց ա, ամա Սարգիսն էր սաբաբ (պատճառ), որ նրանց ուսման չղրկեցի: Այ, թե ուզում եք, գնացեք, հարցրեք: Նա խելոք մարդ ա, սուտ չի խոսիր Ղորդ ա, գեղացի ա, ամա հարիր քաղաքացու խելք ունի գլխումը: Հարցրեք, նա ամեն ինչ տեղն ու տեղը կասի ձեզ: Դեհ, շատ խոսեցի, որդիք, գլուխներդ ցավացրի, կբաշխեք, հմի ես գնամ, բարով եք եկել, բարով էլ գնաք...

Այս ասելով տեր հայրը ողջանեց մեզ վերջին անգամ և երեսը դարձնելով՝ ծանրաքայլ հեռացավ:

Գ

Ցանկանալով շարունակել մեր պտույտը, մենք իջանք դեպի ձորակն, ուր հոսում էր գյուղի լեռնային վտակը: Չնայելով ջրի փոքրության, նա շարունակ խոխոջում, աղմուկ էր հանում, որովհետև իջնում էր աստիճանավոր բարձրություններից, որոնցից յուրաքանչյուրը, առանձին առած, ներկայացնում էր մի զատ գեղանկար պատկեր: Վտակի ափերը քերելով, մենք հետզհետե դիտում էինք այդ պատկերները և զվարճանում: Մի տեղ ժայռերը, միմյանց վրա կուտակված, փորձում էին, կարծես, վտակի հոսանքն արգիլել, իսկ սա ավազով ու խճով նրանց խորշերը լցած՝ յուր փրփրուն ալիքները զահավիժում էր ժայռերի բարձունքից: Մի ուրիշ տեղ մոշենին, վայրի վարդը կամ նռնենին, գետակի կրկին ափերը գրաված, իրենց ճկուն ոստերը դեպ իրար ձգելով և իրար շաղապատելով, կազմում էին ջրի վրա կանաչազարդ մի կամուրջ և այդպիսով հոսանքը մեր աչքերից ծածկում: Մի երրորդ տեղ ուռենին, կանաչագեղ ոստերն աջ ու ձախ տարածելով, հովանավորում էր մի փոքրիկ ու վճիտ լճակ, որի ջուրը, կարծես, կարկաչելուց հոգնած, հանգստանում էր այդտեղ, ժայռերի խորշում և յուր ջինջ հանելու մեջ արտացոլում թե ափի կանաչազարդ ուռենին, թե ժայռերն ու թուփերը և թե երկնքի կապուտակը:

— Տեր աստված, ինչու մարդիկ այս գեղազվարճ վայրերը թողած, շնչասպառ են լինում ապականությամբ լի քաղաքներում: Միթե նրանցից ամեն մեկի համար չի գտնվիլ վայելչության մի անկյուն այս ազատ լեռների մեջ, այս սիրուն ջրերի ափին, այս կապուտակ երկնքի տակ, — բացականչեց ընկերս շրջապատող տեսարաններից զմայլվելով:

— Իսկ դու կարծում ես թե՝ բնության այս գեղեցկությունները անաղարտ կմնային, եթե մարդիկ հաստատվեին՝ այստեղ, — հարցրի ես:

— Բնության գեղեցկություննե՞րը… ինչու չէ, ո՞վ կաղարտեր նրանց:

— Նույն ինքը մարդը: Նա չի կարող ապրել առանց այդ գեղեցկություններն եղծանելու, առանց յուր շուրջն ավեր ու ապականություն սփռելու: Ընդհակառակն, ավելի լավ է, որ մարդկանց մեծամասնությունը խռնված է քաղաքներում, այդպիսով, գոնե, բնությունը ավելի քիչ է տուժում, և նրա գեղեցկություններն ավելի քիչ են աղարտվում, իսկ սրանցով զմայլիլ գիտցող սակավաթիվ մարդկանց համար բնության մեջ տակավին մնում է մի բան, որը գոնե նրանք կարող են վայելել:

— Դու իրավունք ունիս... — պատասխանեց ընկերս՝ մի փոքր մտածելուց հետո, — մարդը, արդարև, բնության եղծանիչն է. իզուր են կեղծավորները «բնության զարդ» անվանել նրան, իմ կարծիքով խոզը ավելի քիչ է վնաս պատճառում բնությանը, քան մարդը: Ի՞նչ ես կարծում, Մուքի, — դարձավ ընկերս հյուրընկալին, — եթե վեց ամիս շարունակ հարյուր խոզ պահեիք այս ձորում, նրա՞նք շուտ կփչացնեին այս տեղերը, թե եթե այդքան ժամանակում հարյուր մարդ ապրեր այստեղ:

— Հեր օրհնած, խոզն ի՞նչ ա, որ ինչ փչացնի, — պատասխանեց գյուղացին ժպտալով, — նա մի խեղճ հայվան ա, թե կաթուկից–բանից գտավ կուտի, թե չէ, էն ա՝ սաղ օրը խռխռալով ման ա գալու ու իրա հմար արածի, ծառը չի պոկելու, քարը չի շուռ տալու: Ամա թե որ ըստեղ հարիր մարդ ապրի, վեց ամիս չէ, վեց շաբթումն էլ վերանա (ավերակ), կանի սաղ ձորը: Քոլերը կրակ կտա, ծառերը կկոտրատի, կանաչը կմուռտառի (կապականեի): Ես ո՞ր մեկն ասեմ:

Այսպես խոսակցելով մենք անցանք ուրիշ կողմեր, դիտեցինք հինավուրց ջրաղացը յուր հնատարազ շենքով ու կազմությամբ, պտտեցինք գյուղացվոց մի քանի պարտեզներ, որոնք ընկած էին գետի տափարակի ուղղությամբ, նայեցինք դրանց մեջ գտնվող մեղվանոցները, իրենց հնաձև, շաղախապատ փեթակներով, և, վերջապես, նորեն շրջան առնելով՝ բարձրացանք դեպի գյուղը:

— Երեկ, հիշո՞ւմ ես, երբ արևը այրում էր, ահա այս սոսիներին էի ուզում հասնել, — սկսավ խոսել Պետրոսը, երբ մոտեցանք այն դարևանդին, որի վրա քահանայի ցույց տված սոսիներն էին բարձրանում, — այժմ էլ բավական հոգնած ենք, անցնենք այս լանջի վերը և հանգստանանք այդ սիրուն ծառերի տակ:

— Անցնենք, — ասացի ես և ապա դառնալով մեր հյուրընկալին հարցրի. — ո՞րինն են այդ սոսիները:

— Սոսին ո՞րն ա:

— Այ, այս ծառերը:

— Բա էդ չընար ա, դու խի սոսի ես ասում, — հարցրեց նա:

— Հայերեն չինարին սոսի կասեն, — բացատրեցի ես:

— Որ ըտենց ա, բաս չընարը թուրքերեն ա՞:

— Այո , — հաստատեցի ես:

Գյուղացին գլուխը շարժեց և ապա նորեն դառնալով մեզ՝ հարցրեց:

— Էս մենք որ չընարու անունն էլ հայեվար ասելը գիտում չենք, մեր ճարն ինչ կըլի, հավատաս, քանի գնանք՝ էնքան էվելի հայվան կդառնանք:

— Ինչո՞ւ, բարեկամ, մի բառ չիմանալով՝ մարդ հայվան կդառնա, — հարցրի ես ժպտալով:

— Աղբաթիխեր, էսօր մի բառը կմոռանանք, էգուց էրկուսը, գալ օրն իրեքը, մին էլ էն ա կտեսնես, որ խոսքի կեսը հայեվար ենք խոսում, կեսը՝ թուրքեվար: Մարդ որ իրա ազգի լեզվով խոսիլը գիտա ոչ հայվան չի, բա ինչ ա:

Ընկերս նայեց ինձ խորհրդավոր հայացքով և հարցրեց.

— Ինչպե՞ս ես գտնում այս գյուղացու կարծիքը:

— Շատ բանավոր, — պատասխանեցի ես. ապա Մուքիին դառնալով՝ նկատեցի, — ինչո՞ւ չասացիր թե՝ ո՞ւմն են պատկանում այս սոսիները:

— Էս սոսիքը Վեդունց Սարգսինն են, — պատասխանեց նա:

— Հապա ո՞րն է նրա տունը, — հետաքրքրվեցա ես:

— Հենց, այ, ծառերից դենը, կտուրն ըստիան էրևում ա, — ցույց տվավ գյուղացին:

— Ի դեպ, այդ Վեդունց Սարգսից մի հարցնենք թե ինչու է քահանային արգիլել յուր որդիքը ուսման ղրկելու, — խոսեց Պետրոսը:

— Անշուշտ կհարցնենք, երևի մի պատճառ է ունեցել, բայց նախ հանգստանանք այս սիրուն ծառերի տակ, — հարեցի ես:

— Լավ կըլի, գնացեք, էդ ծառերի տակը որ նստեք, կմխիթարվեք, ես էլ մի մեր գյումովն (գոմովն) ընցնեմ, էլ շուտ եդ կգամ տուն, — ասաց հյուրընկալը:

— Դու, ուրեմն, չե՞ս գալիս մեզ հետ, — հարցրեց ընկերս:

— Չէ, ձեզ մատաղ, էս անգամ դուք մենակ գնացեք, — պատասխանեց գյուղացին և ճանապարհը ծռեց:

Ըստ երևույթին, նա չկամեցավ ընկերանալ մեզ, վախենալով թե մի գուցե Պետրոսը դարձյալ յուր անտակտ հարցափորձով ամաչեցնե իրեն Վեդունց Սարգսի առաջ, որի ով լինելը, սակայն, մենք չգիտեինք:

Երբ այս մասին իմ կարծիքը հայտնեցի Պետրոսին, նա ուսերը թոթվելով ասաց,

— Շատ կարելի է... բայց և այնպես, նա ինչու պիտի ամաչի, եթե ես, մինչև անգամ, շատ հիմար բաներ խոսեմ:

— Կամաչի նրա համար, որ դու յուր հյուրն ես: Չես լսել հայկական առածը թե՝ «գիժը չի ամաչիլ, գժի տերը կամաչի»:

Պետրոսը հառեց աչքերը վրաս, կարծես կամենալով հարցնել թե՝ մի՞թե ինքը այնքան անմտաբար է խոսում, որ ամաչեցնում է նույնիսկ մի հյուրընկալ գյուղացու:

— Այդպես է, բարեկամ, — շարունակեցի ես, — անհամբերությունը վնասում է ամենքին, իսկ քեզ առավել ևս: Խորհուրդ եմ տալիս չշտապել երբեք կարծիքներ հայտնելու, եթե գիտես դրա համար ժամանակ ունիս դեռ: Հին փիլիսոփաների պատվերը՝ «քիչ խոսիր և շատ լսիր», ամենից ավելի դու պիտի կատարես:

— Այս անգամ պիտի աշխատեմ բոլորովին չխոսել, միայն թե դու կարողանաս ինձ հետաքրքրող հարցերն առաջարկել այդ գյուղացուն: Ճիշտն ասած, ես շատ եմ ցանկանում իմանալ թե ինչու նա յուր հարևաններին այդպիսի հետադեմ խորհուրդներ է տալիս: Ես շատ հայ գյուղերում եմ եղել և միշտ էլ զրույցներ ունեցել գյուղացիների հետ, բայց ինձ երբեք չի պատահել հայ գեղջուկ, որ ուսման և կրթության դեմ խոսեր: Ընդհակառակն, ամեն մինի փափագը եղել է այն, որ կարողանա ուսում տալ յուր որդուն: Եվ այդ ես համարել եմ հայ գյուղացու բնավորության համակրելի գծերից մինը: Այժմ ինձ թվում է թե՝ այդ Սարգիսը, որի մասին խոսում ենք, նախապաշարյալ ապուշին մեկն է լինելու:

— Դու դարձյալ շտապեցիր քո կարծիքը հայտնելու, առանց այդ մարդուն տեսած կամ լսած լինելու, — նկատեցի ես:

— Ով որ ընկերին խորհուրդ է տալիս թողնել որդուն անուսում, նրան կարելի է ապուշ անվանել, նույնիսկ առանց նրան տեսած կամ լսած լինելու:

— Բայց կարող է պատահել, որ այդպիսի խորհուրդ տալու համար մարդ ունենա մի բանավոր պատճառ:

— Բանավոր պատճա՞ռ... խելագարվել ես, ի՞նչ է, մի՞թե կարելի է դրա համար բանավոր պատճառ ունենալ:

— Գուցե այդ Սարգիսն ունի:

— Անկարելի է: Մի մարդ, որ պաշտպան է հանդիսանում տգիտության, նա չի կարող որևէ ուրիշ պատճառ ունենալ, բացի այն, որ կլինի ապուշ կամ խելագար: Իսկ այդ Սարգիսը եթե ապուշ չէ, անշուշտ այն ցեցերից մինն է, որոնք այսպիսի անհայտ անկյուններում ապրելով զվարճություն են համարում իրենց համար ժողովրդի միտքն ու հոգին թունավորելը: Մի՞թե, արդարև, կարելի է ուսման ու գիտության դեմ խոսել, այդ միևնույն է, թե ասես՝ խավարն ավելի դյուրական է, քան լույսը:

— Երբեմն խավարը ոչ միայն դյուրական, այլև ավելի օգտավետ է լինում, — նկատեցի ես ժպտալով:

— Լռի՛ր, լռի՛ր, խելքդ ցնդել է. լավ է, որ ոչ ոք չէ լսում մեզ, այդ իմաստությունը ո՞րտեղից ես ամբարել... — իրար ետնից վրա տվավ Պետրոսը:

— Տեսա՞ր, որ էլի շտապեցիր:

— Հապա ի՞նչ անեմ, միթե խավարը, երբևիցե կարող է դյուրական, կամ օգտավետ լինել մարդուն:

— Իսկ եթե մարդու աչքերը հիվա՞նդ, կամ վնասվա՞ծ լինեն:

— Այդ ուրիշ բան է, դու նյութական լույսի ու խավարի մասին ես խոսում: Չափազանց պայծառ լույսը, այո, հաճելի չէ լինում վնասված աչքերին:

— Հոգվո ու մտքի աչքերն էլ երբեմն վնասվում կամ հիվանդանում են:

Ուրեմն դրանց էլ հոգեկան կամ մտավո՞ր խավարն է օգնում:

— Եթե չէ օգնում, գեթ, հանգստություն է բերում: Կան դեղեր, որոնք չեն բուժում սուր ցավ պատճառող հիվանդությունը, բայց առ ժամանակ թմրեցնում են սրա պատճառած կսկիծը: Հիվանդն այդպիսի դեղը հաճությամբ է ընդունում:

— Այդ մեկի միտքը չեմ հասկանում:

— Այդ էլ կհասկացնեմ Վեղունց Սարգսի կարծիքները լսելուց հետո:

Այսպես խոսակցելով մենք ավարտեցինք դարիվերը և մոտեցանք սոսիներին: Դրանք հինավուրց ծառեր էին, թվով մի քանի հատ, որոնք իրարից անջատ բուսած էին գյուղի վրա իշխող այդ դարևանդի վրա: Նրանց վիթխարի բները բարձ ու գեղուղեշ բազուկներով և լայնատարած ոստերով գրավել էին հարթավայրի մեծագույն մասը: Սաղարթախիտ ճյուղերի հովանին ծածկում էր ոչ միայն կանաչազարդ տափարակն ու դարևանդի լանջերը, այլև Վեղունց Սարգսի տունը, որ գտնվում էր հարթավայրի արեգընդդեմ կողմը և արտաքինով զանազանվում էր գյուղի հասարակ տներից: Նա արդեն ուներ ընդարձակ բակ, որի մի մասում զետեղված էին գոմն ու հորթանոցը, իսկ ետնից՝ պտղատու ծառերի մի պարտեզ, որ ոռոգվում էր լեռնալանջի կողմից իջնող մի առվակով:

— Ի՜նչ հրաշալի հովանոց է, ճիշտ որ աստվածաշեն, — բացականչեց ընկերս և նստելով փոքրիկ կոճղի վրա, որ դրված էր սոսիներից մինի տակ իբրև նստարան, հանեց գլխարկը, ճակատի քրտինքը սրբելով, շարունակեց, — նստիր, բարեկամ, և բացատրիր ինձ թե՝ ինչու «անտառի լավ տանձը արջն է ուտում»:

— Ո՞ր տանձի և որ արջի մասին է խոսքը, — հարցրի ես՝ նստելով նույնպես կոճղի վրա:

— Ահա այս սիրուն հովանոցի, որ արժանի էր գեղանի մի իշխանուհու սեփականությունը լինելու, բայց որ վիճակվել է մի ապուշ գյուղացու:

— Մի գեղանի իշխանուհո՞ւ. այո՛, իրավունք ունիս, — հարեցի ես ժպտալով, — և, անշուշտ, այնպիսի իշխանուհու, որ լիներ նորատի, քնքուշ և գեղահասակ, գրավիչ դեմքով, կախարդող աչքերով և միևնույն ժամանակ, անմեղ՝ ինչպես հովտի շուշանը և կյանքով լի՝ ինչպես գարնան առավոտը:

— Դրանք արդեն ավելորդ մանրամասնություններ են:

— Հոգ չէ, լսիր: Եվ այդ գեղեցկուհին ապրում լիներ այստեղ հոյակապ դղյակի մեջ շրջապատված գեղանի նաժիշտներով: Եվ մի գեղեցիկ օր, դու քո որսորդական հագուստներդ հագած, որսողի մախաղն ու հրացանը ուսիդ, որսկան շունը ետնիցդ ձգած՝ անսպաս կերպով հայտնվեիր այստեղ:

— Կատակդ թող:

— Եվ տեսնեիր, որ այս սոսիների հովանում, շքեղ ցահավորակի վրա հանգստանում է դղյակի մանկամարդ տիրուհին, և Մորփեոսը իր քնաբեր թևերով նինջ է սփռել նրա գեղանի աչքերին, իսկ լեռնից իջնող այս առվակը օրոր է երգում նրա ականջին...: Դու, իհարկե, իսկույն հիացմունքից այլայլված, ետ կքաշվեիր այս բնի ետևը և գողունի հայացքով դիտելով գեղեցկուհուն՝ քեզ ու քեզ կասեիր. — «Օ՛, եթե ես իրավունք ունենայի չոքել սրա առաջ և աղոթել»...Եվ ապա մտածելով, որ դու այդ կարող ես անել, առանց գեղեցկուհուց տեսնվելու և նրանից նախատվելու, կչոքեիր և աղոթեիր…

Քո այդ վարմունքը, իհարկե, կզարմացներ քո շանը և նա յուր այդ զգացմունքը արտահայտելու համար՝ կսկսեր հաչել: Այդ անսպաս ձայնից կզարթներ գեղեցկուհին և տեսնելով քեզ յուր առաջ ծնկաչոք, բարկացայտ ձայնով կբացականչեր, — «Ով ես դու հանդուգն արարած, որ համարձակվում ես խանգարել իմ մենավոր հանգստությունը»: Եվ մի ակնթարթում դուրս կթափվեին դղյակից նաժիշտներն ու ծառաները և պարանով կապկպելով քեզ, կառաջնորդեին դեպի դղյակի զնդանը...

— Լավ բավական է:

— Սպասիր, վերջացնեմ: Հետո, մի սիրուն օր, գեղանի իշխանուհին յուր պարտիզում զբոսնելիս կլսեր, որ մինը երգում է յուր զնդանում մի շատ տխուր, բայց հրաշալի երգ: Նա հանկարծ կմտաբերեր բանտարկյալ որսորդին, բերել կտար նրան յուր մոտ և մանրամասն հարցաքննելով՝ կիմանար, որ դու չոքել էիր իր առաջ ոչ թե իրեն անարգելու, այլ պաշտելու նպատակով: Ապա քո արկածներով լի անցյալի պատմությունը լսելով՝ կգորովվեր քեզ վրա, կսիրահարվեր և հետո ամուսնանալով քեզ յուր սրտի և դղյակի իշխան կկարգեր:

— Ինչի համար է այդ կատակը, — հարցրեց ընկերս, այս անգամ արդեն մի քիչ բարկանալով:

— Նրա համար, որ դու և քեզ հետ էլ շատերն այն երիտասարդներից, որոնք, իրենց ասելով, գիշեր ու ցերեկ ժողովրդի ցավերը դարմանելու վրա են մտածում, որոնց մշտական զրույցը գիտության վերքի խոսքի, բարձր գաղափարների և ազատ մտքերի համար է լինում, չեն կարողանում հանդուրժել, երբ տեսնում են, որ խեղճ արջին մեկը անտառում գտել է մի տանձ և ուտում է, չեն կարողանում ներել, որ այդ սիրուն սոսիները պատկանում լինին մի խեղճ գյուղացու և ոչ թե մի գեղանի իշխանուհու: Կարծես, բավական չէ, որ այդ իշխանուհիի կոչվածները և գեղեցիկ են, և հարուստ, և բախտից գուրգուրված, դեռ նրանք պետք է տիրեն նաև երկրագնդի բոլոր գեղեցիկ անկյուններին: Կա արդյոք այդ խոսքի մեջ խելք, արդարություն, կամ ազատ մտածություն, որով սիրում եք դուք ամեն տեղ պարծենալ:

— Սպասի՛ր՝ բարեկամ, դու ասածս չհասկացար, ուստի և իմ վերաբերմամբ արած դիտողությունդ անտեղի է: Ես, իհարկե, միշտ կցանկանամ, որ երկրագնդի վրա գտնված լավագույն անկյունները, պարարտ հողերը, պտղաբեր հովիտները և այլն, պատկանեն միայն խեղճերին, ճակատի քրտինքով ապրողներին և ոչ թե բախտից երես առած մարդկանց: Սակայն սոսիների մասին ասածս բացառիկ նշանակություն ուներ, հետևապես և դու ուրիշ կերպ պիտի հասկանայիր: Ես ուզում էի ասել թե՝ որովհետև Վեդունց Սարգիսը մի խավարամիտ և ուսման ու գիտության դեմ խոսող ու գործող մարդ է, ուրեմն չարժե, որ այս գեղավայրը պատկանե նրան:

— Լավ, ենթադրենք, թե այդպես է, հապա ինչո՞ւ չասացիր թե՝ լավ կլիներ, որ այս սոսիները պատկանեին մեր հյուրընկալ Մուքին, կամ մի ուրիշ, քո կարծիքով ավելի ուսումնասեր գյուղացու, այլ ցանկացար, որ նա լինի մի գեղանի իշխանուհու սեփականություն:

— Ասացի հենց այնպես, առանց մտածելու:

— Ուրեմն ասել ես ավելի անկեղծորեն, քան կարող էիր ասել եթե մտածեիր: Առաջին դեպքում դու արտահայտել ես քո իսկական զգացմունքը, մինչդեռ երկրորդ դեպքում պիտի աշխատեիր վարագուրել այդ զգացմունքը և ասել այն, ինչ որ, առհասարակ, ընդունված է ասել՝ լուսամիտ և ազատախոհ երևալու համար:

— Սխալվում ես:

— Ինձ համար նշանակություն ունի այն, ինչ որ ասացիր առանց մտածելու: Մի աշխատիր արդարանալ: Դրանով միայն ծանրացնում ես հանցանքդ: Թե դու և թե նրանք, որոնք հրապարակն աղմկում են արդարության և ազատամտության անունով, ստում են միշտ ու կեղծում: Եվ դուք մեղավոր չեք: Մի ժողովուրդ, որ մոտ հազար տարի ապրել է ստրկական կյանքով, չի կարող ծնել այնպիսի որդիք, որոնք ազատ մտածելու հետ միասին՝ կարողանային նաև ազատ գործել: Ազատամտության գլխավոր հատկանիշն այն է, որ, նախ՝ ներողամիտ աչքով նայես ընկերոջդ թերության ու սխալանքների վրա, երկրորդ՝ ցանկանաս, որ նա ևս վայելե այն բարիքները, ինչ որ դու վայելում ես կամ կցանկանայիր վայելել, և երրորդ՝ որ նրան էլ իրավունք տաս խոսելու կամ գործելու այնպես, ինչպես որ դու ես խոսում կամ գործում: Բայց ձեզանից քանիսի մեջ կարելի է գտնել այսօրինակ ազատամտություն: Թուրքը մի առած ունի, որ ասում է՝ «կաթի հետ մտածը՝ հոգու հետ դուրս կգա»: Այս ճշմարտության մենք հանդիպում ենք ամեն քայլափոխում, թե ինչպես՝ բացատրեմ: Մեր խոսքն ու գործը, առհասարակ, չեն հարմարում իրար: Խոսքն առաքինական է, գործը՝ մոլեկան: Ներբող ենք կարդում ազատամտության և արդարության համար, բայց առանց խղճահարվելու բռնանում մեր մրցակցի վրա և կամ ընկերի իրավունքը հափշտակում: Դրվատում ենք գութն ու բարեգործությունը և, սակայն, առանց ամաչելու, հանում մեր եղբոր վերջին շապիկը, առարկելով թե՝ դա մեզ է պատկանում: Ինչո՞ւ է այս այսպես նրա համար, որ «կաթի հետ» միասին ստրկության, բռնության և անարդարության շատ սաղմեր են մտել մեր արյան մեջ, և նրանք միայն մեր «հոգու հետ պիտի դուրս գան»:

— Դու չափազանցնում ես:

— Չեմ չափազանցնում, այլ ասում եմ ճշմարտությունը: Եվ այդ դեպքումն էլ, ինչպես ասացի, անպայման չեմ մեղադրում ո՛չ քեզ, ո՛չ քո նմաններին: Իզուր է աշխարհը հայհոյում հրեաներին, թե նրանք չեն պարապում ծանր աշխատանքով, թե նրանք երկչոտ են, խաբող, վաշխառու և այլն: Այդ հո իրենք չեն այդպես արել իրենց, այլ աշխարհի բռնապետությունը: Եթե այսօրվա հրեան, որի նախահայրերը, ըստ Մաքս Նորդաուի, «շիտակ են եղել և հպարտ», փախչում է աշխատանքից, այդ նրա համար է, որ նրա երակներում դեռ վազում է եգիպտացվոց աղյուսե գործարաններում չարաչար աշխատող հրեայի արյունը: Եթե՝ նա ստում է ու թաքցնում, այդ նրա համար է, որ հրեական արուները խեղդող Փարավոնի և Երուսաղեմի զերյալներն այրող նաբուզոդոնոսորի ներշնչած սարսափը դեռ հալածում է նրան: Եթե նա խնամում և պինդ է բռնում ոսկու քսակը, այդ նրա համար է, որ նույն ոսկու զորությամբ հին բռնակալների, կատաղությունը մեղմող և խարուկահանդեսների կրակը մարող հրեաների հոգիները դեռ շշնչում են այսօրվա հրեայի ականջին թե՝ «ոսկու մեջ է միայն քո փրկությունը»: Այս տեսակետից էլ կարող ենք նայել մեր բարոյական շատ թերությունների վրա: Եթե իրավ է, որ դարերի ընթացքում մեր հայրերն ու պապերը հեծել են անլուր բռնությունների տակ և նրանց թոռներն ու թոռնորդիները շարունակ ծառայել անիրավությամբ ու անարդարությամբ իշխող բռնակալների կամքին, ինչու պիտի զարմանանք, եթե նրանց որդիներից մինը, թեկուզ Պետրոս Մինարյան անունով, այնքան մեծ նշանակություն տա իշխանին, կամ իշխանուհուն, որ մինչև անգամ ցանկանա Վեդունց Սարգսի սոսիները հատկացնել նրանց:

— Եթե իմանամ, թե իմ մեջ խոսել է ստրկամտության հոգին, հուսահատությունից ինձ կսպանեմ:

— Ինչու ես հուսահատվում, դու հո մենակ չես, քեզ նման հազարավորները կան: Բացի այդ, ես քեզ կարող եմ մխիթարել նաև մի ուրիշ բացատրությամբ: Այդ այն է, որ մարդ արարածը, որքան էլ որ զարգանում է և գիտության լույսով լուսավորվում է, այսուամենայնիվ, նա իր մեջ դեռ կրում է բնազդներն այն հին մարդի, որը վայրենության դարաշրջաններում ապրելով՝ վախենում էր փայլակից ու որոտից, որ ստեղծում էր յուր համար գերբնական և անտեսանելի ուժեր ու նրանց երկրպագում ու զոհում: Այն ժամանակներից սկսած մարդը սովորել է հպատակել գերազանց ուժին և նրա վրա նայել հիացմունքով: Այդ հպատակության ու հիացման մեջ նա գոհություն է գտնում, և շատ տկարամիտներ, մինչև անգամ, անհանգստանում են, երբ տիրող կամ բռնացող ուժը վերանում է մեջտեղից: Այդ առաջ է գալիս նրանից, որ տկարամիտը վախենում է թե՝ մի գուցե ազնվատոհմ գազանի տեղը բռնե իրեն հավասար մի ոչխար... Ես տեսել եմ զարգացած և ինքն իրեն ազատախոհ համարող մարդ, որ դառնացել ու սրտմտել էր իմանալով, որ սեփական աշխատասիրությամբ հառաջադիմող անտոհմիկ մի գավառացի գնել է Թիֆլիսում՝ անհաշիվ շռայլությամբ հոր գույքը վատնող մի իշխանի կալվածքը: Նա սրտմտում էր ոչ թե նրա համար, որ իշխանը շվայտ էր կամ անառակ, այլ նրա համար, որ անտոհմիկ գավառացին տիրում է իշխանական կալվածքին: Ուրեմն զարգացած մարդը չէր մեծադրում աշխատասիրությունն ու գործունեությունը, որովհետև նա այդ տեսնում էր անտոհմիկ գավառացու մեջ, չէր էլ զարշում անառակությունից ու շվայտությունից, որովհետև դա յուր աչքում մեծ համարվող իշխանի ունակությունն էր: Այսպիսով, ուրեմն, այդ զարգացած մարդու մեջ միաժամանակ գործում էին՝ թե նախկին վայրենի ստրկական բնազդը և թե գոռիիկ նախանձը, որը թույլ չէր տալիս նրան ծագումով իրեն հավասար գավառացուն տեսնել իշխանական կալվածքի տեր: Այս տեսակետով էլ ես բացատրում եմ քո արտահայտած ցանկության միտքը: Պետրոսը լուռ էր և չէր պատասխանում: Նա, երևի, որոճում էր իմ ասածները՝ նրանց մեջ հերքելի կետեր գտնելու համար: Բայց երբ ես հարցրի՝ համաձա՞յն ես ինձ հետ, թե ոչ, նա պատասխանեց.

— Քո ենթադրությունները վիճելի կետեր շատ ունին, բայց որպեսզի մեր խոսքը չերկարի, ես առարկություն չեմ անում, այդ մասին կխոսենք ուրիշ ժամանակ: Այժմ դեռ այցելենք սոսիների տիրոջը:

Այս ասելով՝ նա վեր կացավ տեղից: Ես էլ հետևեցի նրան:

Դ

Վեղունց բակը մտնելով՝ մենք ոչ ոքի չպատահեցանք: Այդտեղ լռություն էր տիրում: Եթե գոմի դռան մոտ կապած ուլը չլիներ, որը թե առջևի թափած խոտը ուտում և թե մեզ էր նայում, այլև պառավ, ուժազուրկ շունը, որ սրահի շքարանից ելնելով՝ մի երկու բերան ծուլաբար հաչեց և ապա նորեն բակի մեջ ընկած հին սայլի տակը մտավ, մենք կկարծեինք, թե այս տան մեջ կենդանի շունչ չկա: Բոլոր նշաններից երևում էր, որ մի օր այդ հարկը շեն ու փարթամ է եղել, որովհետև բացի շքեղ սոսիներից, որոնք նրա բակի մի մասն էին բռնում, տունն էլ, ըստինքյան, գրավում էր ընդարձակ տեղ և շինված էր հարուստ գյուղացու ճաշակով: Նա բաղկացած էր մի մեծ, բարձրաշեն օդայից և երկու ուրիշ, նույնպես բարձրադիր սենյակներից: Նրանց մեջտեղում գտնվում էր ընդարձակ, սյունազարդ սրահ: Վերջինի սյուները տաշված էին կաղնու հաստ գերաններից և ունեին, մինչև անգամ, խոյակներ, որոնք թեպետ ծխից ու հնությունից սևացած, այսուամենայնիվ, իրենց վրա կրում էին հյուսնի ձեռքերի ճարտարության նշաններ, այն է զանազան քանդակներ, որոնք ներկայացնում էին կենդանիներ, բույսեր և այլ նկարներ: Բակի, գոմի և հորթանոցի ընդարձակությունը ցույց էր տալիս, որ այդ տունն ունեցել է մի օր բազմաթիվ անասուններ: Իսկ թոնրատան՝ տնից հեռու գտնվելը, արդեն ապացույց էր. որ Վեդունք շեն օջախ լինելով՝ միշտ ունեցել են հյուրեր, որոնց ծխից ազատ պահելու համար թոնիրը ոչ թե ուրիշների պես տան սրահում, այլ բակի մի անկյունում՝ են զետեղել: Չնայելով այս բոլորին, այսուամենայնիվ, երևում էր՝ ոչ միայն նախկին կյանքը չէր եռում այդ տան մեջ, այլև մի ավերիչ ձեռք ծանրացել է նրա վրա: Որովհետև տան կտուրը մի կողմից արդեն ծռվել էր, իսկ բաշերի հողը մի քանի տեղ թափվել: Երկու սենյակների պատուհանները մեծ մասամբ ապակիներից զուրկ՝ ծածկված էին ձեթած թղթով, գոմի դուռը կրնկահան եղած ընկած էր պատի տակ, իսկ հորթանոցը, մինչև անգամ, զուրկ էր այդ բանից:

— Այստեղ մարդ չէ երևում, վերադառնանք, — ասացի ընկերոջս:

— Չէ, թող մի անգամ էլ հնչակը քաշենք, գուցե մեկը երևա, — պատասխանեց նա:

— Հնչակը ո՞րն է, — հարցրի ես զարմանալով:

— Գյուղացու հնչակը, չգիտե՞ս, սա է, այ, տես՝ ինչպես լավ է հնչում: — Այդ ասելով նա գետնից մի քար վերցրեց և նետեց սայլի տակ պառկած շան վրա: Վերջինս վեր կացավ տեղից և այս անգամ սկսավ հաչել ավելի աշխույժով: Մի քանի րոպեից, արդարև, օդայի դուռը բացվեցավ և այդտեղից դուրս եկավ աղքատ հագնված մի պառավ, որը հուշիկ հառաջանալով, մոտեցավ ու կանգնեց սրահի սյուների մեջտեղը: Սա մոտ վաթսուն տարեկան կին էր, միջահասակ ու վտիտ մարմնով, խորշոմած երեսով, կկոցված աչքերով՝ բայց դեմքի բարի ու միամիտ արտահայտությամբ:

Տեսնելով մեզ բակում, նա ձախ ձեռքով հովանի արավ աչքերին՝ կարծես, աշխատելով ճանաչել մեզ և ապա հարցրեց.

— Ո՞ւմ եք ուզում:

— Վեդունց Սարգսի տունը սա՞ է, — հարցրի ես, իբր չճանաչելով:

— Հա, էս ա, — պատասխանեց պառավը:

— Սարգիս ապերը տա՞նն է:

— Հրեն բախչումը (պարտեզ) ծառի տակ բիում (փորում) ա:

— Բախչան ո՞րտեղից գնանք, — հարցրի ես:

— Այ, կյումի կողքով վեր անցեք, դուռն ընտի ա, — հայտնեց պառավը:

Հազիվ թե մենք շուռ եկանք, նա ավելացրեց,

— Ամոթ չըլի հարցնիլը, դուք հո՞վ եք:

— Օտար մարդիկ ենք, եկել ենք ձեր գյուղը տեսնելու. — -ասացի ես:

— Բա որդիան եք գալի, — հետաքրքրվեց նա:

— Շատ հեռու տեղից, — պատասխանեցի ես:

— Էլ հա, հո աշխարհքի էն ճնդիցը (ծայրիցը)չեք գալի, մին ասացեք տեսնամ՝ ո՞ր շհարից եք:

— Ես Թիֆլիսից եմ գալի, իսկ իմ այս ընկերը՝ Մոսկովից:

— Դու Թիֆլիսից ես գալի, վա՛յ, քե մատաղ ըլեմ, բա խի՞ շուտ չես ասում... — Այս խոսքերով պառավը մոտեցավ և ձեռքը տալով ինձ ողջունեց այնպես սիրով, որ ասես թե, յուր քեռորդուն, կամ որևէ հարազատին էր պատահել, և ապա հարցրեց. — Մի ասա, քե մատաղ, մեր Վանուն էլ (Հովհաննեսին) տեսար:

— Ձեր Վանո՞ւն... կներես, նանի, չեմ ճանաչում, — ասացի:

— Ճանաչում չե՛ս... բա մեր Վանուն արարած աշխարհը ճնաչում ա, էդ ո՞նց ա, որ դու ճնաչում չես:

— Ո՞րտեղ է լինում:

— Սուդումն ա ըլում, քե մատաղ, ատվակատ ա, գողերին ու մարդասպաններին նա ա Սիբիրից ազատում: Դու խի՞ չես ճնաչում:

Պառավի վերջին տեղեկությունը օգնեց հիշողությանս:

— Այո՛, այո՛, ճնաչում եմ, այնտեղ նրան Վեդով են ասում:

— Հա, քե մատաղ, ո՞նց ա, սաղ, սալամա՞թ ա:

— Տեսել եմ, նանի, շատ առողջ է, միամիտ եղիր, — ապահովացրի պառավին:

— Մատաղ ըլեմ քո աչքերին, էս ա՝ հինգ տարի ա, երեսը տեսել չեմ... քոռանա ինձ նման մերը, — ասաց պառավն ու լացակումեց:

— Ինչո՞ւ չես տեսել, այստեղ չի՞ գալիս, — հարցրեց Պետրոսը:

— Չէ, քե մատաղ, գալիս չի: Ասում ա՝ գամ զեղումն ինչ շինեմ: Ասում եմ, որդի, եկ, կողքիս նստիր, սկի բան մի շինիլ, եկ, որ ամեն օր երեսդ տեսնեմ, բոյիդ բուսաթիդ յաշեմ... Ախր աչքումս մազ ա կանաչել, որ քե էդ օրին եմ հասցրել... Ասում ա, նանի, ասիլ մի, էդ ըլելու բան չի:

Վերջին խոսքերի հետ՝ արտասուքի կաթիլները գլորվեցան պառավի խորշոմած դեմքի վրա: Նա գլխափաթաթի ծայրով աչքերը սրբեց.

— Ինչու ես լաց լինում, նանի, որդիդ, փառք աստծո, ողջ առողջ է, գործն էլ հաջողակ, քո ուզածն էլ այդ պիտի լինի, — սիրտ տվի ես պառավին:

— Հա, քե մատաղ, բա ի՞նչ ա. որտեղ ըլում ա ըլի թաքի (միայն թե) սաղ ըլի... Ի՞նչ անեմ, թե ես ըստի իրա կարոտը քաշում եմ… — պատասխանեց պառավը, աշխատելով յուր վիշտը ծածկել: Բայց մի փոքր հետո ավելացրեց, — Շատ վախտ ա գիր չենք ստացել, աստված պահի քե, որ իմ Վանուցը խեր խաբար (բարի լուր) բերիր… — Ապա տեսնելով, որ ընկերս շարժվում է դեպի առաջ, ասաց, — կուզե՞ք, ըստի էյվանումը նստեցեք, ես գնամ մեր հալևորին կանչեմ:

— Չէ, նանի, մի նեղանար, մենք ինքներս կերթանք, ձեր բախչեն էլ կտեսնենք, — ասացի ես և ողջունելով պառավին, առաջ անցա Պետրոսի հետ:

— Այս ի՞նչ հանելուկ է, — հարցրեց վերջինս, երբ մենք հեռացանք: — Այս մարդը տեր Մակուչին խորհուրդ է տալիս անուսում թողնել իր չորս որդիներին, մինչդեռ ինքն յուր որդուն բարձր կրթություն է տվել և փաստաբան շինել:

— Այդ հանելուկը լուծելու համար մենք պիտի մի փոքր էլ համբերենք՝ ծերունուն լսենք, — պատասխանեցի ես: Պետրոսը ոչինչ չխոսաց, և մենք միասին պարտեզ մտանք:

Դա մի ընդարձակ տարածություն էր, որի մեծ մասը ծածկում էին մի քանի շարք պտղատու ծառեր, այն է՝ խնձորենիներ, տանձենիներ, սալորենիներ և սերկևիլներ, ամենքն էլ, գրեթե, պտուղներով ծանրաբեռնված:

Պարտեզի վերջում մի մարդ, գլուխը կապույտ թաշկինակով կապած փորում էր կիսաչոր մի դեղձենու շուրջը:

— Անշուշտ սա է Վեդունց Սարգիսը, — ասացի ես Պետրոսին և նրա հետ միասին առաջացա դեպի նրան:

Սա հաղթանդամ, բարձրահասակ, բայց մի փոքր կորաքամակ ծերունի էր, մոտավորապես յոթանասուն տարեկան: Թաշկինակով կապած գլխի շուրջը մազ չէր երևում, բայց ընչացքն ու կարճ մորուքը բոլորովին ճերմակ էին: Նրա դեմքի արտահայտությունը խիստ էր, բայց ոչ չար, իսկ աչքերը, թեպետ ծածկված թավամազ հոնքերով, սակայն ցոլացնում էին խելք և բարություն: Նա հագած էր կոշտ կտավե շապիկ՝ կապույտ նաշուրի օձիքով, իսկ դրա վրայից՝ սև դադաքի, մի հնամաշ արխալուղ: Վարտիքը, որ կարած էր գյուղում գործված բրդե շալից, ուներ նույնպես մի քանի կարկատան և սրունքների մոտ սեղմված էր սև տոլաղներով: Ոտքերին ամրացրած էին հասարակ կաշվի տրեխներ, իսկ մեջքը սեղմած սև կտավի մի գոտիով:

Նշմարելով մեզ մի քանի քայլ հեռավորության վրա, նա իսկույն գործելուց դադարեց և բահը դեղձենու բնին հենելով առաջացավ դեպի մեզ:

— Բարի աջողում, Սարգիս ապեր, — ասացի ես առաջին անգամ և մոտենալով, ձեռքս պարզեցի դեպի ծերունին:

— Ա՛յ, աստծո բարին, բարով եք եկել, — պատասխանեց նա ժպտալով և յուր կոշտ աջով մեր ձեռքը թոթվելուց հետո շարունակեց, — հավատաս (երևի), դուք եք Սիարանց Մուքու դոնաղները:

Ամբողջ գյուղն արդեն գիտեր, որ մի օր առաջ հյուրեր են եկել Սիարենց Մուքու տունը, և մեզ, ահա այդ անունով էր ընդունում ծերունին:

— Այո, Սարգիս ապեր, մենք ենք:

— Բարով եք եկել, հազար բարով, կըլի որ լավ բանի հմար ըլեք եկած, աստոծ աջողի:

— Մի առանձին բան չունինք, հենց ման գալու համար ենք եկել:

— Ինչ որ ա, բարի ըլի: Աշխարհի շառն (չարն) էնքան շատացել ա, որ մարդ ջուր խմելու հմար էլ թե տեղիցը վեր կենա, պտի աստոծ կանչի, որ բարի ըլի: Ձեզանից ո՞րն ա Մինարենց Ակոբի տղեն:

— Ես եմ, — պատասխանեց Պետրոսը:

— Հա , քու հերը լավ մարդ ա, լավ էլ հայ ա, դադրը (երախտիքը) գիտում ես, պատիվ ես տալի:

— Ինչպե՞ս կարող եմ պատիվ չտալ, քանի որ նա իմ հայրն է:

— Ի՞նչ գիտամ, էս այամումը ըսկի որդին հորը ճնաչում չի: Էդ շլապեն ում գլխին տեսնում եմ, հենց գիտում եմ հոր տանիցը՝ ջուդա ընկած (տարագիր եղած) ա:

— Չէ, ես ծնողներիս շատ եմ սիրում և հենց նրանց տեսնելու համար է, որ Մոսկովից վեր եմ կացել, եկել:

— Հա՞, որ ըտենց ա, շատ ապրես, աստոծ պահի քեզ. բարի ժառանգ ըլես. — օրհնեց ծերունին և ապա դառնալով ինձ՝ հարցրեց, — կբաշխես, քե ճանաչում չեմ, դու ումա՞նցից ես (որոնցից):

— Ես էլ տեր Օվանեսի թոռն եմ, — պատասխանեցի ես:

— Աստուրի տղե՞ն:

— Այո:

— Դե շուտ ասա, հեր օրհնած, ախր քու ողորմած հոգի հերը իմ տան լավ բարեկամն ա լել, առանց իրար թիքա չենք կտրել: Քանի-քանի անգամ էս բախչումը նստել, քեֆ ենք արել, քանի անգամ մեր չինարուցը տակին զուռնա-դավալով մարաքա ենք սարքել… Օղորմի քո հոգուն, Աստուր... ասում էր, ա Սարգիս, էս չնարիքը, որ քունն ա, լավ կըլի որ տանդ գլխին մին ատած (հարկ) էլ շինես ու առաջը լեն ու բոլ մի թախտապանդ (պատշգամբ), ընենց ըլի, որ չինարուցը ճղները կռանան թախտապանդի վրեն շուք անեն: Էն չախը (ժամանակ), ասում էր, տունդ ամարաթի (պալատի) նման մի բան կդառնա, հենց որ թախտապանդին նստես, էն սարերին մտիկ տաս, յա չէ սարինն (զովը) ընկած վախտը ընտի մի ստաքան չայ խմես, հենց կիմանաս, թե դրախտումն ես:

— Եվ, իրավ, լավ է ասել, մեզ էլ հենց այսօր ձեր չինարիքն են բերել այստեղ: Ափսոս չէ, որ այդ գեղեցիկ ծառերի առաջ դուք երկհարկանի մի տուն չունիք, — հարցեցի ես:

Ծերունին նայեց ինձ վրա քննական հայացքով, կարծես ստուգելու համար թե՝ արդյոք յուր սիրտը ցավեցնելու համար ասացի այս խոսքերը: Բայց ես, իհարկե, ասել էի միամտաբար, առանց իմ խոսքերին մի առանձին նշանակություն տալու: Սակայն հետո իմացա, որ դրանք ծերունու սիրտը խոցած պիտի լինեին:

— Լավ ես ասում,որդի,լավ կըլեր,որ շինի,ամա ինչ անես,որ…

— Հա, ինչո՞ւ չշինեցիր:

Ծերունին փոխանակ պատասխանելու, նայեց յուր շուրջը, ապա դառնալով մեզ ասաց.

— Էս խի ենք ըստի կաղնել, գնանք էյվանումը թախտի վրեն նստենք, եղո կխոսանք: Կբաշխեք, մարդ որ ծերանում ա, մարիֆաթով (քաղաքավարությամբ) ժաժ գալն էլ ա մոռանում... գնանք, ընենց կաղնած կնեղանաք:

— Չէ, Սարգիս ապեր, այստեղ ավելի լավ է, այ, այս սիրուն ծառի տակը կնստենք, — ասացի ես:

— Լավ, որ ըտենց ա, թող մի խալիչա բերեն... Ախչի, հե՛յ, ա Սավգյուլ, մի խալիչա ղրկի ըստեղ, — ձայն տվավ ծերունին դեպի տան կողմը:

Մի քանի րոպեից հետո, մի փոքրիկ, աղքատ հագնված աղջիկ, մի հին գորգ քաշ տալով բերավ փռեց ծերունու ցույց տված տեղը: Վերջինի հրավերով մենք նստանք գորգի վրա:

— Հա, ասում ես թե՝ խի չշինեցիր, — շարունակեց ծերունին ընդհատված խոսակցությունը, — լավ ես առում, որդի, որ շինած ըլեի, հմի էս ա որ եկել եք, կտանի ու կնստեցնի ձեզ էն հովահար թախտապանդումը ու մի թիքա հաց կդնի առաջներիդ... ամա դե կարացի ոչ...

— Երևի փող չունեիք, — հարցրեց Պետրոսը:

— Փո՞ղ... ընչի չունեի, փող էնքան ունեի, որ մի ատաժ չէ, երկուսն էլ կշինեի:

— Հապա ինչո՞ւ չշինեցիր, — հետաքրքրվեցա ես: Նոյի ագռավը չթողեց, որդի, նոյի ագռավը:

— Նոյի ագռավը:

— Հա՛:

— Ո՞րն է Նոյի ագռավը, — հարցրի ես զարմանալով:

— Նոյի ագռավը գիտում չես՝ որն ա:

— Ոչ:

— Բաս դու սկի հուսումնարանում կարդացել չե՞ս:

— Կարդացել եմ:

— Դե, էն ա՝ վարժապետը ասած կըլի, թե հով ա Նոյի ագռավը, էլ խի ես ասում՝ գիտում չես:

— Ջրհեղեղի ժամանակի Նոյի ագռավն ես ասում:

— Հա , բա էլ ուրիշ ի՞նչ նոյի ագռավ կա:

— Այն ագռավն է, որ չի թողել քեզ տունդ շինելու:

— Հա՛, հենց համին (իսկ և իսկ) էն ագռավը:

Ես դժվարությամբ էի ծիծաղս զսպում, իսկ Պետրոսը արդեն քահ-քահ ծիծաղում էր:

— Խի՞ ես ծիծաղում, որդի, — հարցրեց ծերունին ընկերիս:

— Հապա ինչ անեմ, որ չծիծաղեմ, ասում ես՝ նոյի ագռավը չի

թողել, որ տունդ շինես: Առաջինը ագռավը ոնց կարող է արգելել քեզ քո տունը շինելու, երկրորդ՝ Նոյի ագռավը մինչև այսօր ապրո՞ւմ է, որ քեզ արգելի:

— Բաս չի՞ ապրում:

— Իհարկե, ոչ:

Ծերունին ժպտաց: Սակայն նրա այդ ժպտի մեջ այնքան ծաղր կար, ուղղված դեպի ընկերս, որ ես չկարողացա իմ հետաքրքրությունը զսպել:

— Բացատրիր, աղաչում եմ, ի՞նչ ագռավ է այդ, կամ ո՞ւմն ես դու ագռավ անվանում, — խնդրեցի ես:

— Առաջ դու ինձ ասա՝ էդ ագռավի պատմությունը գիտո՞ւմ ես, թե չէ:

— Ինչպե՞ս չէ:

— Դե պատմիր:

— Ի՞նչ պատմեմ, ջրհեղեղի պատմությո՞ւնը:

— Չէ, էդ ես քեզանից լավ եմ իմանում: Չասես թե՝ Սարգիս ապերը գեղացի ա, զատ չի գիտալ: Վանքումը իրեք տարի կարդացել եմ, իրեք տարի էլ կեսղերություն (տիրացություն) եմ արել: Աստվածաշունչը երկու անգամ անց եմ կացել (կարդացել եմ):

— Ուրեմն միայն ագռավի պատմությո՞ւնն ես ուզում:

— Հա՛:

— Էհ, նա մեծ պատմություն չունի: Երբ Նոյի տապանը Արարատ սարի վրա կանգնեց, այդ ժամանակից քառասուն օր անցած՝ Նոյը տապանի պատուհանը բացավ և դուրս թողեց ագռավին, որպեսզի իմանա, թե ջրերը ցամաքել են, թե ոչ: Բայց ագռավը գնաց, ետ չդարձավ:

— Խաբար չբերե՞ց Նոյին:

— Այո՛:

— Բա խի՞ ետ չդարձավ:

— Հայտնի չէ. դրա համար աստվածաշնչումը բան չկա գրած:

— Գիտում եմ բան չկա գրած, ամա դու ի՞նչ ես փիքր անում, խի ետ չեկավ:

— Ագռավը ծանրամարմին թռչուն է, երևի շատ թռչելուց հոգնելով՝ ընկավ ջրի մեջ ու խեղդվեցավ, — հարեց Պետրոսը:

— Հը՞... — ժպտաց ծերունին,(էդ ա ձեր հուսումնարանումը ըղենց խամ են թողնում ձեզ, է՛, ագռավը խեղդվո՛ղ ջանավար (գազան) ա:

— Ապա, ձեր կարծիքով, ինչո՞ւ չվերադարձավ, — հարցրի ես:

— Նրա համար, որ քերձերի գլխին, յա չէ, սարերի դոշին մարդի, յա հեյվանի ջամդաք (լեշ) տեսավ, վրան ընկավ ու սկսեց լափիլը: Խի, ագռավը մտածելու էր, թե ընտեղ տապանումը Նոյը, աչքը ջուր կտրած (ակնկառույց)՝ իրան ա ըսպասում:

— Կարելի է՝ այդպես է:

— Ոչ թե կարելի ա, հենց դրուստ էս ա որ ասում եմ:

— Թող այդպես լինի, միայն ասա տեսնենք՝ այդ ագռավն ինչպես արգելեց քեզ քո տունը շինելու, — հարցրի ես:

— Ինչպե՞ս արգելեց, մի քիչ մաջալ (միջոց) տու, ասեմ:

— Այս խոսքերով ծերունին գլխի թաշկինակը հանեց և կոշտ ձեռքով ճաղատ գլուխը շոյելով ու զովացնելով՝ շարունակեց.

— Գիտե՞ւմ եք, ի՞նչ կա: Աշխարհումս առանց աստծու բան լի ըլում: Ըսկի տերևն էլ ծառիցը տափը չի ընկնում: Հալբաթ էս էլ աստծու կամքն էր, որ ըսենց ըլավ:

Ծերունին դարձյալ լռեց, ապա նորեն գլխի թաշկինակը կապելով շարունակեց:

— Ինչ որ պտի պատմեմ, հնուց բան ա, կըլի որ քսանհինգ տարի ըլի, յա չէ էրսուն, էն չախը ես հլա բաքաթ (բավական) ջահել ի: Մի օր Օսեփ վարդապետը եկավ մեր տուն: Օսեփ վարդապետի անումը լսած կա՞ք, — հարցրեց ծերունին:

— Ո՛չ, — պատասխանեցի ես:

— Հա, լսած չեք ըլի, դուք ջահել եք: Նրա մեռնիլը, հավատաս, տասը յա տասներկու տարի ըլի: Աստոծ հոգին լուսավորի, արդար մարդ էր, ասիլ (ազնիվ) հոգևորական: Վանքի վանահայրն էր. շուտ-շուտ կգար մեր տուն. կնըստինք էս ծառերի շուքումը, զրից կանինք: Օղորմած հոգի քու հերն էլ շատ կսիրեր նրան: Էն ա մի օր եկավ տեսավ, որ գերաններ եմ բերել տվել, որ տախտակ քաշել տամ. գեղականի հետ էլ խոսում եմ, որ քար ու կիր բերի: — Ա՛ Սարգիս, ասեց, էդ ընչի համար ես թադարիք (պատրաստություն) տեսնում: — Հայր սուրբ, ասեցի, ծառա եմ քե, ուզում եմ տանս գլուխը շինել տալ: Մեր աղա Աստուրն էլ ա խորհուրդ տալի: Ես էլ տեսնում եմ, որ լավ կըլի: Ափսոս ա, որ էս լաչին (գեղուղեշ) չնարուցը առաջին երկու ատաժանի մի տուն չըլի, որ եկող գնացողը նրա հովհար թախտապանդումը նստի, մի սհաթ էլ ա քեֆ քաշի: Էս խոսքի միջումը մեր Վանին հորթի եղից վազելով՝ եկավ, որ մեր մոտիցը անց կենա՝ թե ինչ ա, հորթի առաջը կտրի, բռնի ու վրեն նստի: Էն չախը նա հլա տասը տարեկան էր: Էն ա հայր սուրբը ռեխի ձեռքը բռնեց ու ասեց.(ա Սարգիս, գիտաս ի՞նչ կա, տանդ գլուխը մի շինիլ. այ, սրա գլուխը շինիր: Էն փողը, որ խարջելու ես, թե ինչ ա՝ տանդ վրան մի ատաժ ավելացնես, լավն էն ա, որ խարջես ու էս ռեխի գլխումը ուսում ու գիտություն մտցնես: — Ասեցի՝ հայր սուրբ, ռեխին հո անուսում չեմ թողնիլ. մի քիչ վախտից եդը վանքը պտեմ դրկիլ, որ լավ կարդալ սովրացնես: Վա՛յ ինձ, հենց գիտում ի թե՝ հայր սուրբը նրա համար ա ասում, որ ռեխին իրա մոտ դրկեմ, հինչ ա մեզանե խերվի (օգտվի): Ամա օղորմած հոգին պատասխանեց. — ա Սաք, ասեց, ես ի՞նչ հուսում յա գիտութին ունեմ, որ դրան ինչ տամ: Հրեն դարկի Թիֆլիս, գիմյազումը կարդի, լավ հուսում ստանա: Ընդիան եդն էլ դրկի Մոսկով, յա չէ Պետրպոլկ, որ ունիվերս մտնի, ընտեղի մեծ հուսումն էլ առնի, փիլիսոփ դառնա: Էն չախը կգա, էս գեղի միջումը մին հատ մարդ կըլի: Համ իրա ձեռովը տանդ գլուխ կշինի, համ էլ միջումը հուսումնարան կբանա, խեղճ են էս գեղըցիքը, խավար մնացել են, խավար էլ պտի մեռնեն, սրանց ռեխեքը կիավաքի, հուսում կտա, ու մի քանի տարեն ետը սաղ գեղը կլուսավորի: Էս բանը համ աստծուն դուր կգա, համ բանդին (մարդկանց): — Հայր սուրբն էս որ ասեց, խելքումս նստեց: Ասեցի, հայր սուրբ, լավ ես ասում, թող տանս գլուխը հին մնա, ինձ հո՞վ ա տնազ անելու (ծաղրելու), թաք ըլի՝ իմ Վանու գլուխը զարդարվի: Ասենք, ինչ մեղքս ծածկեմ, ես էլ հենց էն գլխիցը հուսում ի ու գիտության գերի էի: Երբ մի հուսումնական մարդ կգար մեր գեղը, ում տան էլ որ վեր գար, կգնայի զոռով դոնաղ կբերի մեզ մոտ, թե ինչ ա, աշխարհի էն լավ-լավ բաներիցը մին երկու բերան խոսա, լսենք, բան իմանանք: Մեր հայր սուրբը մի լավ Չամչյան ուներ: Նրա համար շուտ-շուտ վանք կգնայի, թե ինչ ա, կշտիս նստի, մին-մին գլուխ կարդա: Էն Հայկի, Արամի, յա չէ Վարդան զորավարի լավ-լավ պատմութինը, որ կլսի, հոգիս կմխիթարվեր: Շատ վախտ էլ սիրտս էն հանգի կլցնվեր, որ լաց կըլեի, ու արտասուքս ջրի նման կթափվեր: Ինչ երկարացնեմ, տեսա, որ հայր սուրբի խորհուրդը լավն ա, վճռեցի որ տանս շինությունը թողամ ու ռեխին Թիֆլիս ղըրկելու թադարիքը տեսնամ: Երբ որ էս բանը մեր տնացուն (կնոջը) ասեցի, քիչ մնաց, որ խեղճը խելքից ընկնի: Ինչ լաց, ինչ շիվան, ինչ գլուխ թակիլ: Ա մարդ, ասում ա, էդ խի ըտենց անաստոծ բան ես բռնում, բա, մենք ճար ու ճրագ մի տղա ունենք, էն ոնց վեր ունինք, ղրկենք ղարիբ տեղ ու մենք երկու հոգի, մնանք ըստի բայղուշ. — ա կնիկ, ասում եմ, տղին հո ծախում չենք, ղրկում ենք, որ հուսում առնի, մարդ դառնա ու էլ նոր եղ գա, մեր օջախը լուսավորի: Ղորթ ա, էս ասում ի, ամա մեր օղլուշաղին (կնոջը) էլ ղնամիշ անիլ (մեղադրել) չէր ըլիլ: Ախր աստոծ մեզ չորս րեխա էր տվել ու էլ ետ իրեքին տարել, մին էդ էր մնացել, որ դիփունանցից պուճուրն (փոքրն) էր: Ի՞նչ մեր ըլեր, որ լսեր, թե իրա մինուճար րեխին ուզում են ձեռիցը խլել, ջանը կրակը չգցեր, որ տանեն: Կնիկարմատը, ղորթ ա, խելքը կարճ ա, ամա սիրտը բարակ ա, ըսենց ցավին դժվար ա դիմանում: Նրա համար լավ ա, որ իրա տղան սաղ սալամաթ իր աչքի առաջը կանգնած ըլի, թեկուզ հենց չոբան (հովիվ), յա հորթարած ըլի, քանզ գնա, երկրե երկիր, հուսում առնի, յա փիլիսոփա դառնա: Ամա դե ես տնացոց լաց ու շիվանին մտիկ չարի, իմ թաղարիքը տեսա ու Վանին իմ ձեռքովը տարա Թիֆլիս, թափշուր արի (հանձնեցի) մեր կնքավորի տղին: Նա էլ ընտեղ լավ վաճառական էր, ծանոթ բարեկամ ուներ, րեխին պատրաստել տվավ ու մի տարեն եղը գիմյազը տվավ, որ րեխան գշեր-ցերեկ ընտեղ մնա, համ էլ կարգի:

Էդ օրից դենը Վանին դառավ իմ դարդն ու դեիդը (ցավն ու հոգսը): Ղորթ ա, րեխին սաղ սալամաթ թողեցի եկա, ամա օր ու գիշեր հենց նրա վրեն ի մտածում: Յարաբ, ասում ի, րեխաս հո չմրսեց, յա չհիվանդացավ: Յարաբ, յաղի (օտար) տանը րեխի սիրտը հո չկոտրվեց: Ես որ մինն ասեմ, ինսան ենք, էլի՞, մտածմունքը աստոծ մեզ ա տվել: Ամա ինչ որ նրա մերն էր անում, բերանով ասվիլ չի ըլի: Խեղճը ոչ գիշեր քուն ուներ, ոչ ցերեկը ղարար (հանգստություն): Տափը, ասես, տեղ չէր տալի, որ նստի, էն ա ամեն մի ներս ու դուրս անիլով ըսենց էր ախ քաշում, որ ասես ջիգյարը պոկ ա գալու: Րեխի սիրած շունը, որ տեսնում էր, թե հոտոտելով դեսուղեն ա գնում, ասում էր Ղաթար, Վանու՞ն ես մանգալի, ըստի չի, քե մատաղ, էն ա՝ օխտը սարի քմակին, ասում էր ու լաց ըլում: Նախիրը որ հանդումը եղանում էր, հորթերը բռանչում ին, ասում էր. — ջա՛ն յարաբ իմ րեխեն էլ ձեզ նման աներ մնացած բռանչո՞ւմ ա, ու ձենը լսող չկա... Եփ որ մտնում էր էս բախչեն հու տեսնում ծառերը տանձ ու խնձորով լիքը, ասում էր — ձեր աչքը քոռանա, էդ ո՛ւր եք ըղենց կանանչ-կարմիր լցվել, ճոնքոտել (ծանրաբեռնվել), ախր որ Վանին ըստի չի՞, խի՞ չեք չորանում, վեր թափում: Խուլասա (վերջապես) ես որ մինն ասեմ: Շատ վախտ էլ ականջներս ծածկում ի հու փախչում, ինչ ա խեղճի լացն ու արտասուքը չտեսնեմ: Գիտո՞ւմ եք, ծնող ըլիլը հեշտ բան չի. բեխի տեր պտի ըլեք, որ էս ցավը քաշեք հո: Իմանաք, թե ինչ դժար բան ա: Ամա դե ես էլի դիմանում ի. բեսանց րսցնում չի, հլա Սավզյուլին էլ սիրտ ի տալի, ասում ի, աղջի, ըտենց վրվթալ (մրմնջալ) մի: Էս ա՝ բեխան հուսումը կպրծնի կգա. էնչախը ուրախութինդ տասնապատիկ կըլի: Ղորթ ա, հիմի նեղութին ես քաշում, ամա դե էն վախտը, որ տեսնես, թե քու տղեն զեղի միջումը մին հատ ա, ու դիփունանք նրա զուլումն են (ծառայությունում) կանգնած, տեսնես, որ սրանց էլ հերերն ու մերերը նրա արևովս են երգում ուտում, սիրտդ կփառավորվի, քաշած ցավերդ կմոռանաս...: Խեղճ կնիկը, ղորթ ա, էս խոսքերով մին օր հանգստանում էր, ամա էլ էգսը իրա ցավն իրա հետ էր:

Վրա երկու ամառն էր գնում, որ մենք մեր օրերը ըսենց դժվարութինով անց ինք կացնում: Մին օր վանքումը Օսեփ հայր սուրբին տեսա: Հա՛, մոռացիլ ի ասեմ ձեզ, թե էն օրից, որ Վանին տարել ի Թիֆլիս, հայր սուրբն իրա ոտը մեր տանից կտրացրել էր: Ձուն լսել էր, որ Սավզյուլն ասել ա թե՝ «իմ բեխին էդ սնազլուխը դարիբութին զցեց, էլ իմ աչքը դրան տեսնա ոչ»: Խեղճն էն ա՝ սրա համար էլ մեր տուն չէր գալի: Էդ օրը, վանքում պտահեցի, ասեցի. «Հայր սուրբ, մատաղ ըլիմ կարգիդ, ախր մեր տանեցին ինձ դինջութին (հանգստություն) չի տալի, կարում չի դիմանա: Չի՞ ըլի, որ Վանուն էլ եդ բերել տանք»: Ասեց՝ ա Սաք, խելքդ կորցրե՞լ ես, բա բեխեն անջախ (հազիվ) ա հուսումի վրեն տաքացել, բերում ես, որ ինչ անես, չոբան պիտի շինես: Ասեցի բա ո՞նց անենք, որ մոր սիրտը դիմանում չի: Ասեց, հեր օրհնած, դե էն ա՝ տարին իրեք ամիս պռազնիկ ա. խի չեք էն վախտը բերել տալի: Ես էլ, ի՞նչ մեղքս ծածկեմ, պռազնիկի բանը սկի լսել չի: Ասեցի, հայր սուրբ, պռազնիկը ի՞նչ բան ա: Ասեց՝ ըսենց, ըսենց, ըսենց: Վա՛յ, աստծու խեր խաբարը քե, ասեցի, հայր սուրբ, բա էդ խի՞ մինչև հիմի ասել չե՞ս: Դե շուտ մի գիր գրի մեր կնքավորենց տղին, որ բեխին ղրկի: Էս որ ասում եմ, մայիսի միջումն էր: Էն ա հայր սուրբը, աստոծ հոգին լուսավորի, գիրը գրեց ու մի քանի օրից ետը բեխան էկավ:

Դե հիմի դուք ըստեղ պտի ըլեիք, որ տեսնիք թե՝ մերը ոնց էր գնում տղի առաջը: Ըսկի մոռանալ չեմ: Իրիկվան չախըն (դեմն) էր. նախիրը նոր էր հանդիցը էկել: Սավզյուլը կովկիթը ձեռին՝ Սոնա անունով մի սիրուն կով ունինք, նրա առաջը չոքած՝ կթում էր:

Հենց որ չլսեց, որ րեխան գալիս ա, կովկիթը ձեռեն վեր զցեց, ու գժի նման վազ տվավ:

— Սավզյուլ, Սավզյուլ, աղջի, էդ ո՞ւր ես վազ տալիս, րեխեն հլա հեռու ա, — կանչեցի եդիցը, ամա լսեց ոչ: Աղջի, կացի, ես էլ զամ, մենակ գնալ մի, բղավում ի եդիցը. ամա Սավզյուլի ականջումը որ թոփ էլ տրաքեր, լսելու չէր: Ճարս կտրեց, ես էլ վեր կացա ու եդիցը վազեցի: Գեղըցիք, բանից բեխաբար (անգիտակ), կտրներիցը յա էյվաններիցը մտիկ են տալի մեզ ու արմանում: Հենց գիտում են թե՝ կնիկս պելացել (գժվել), տանիցս փախչում ա, ու ես էլ եդիցը վազում եմ, որ բռնեմ: Էդ սիաթումն հով էր կանգնելու, թե ինչ ա, նրանց բան հասկացնի: Ինչկլի մին վերստաչափ ըսենց իրար եդից վազ տվինք: Հենց էն ա, էլի (հասարակաց) ճամփին հասուհաս ինք, որ թումբի եդիցը րեխան բսաց: Սավզյուլը, որ ինչ կըլի էն՝ դուշի նման թռչում էր, հու ես եդիցը կարում չի հասնեմ, հմի որ րեխին տեսավ ոչ, ասես տեղն ու տեղը մեխվեց. «Վանի ջան, բալա ջան, դու եկա՞ր, մայամ (ուրեմն) ես քե տենա՞լ պտի...» ասեց ու ծնկները թուլացած ճամփի միջումը չոքեց: Րեխան ձիի վրիցը թռավ, վազ տվավ, մոր ճտովն ընկավ: Էլ հով կաա պատմիլ, թե ինչ էր անում ըստեղ մերը տղին: «Վանի ջան, բալա ջան» էր ասում ու գլխիցն ինչկլի ոտը պաչում, լիզլիզատում, թողնում չէր, որ դոշիցը պուկ գա, թե ինչ ա, մի հատ էլ ես խտտեմ (գրկեմ), էրեսիցը պաչեմ, որ սիրտս հովանա... Ուզում էր... ասես, սիրտն էն մնութին (րոպեին) ճղի ու րեխեն միջումը դնի, լա չէ, աչքի լիսերն հանի, որ Վանու ոտի տակը զցի... Ի՞նչ երկարացնեմ, էս թահրով րեխին վեր կալանք, եկանք տուն:

Ծերունին լռեց: Ապա ձեռքը դեպի ճակատը տանելով նորեն գլխակապը հանեց, ճաղատ գլուխը շոյեց և կրկին շարունակեց.

— Հմի դուք կասեք, էս հալևորը ինչ ա ըսենց էրկեն բարակ խոսում, մենք ուզեցինք, որ Նոյի ազռավի բանն իմանանք, սա իրա տղի պատմությունն ա կցել:

— Չէ, պատմիր, մենք սիրով լսում ենք, — ապահովացրի ես ծերունուն:

— Հա, ինչկլի հմի պատմեցի թե՝ ծնողն ի՞նչ ցավ ու կրակի մեջ ա ըլում, եփ իրա րեխին դարիբութին ա ղրկում: Հմի էլ մի ուրիշ ցավ պատմեմ: — Քիչ առաջ, եփ ընկերդ ասեց՝ տունդ խի չշինեցիր, կըլի, որ փող չունիր. ասեցի՝ ինչի չունի, փող էնքան ունեի, որ մինը չէ, էրկու ատամ էլ կշինի, թե որ ուզի: Սրանով ուզում ի ասեմ թե՝ ես հարուստ եմ: Ամա դե զեղական հարստութինն ի՞նչ ա: Մին հազար, յա էրկու հազար մանեթ որ ունենում ա, յա չէ մի քաան, էրսուն գլուխ տավար, մին պուճուր իլխի (ջոկ) ձի, մին քանի ուլախ (գրաստ), էն ա ասում էն, թե մեծ դովլաթի (հարստության) տեր ա: Ես էլ ըտենց հարուստ ի: Եփ Օսեփ հայր սուրբն ասեց՝ փողդ խարջի բեխին հուսում տու, ես հենց գիտացի թե՝ իմ նաղդ (կանխիկ) փողը բավական կըլի դրան: Ասեցի՝ էն լավ ա՝ իմ Վանին հուսումնական ըլի, քանց ես հազար, յա էրկու հազար մանեթի տեր: Փողը նրա գլխին մատաղ, իմ բաղն ու բախչեն, իմ տունն ու ջրաղացը, իմ տավարն ու ձիանը, որ ինձ մնան, էն էլ ինձ հերիք ա: Ամա դե որ փողի ճնդիցը կցեցի ոչ խարջի՞լը — հեշտ բան չգիտաք գեղականի համար տարին իրեք հարյուր մանեթ գիմյազը փող դրկի, — էն ա տեսա, որ օխտը տարվա մեջ էլած փողս ձեռքես դուրս էկավ ու ես մնացի դարդակ: Էդ տարին Վանին գիմնազը պրծել էր: Գրեց, թե, ա՛, հեր, ինձ պտիս օգնես, որ գնամ ունիվերս: Էս բանը ինձ փիքրի մեջ գցեց, ընդուր որ տեսնում ի, թե օրս փիս տեղ ա մթնում: Գնացի վանահոր մոտ խորհուրդի: Հայր սուրբ, ասեցի, ախր, ձեռիս փողը դուրս էկավ, բեխեն էլ գրում ա թե ինձ ունիվերս դրկի: Ես ի՞նչ անեմ: Ուզում եմ Վանին բերել տամ. բըլ ա (բավական է) ըրքան հուսում առավ: Հայր սուրբը, հախ աստծու (ճիշտն ասած) իմ ղոլը (կողմը) խոսաց: — Ա Սաք, ասեց, թե որ փող չունես, գիմնազի հուսումն էլ ա բավական, գրի թող գա: Էն ա, ես էլ գրեցի: Ամա դե Վանին թարսի ձին նստեց, էլ վեր չէկավ (հակառակվեց): «Ա հեր, գրում ա ինձ, դու մի բաղ ես տնկել, պահել, բջարել (մշակել), ծառերը հասցրել, մին ջուր տվել ես, մնացել ա մեկելը, որ բաղը հասնի, պտուղը քաղես: Հմի դու էդ ջուրը բեվախտ (անժամանակ) կտրում ես, պտուղը խակ թողնում, էդ աստոծ վեր չունի: Իմ ընկերները դիփ գնացին, որը Մոսկվա, որը Պետըրպուլկ, մենակ ես եմ մնացել ձեռս ծոցումս, գլուխս քաշ: Եկ էդ բանը դու մի անիլ, իմ վիզը մի կտրիլ...»: Դե, ձեզ եմ հարցնում, մի հեր, որ իրա մինուճար բեխիցը ըսենց նամակ ստանա, ինչ կանի:

— Իհարկե, բոլոր էլած-չէլածը կծախե, նրան կուղարկե, — արագ պատասխանեց Պետրոսը:

— Հա, ապրես, ես էլ ըդենց արի: Ինչ որ ջեբումս, յա սանդուխումս վաղ էր մնացել, էն հվաքեցի, դրկեցի Վանուն, ասեցի, որդի, էս քե՝ ճնապարի խարջլուխ, գնա, աստոծ քե հետ. հուսումի ու ապրուստի փողն էլ կղրկեմ: Սրանից եղը՝

հորենական մի թթի բաղ ունինք, էն ծախեցի քաշալ Մոսու տղի վրեն ութ հարյուր մանեթի ու փողը յավաշ-յավաշ ղըրկեցի Վանուն: Էդ հերիք չարավ: Եդո մեր էս ջրի վրա մի ջաղաց ունինք, կըլի որ տեսած ըլիք:

— Այո՛, տեսել ենք, — հաստատեցի ես:

— Հա, էն ջաղացը ծախեցի խոջա Մարութի վրեն չորս հարյուր մանեթի ու փողն էլ ղրկեցի Վանուն: Սա էլ իմ քոռ բախտիցը, ունիվերսի մի կլասումը իրար վրա, երկու տարի մնաց: Գրում էր թե, միթոմ, վարժապետները փախլութին են արել (նախանձել էին), որ ինքն ընենց լավ կարդում ա ու ջըգրու մին տարի ավելին պահել են կլասումը: Ամա դե, ուրիշներն էլ ասել ին մեր կնքավորենց տղին թե Վանին մի նախշուն աղջկա սեր ա տվել, եղիցն ընկել, դեսուդեն շուռ եկել, ու դրա համար ա կլասումը մնացել: Սուտն ու ղորթը աստոծ ա իմանում, անջախ էս կա, որ էդ մին տարվա խաթրին ջաղացի փողը քոռ ու փուչ էլավ (ոչնչացավ): Էն ա ջլիզ (բոլորովին) դայամիշ ի ըլել (հոգնել էի), գնացի հայր սուրբի մոտ, ասեցի, ա՛ վարդապետ, ախր էլ դիմանալու ուժ չունեմ, ինչ անեմ: Ասեց, ա՛ Սաք, շատին դիմացել ես, քչին էլ դիմաց, ձիանդ ծախե, եզներդ ծախի, փող հասցրու: Դու սկի վախիլ մի, տղադ որ եդ դառնա, իրա սովրած թահրովը լավ բաղ էլ ա տնկելու, նոր դայդի (տեսակի) ջաղաց էլ ա շինելու, եզներդ ու ձիանըդ էլ ա շատացնելու: Ուսում առած տղան որ կա, Նոյի աղավնին ա, որ ձիթենու շիվը բերանումն եդ ա գալիս ու բախտավորութենի խաբարը բերում ծնողին: Ինչ երկարացնեմ, հայր սուրբի խոսքերը սիրտ տվին ինձ, ես էլ կցեցի առաջ ձիաներիցս, վերջը եզներիցս մի-մի ծախել ու փող ղրկել Վանին: Էն ա վերջին տարին էր. ամառը Վանին ամեն բան պտի վերջացներ ու եդ գար գեղը: Խոսք չկա, որ ես էլ օրեր եմ հմբարում (համարում) թե՝ եփ ա ռեխեն եդ գալու, որ համ էս դժար հոգսիցը մեզ ազատի, համ էլ իրեն տենանք ու կարոտնիս առնենք:

Մին էլ էս ա մին գիր եմ ստանում թե՝ ա հեր, հուսումս վերջացրել պրծել եմ, ամա ըստեղ պարտք ունիմ, բաց չեն թողնում ինձ, որդիան որ ա, մին երկու հարյուր մանեթ հասցրու, որ էս պարտքը թափեմ ու գամ: Ղորթ ա, պարտքի անումը որ լսեցի սիրտս շատ կոտրվեց, ամա դե ասեցի դյուշան աղլամազ» (ընկնողը լաց չի լինիլ), թող էս մինն էլ յոլա տանենք: Գնացի խոջա Մարութից երկու հարիր մանեթ պարտք արի, թումանին մի աքասի շահով (24%) ու մին ամիս ժամանակով: Էդ փողն էլ ղրկեցի Վանուն: Մտքումս էլ ասըմ ի թե, էս ա ռեխես կգա, համ էս պարտքը կտա, համ էլ իրա ծռացրած բաները կղրստի: Հենց գիտում ի թե՝ Վանին որ իրա հուսումովը գեղ մտնի, էն ա փողը երկնքիցը վեր ա թափվիլու:

Անց կացավ մին ամիս, էրկու ամիս, Վանուցը խաբար չկա: Մեծ փքրի մեջ ընկա: Յարաբ էս ի՞նչ էավ. Վանին որդի մնաց, չըլի մի քամբախտութին պատահեց, յա չէ Պետըրպըլկումը բռնեցին ռեխիս, չուն ըսենց բաներ շատ ի լսել: Մի խոսքով՝ սիրտս ճաքում էր:

Մին էլ էս ա մի օր Վանիցը գիր եմ ստանում, գրում ա թե՝ ա հեր, աչքդ լիս ըլի, էկել եմ Թիֆլիս ու մի սիրուն աղջըկա հետ պսակվում եմ, հալի հալբաթ (անպատճառ) քո ու նանի օրհնությունը դուշի թևովը հասցրու ինձ:

Ռնց որ մարդու գլխին մի թոփ տրաքի, ընենց էս խաբարը տրաքեց իմ գլխին ու ինձ շշմեցրեց: Սաղ մին քանի օր ես, կնիկս ջլիզ պելացել, ընկել ինք ըստեղերք, ոչ արածներս ինք իմանում, ոչ չարածներս: Շատ մտածելուց ու փիքր անելուց եդը՝ վեր եմ կենում գրում տղիս թե՝ «ա որդի, ախր հլա քո ինչ պսակվելու վախտն ա, հլա նոր ես հուսումդ վերջացրել, մին եկ քե տենենք, մեր կարոտն առնենք, մեր ցավերիցը խոսանք ախր քու աբովն (հուսով) էլած չէլած ծախել, պարտքի տակ եմ ընկել, եկ իմ ցավին մի ճար արա, էլ եդ գնա պսակվիր»:

Հմի դուք փիքր կանեք թե՝ գեղացին իրա տղին պսակում ա տասնիհինգ, յա չէ տասնվեց տարումը, էս խի Սաքի ապերը ուզում չէր, որ իրա քսանչորս տարեկան տղեն պսակվի: Դրա մանին, դրուստն ասած, մին էն էր, որ ես Թիֆլիսի աղջըկերանցից վախում ի. չուն դրանցից շատ բաներ ի լսել: Մտածում ի թե չըլի՞ տղիս գլխից հանեն ու մին քոռ ու քաչալ զատ գլխին կապեն: Ջահելը, հո գիտա՞ք, քոռ կըլի. ասում ի ընենց ըլի որ մինուճար տղիս անբախտ չանեն, մին էլ էն էր, որ գիտում ի Վանին Թիֆլիսում պսակվելուց եդը էլ մեզ մոտ չի գալու, վաթանն (հայրենիքն) էլ ա մտքիցը գցելու, հոր տունն էլ: Էս ցավին, գիտա՞ք, դիմանալ չէր ըլիլ:

Իմ գրին տղես պատասխանում ա թե՝ ա հեր, էս աղջըկանը Պետրպըլկից եմ սեր տվել, ինչկլի հեդը չպսակվեմ կարալ չեմ գեղը գալ, հալի հալբաթ քու օրհնութինը ղրկի:

«Գրում եմ, ա՛ որդի, ախր մին ասես էլ ա՛ էդ ինչ աղջիկ ա: Ինչ ազգի որդի ա. հա՞յ ա, ռո՞ւս ա, ջհո՞ւդ ա: Ախր, ես ոնց իմ օրհնութինը ղրկեմ էն հարսին, որի էրեսը տեհել չեմ, ձենը լսել չեմ»: Գրում ա թե՝ — ա հեր, խի՞ ես էդ բանը հարցնում. ես հո թուրքի, յա ջհուդի աղջիկ չեմ ուզելու: Գիտում չե՞ս, որ ուզածս քրիստոնի աղջիկ կըլի: Ամա մի երկու օր եդը մեր կնքավորենց տղեն գրում ա (չուն նրան էլ ի հարցրել), թե՝ ասիլ չես, Վանին պսակվում ա մի գյուրջու (վրացու) աղջկա հետ...:

Հմի ձեզ եմ հարցնում, մին հեր, որ էս բանը լսի ինչ կանի: Հը՞: Ամա ո՞ւր եմ հարցնում, դուք ի՞նչ գիտաք: Էն ա կցեցի գլխիս վայ տալն ու ախ ու վաշ անիլը: Ամա դե էլ ո՞ւր կհասներ: Բանը բանից անցել էր:

— Ուրեմն քո օրհնությունը չուղարկեցի՞ր, — հարցրի ես:

— Չէ, չղարկեցի: Ամա ինքը առանց դրան էլ պսակվել պրծել էր: Եդո էլ ինձ վրա ուռած, փքված գրում ա թե՝ «ա՛ հեր, դու որ քու օրհնութինը ինձ չղարկեցիր ու էս իշխան մարդկանց միջումն ինձ խայտառակեցիր, էլ հորես դենը ես քու որդին չեմ»:

— Հետո դու ի՞նչ պատասխանեցիր:

— Ոչինչ: Մենակ էն արի, որ նրա գիրը վեր կալա, գնացի վանքը: Էն վախտը Օսեփ հայր սուրբը մեռել էր: Գնացի նրա գերեզմանի ռաջին չոքեցի, քարը համբուրեցի ու լաց ըլելով ասեցի — «Օսեփ հայր սուրբ, լուս դառնաս դու հողովդ ու քարովդ, ախր դու ինձ ասացիր, որ իմ Վանին Նոյի աղավնին ա, էս ա ձիթենու շիվը բերանում եդ ա գալու, որ բախտավորութենի խաբարը բերի ինձ. բա խի՞ ըտենց չիլավ...ախր Վանին հմի նոյի ագռավն ա դառել, ջամդաքի վրա նստել ա՝ ու էլ եդ չի գալի. սրա ճարն ի՞նչ կըլի...»:

Ծերունին լռեց, կարծես այլևս չկամենալով խոսել:

Բայց Պետրոսը, որ ըստ երևույթին, չէր նկատում ծերունու հուզմունքը, հարցրեց.

— Վերջը ինչպե՞ս եղավ, տղադ պսակվելուց հետո գյուղը չեկա՞վ:

— Եկավ հինգ տարուց ետը, կնիկն էլ բերավ, մի երեք էլ գյուրջու ճտեր հետը:

— Հետո՞:

— Հետո էլ ինչ. մի տասն օր մնաց, սաքի (որպես թե) մեր խաթրը առնիլու համար ու էլ եդ գնաց:

— Բաս ընկի չհարցրիր, թե ինչու է այդ աղջկա հետ պսակվել:

— Հարցրի: Ասեց սրա հերը ընտի մեծ դուլուղում (պաշտոնի մեջ) ա, պսակվեցի որ ինձ էլ կռան տակը քաշի ու մենծ մարդկանց ջարգը (շարքը) գցի:

— Այնուամենայնիվ, դու քո նպատակին հասել ես, տղիդ բարձր ուսում ես տվել՝ ու Թիֆլիսի նման քաղաքում հայտնի մարդկանց շարքը գցել՝ այդ էլ մեծ բան է, — նկատեց ընկերս:

— Ա քե մատաղ, բա ես իմ էլած-չելածը փչացրել, Վանին հուսում իմ տվել, որ նա Թիֆլիսի՞ն պետք գա. խի, Թիֆլիսումը նրա նմանները քիչ կան. յա չէ իմ սիրտը շա՞տ էր ցավում էդ բարբաղի (քանդվածի) հմար... Ես իմ տղին հուսում եմ տվել, որ առաջ իմ օջախը շինի, իմ հանգած ճրագը վառի, իմ տունը հարս բերիլով՝ ինձ ու իմ պառավին ուրախացնի, եդն էլ իրա հուսումով էս խավար գեղը լուսավորի, մեր խեղճ ու հայվան շինականին կռռից, բեգառից ազատի... Թիֆլիսումը Վանին թող հենց երկնքից հրեշտակ վեր բերի, ինձ ի՞նչ... հրեն, որ երկրում, որ լուսավոր, յա չէ փանգ ու փիլով (հնարագետ) մարդ կա, հենց դպա Թիֆլիս ա վազ տալի, դուք մեր էս խեղճ գեղի դարդը քաշեցեք, որ ոչ տեր ունի, ոչ սրտացավ...:

— Վանին գոնե փող ուղարկո՞ւմ է քեզ, — հարցրի ես ծերունուն:

— Չէ, չի ղարկում, մեր կնքավորի տղին ասել ա թե ապուն ասա ինձանից նեղանա ոչ. խարջս շատ ա մենծ. տարին 3 — 4 հազար մանեթը հերիք չանում, ես էլ անջախ (հազիվ) էդքան եմ աշխատում:

— Իսկ խոջա Մարութի պարտքը վճարե՞ց:

— Չէ՛, քեզ մատաղ, նրան էլ երկու գոմշակովս տվի, հոգիս ազատեցի:

— Հապա երբ այստեղ եկավ, իսկի չասացիր, թե ինչո՞ւ գոնե յուր համար արածդ պարտքը չի վճարում:

— Ասեցի, ասում ա, ա հեր դիփ մեկ չի՞, ինչ ունես չունես ծախիր կեր. եփ որ կդարտակվես, կգաս Թիֆլիս իմ տանը կապրես:

— Դու ի՞նչ ասեցիր:

— Ասեցի, յանղլիշ ես, որդի, որ իմանամ քաղցած մեռնելու եմ իմ ոտն իմ գեղիցը դուրս չեմ դնիլ, ըստեղ ծնվել եմ, ըստեղ էլ պտի մեռնեմ, իրա վաթանը մոռացողը, հոր տունն աչքից ու մտքից քցողը մարդ չի, հայվան ա:

— Եվ այդ դրության մեջ ուրեմն դու ոչ մի մխիթարություն չունի՞ս, — հարցրի ես ծերունուն, ի սրտե ցավակցելով նրան:

— Ունեմ, ո՞նց չունեմ, — պատասխանեց նա հուզված ձայնով — իմ մխիթարությունն էլ էն ա, որ եփ լսում եմ թե մեր գեղականին մինը ուզում ա իրա տղին քաղաք դրկի հուսում առնելու, էն սհաթին գնում եմ կոնիցը բռնում, բերում մեր հայաթումը կանգնեցնում ու ասում, — – տես, որդի, էս Վեդունց Սարգսի շեն օջախն ա, որ էսօր վերանա (ավերակ) ա դառել: Ա՛յ, տես, կտուրը ծովել ա, պեշերը թափվել են, գերանը կախ ա ընկել, գյումը դատարկվել ա, ու մեզ թացան (թաց կերակուր) տվողը մի էծ (այծ) ա մնացել... Մենք էլ, տեսնում ես, մարդ ու կնիկ ծերացել մնացել ենք անտեր, ոչ ձեռք կա, որ մեր դուռը բանա, ոչ ձեն կա, որ սիրտներս ուրախացնի... էս դիփ նրա մեղն ա, որ ես իմ տղին հուսումի դրկեցի... Վախի՛ր էդ բանիցը, որդի, ռեխեդ քու կըշտին պահիր, տանիցդ մի հեռացնիր, որ իմ Վանու նման Նոյի ագռավ չդառնա...:

— Բայց դուք հո դրանով չարիք եք գործում, — բացականչեց Պետրոսը վրդովվելով:

— Չարիք խի՞ եմ գործում, — պատասխանեց ծերունին եռանդով, — լավն էն չի որ մեր գեղը հիսուն վար անող տղամարդ ավելի ունենա, քան թե հարիր Նոյի ագռավ: Վար անողը հլա հաց կբերի տուն, քյուլփաթի (զավակների) ռուզին կըշտացնի. Նոյի ագռավն ինչի՞ ա պետք: Ցա չէ, հո՞վ ա մեղավոր, որ ես հմի ըսենց եմ խրատում մարդկանց, ես, թե՝ իմ տղեն: Մի սհաթ առաջ գնացել եք տեր Մուկուչի յախեն (օձիքը) բռնել թե էս խի դու գիտուն չես, էս խի՞ տղերանցդ հուսումի չես դրկել... Խեղճն էն սհաթին եկավ ինձ գանգատվեց: . Ասեցի, ո՞ւր ա, էդ շլյապավոր տղերանց մի դրկի ըստեղ՝ ես էլ նրանց իմ հարցմունքն անեմ: Հմի հազիր եկել եք. խնդրում, եմ որ ասեք. — հո՞վ ա մեղավոր, որ գեղի քահանան տեր Մուկուչն ա, հո՞վ ա մեղավոր, որ եղցու առաջը անապատ ա. հո՞վ ա մեղավոր, որ գեղը կեղտոտ ա, տները տափից կպած, հայաթները թրքով լիքը, քուչեքը ծուռումուռ... ասեցեք տենամ, հո՞վ ա մեղավոր, խեղճ գեղակա՞նը, թե Նոյի ագռավները: Ախր ինչկլի հմի էս գեղարանքից մի տասը, քսան տղա գնացել են հուսում առել, լուսավորվել, հմի ո՞ւր են, ընչի նրանցից մինն ու մինը էդ չեկավ, որ իրա հոր օջախը վառի, իրա վաթանը պայծառացնի, որ գեղացին հենց մին օրինակ էլ ա տեսնի ու ասի թե՝ «ղորթ ա, հուսումը լավ բան ա, եկեք մենք քար ու քացախ ուտենք, ամա մեր րեխանց հուսում տանք, լուսավորենք...»:

Ծերունին լռեց, իսկ մենք պատասխանելու ոչինչ չունեինք:

Բարեբախտաբար այդ միջոցին պարտիզի դռնում երևաց մեր հյուրընկալը, որ եկել էր մեզ ճաշի կանչելու: Օգուտ քաղելով առիթից, վեր կացանք տեղից և ողջունելով ծերունուն, հեռացանք ծանր տպավորության տակ:

Երբ իջնում էինք սոսիների զառիվայրով՝ հարցրի Պետրոսին թե՝ — արդյոք հիշո՞ւմ է այն խոսքը, որ ասում էի թե «կգտնվին հոգվո կամ մտքի աչքերով հիվանդներ, որոնք խավարը կորոնեն իբրև դեղ, իրենց ցավը մեղմելու համար»:

— Հիշում եմ, — ասաց նա, — և այս ծերունին այդ հիվանդներից մինն է:

— Այո, սակայն նրա միտքն առողջ և հոգին կայտառ է եղել, երկուսն էլ հիվանդացրել է լուսավոր որդին, — հարեցի ես:

— Անշուշտ, — պատասխանեց ընկերս և այս անգամ արդեն խոր համոզմունքով:

ՑԱՆԿ

www.ingramcontent.com/pod-product-compliance
Lightning Source LLC
Chambersburg PA
CBHW030521020726
47494CB00004B/1180
9781604447965